中职新能源汽车专业
通用创新教材

U0673333

新能源汽车
整车检测与维修

（附配套工单手册）

范 凯 余 飞 郭太辉 主 编
何章文 毛建辉 刘海锋 副主编
董成波 主 审

化学工业出版社
·北京·

内 容 简 介

本书内容包括6大核心项目、17个具体任务，涵盖新能源汽车高压安全与防护，底盘电控系统、车身电气系统和控制网络系统的检测与维修，以及纯电动汽车和混合动力汽车的整车检测与维修相关知识和技能。书中精心选取了大量实物照片，图文并茂、生动活泼，便于直观地理解和掌握。此外，还配有电子教案、教学课件、教学视频、教学动画、习题等教学资源，以方便组织教学和培训。

本书适合中职新能源汽车运用与维修等专业师生使用，也可供汽车销售顾问、售后服务顾问、维修技师、保险理赔员等相关从业人员参考。

图书在版编目（CIP）数据

新能源汽车整车检测与维修：附配套工单手册 / 范凯，余飞，郭太辉主编. -- 北京 ：化学工业出版社，2025．7．--（中职新能源汽车专业通用创新教材）.
ISBN 978-7-122-47933-4

Ⅰ．U469.707

中国国家版本馆CIP数据核字第2025K7S587号

责任编辑：黄　滢　　　　　　　　　　装帧设计：刘丽华
责任校对：李　爽

出版发行：化学工业出版社（北京市东城区青年湖南街13号　邮政编码100011）
印　　装：涿州市般润文化传播有限公司
787mm×1092mm　1/16　印张13　字数180千字　2025年8月北京第1版第1次印刷

购书咨询：010-64518888　　　　　　　售后服务：010-64518899
网　　址：http://www.cip.com.cn
凡购买本书，如有缺损质量问题，本社销售中心负责调换。

定　　价：48.00元

前 言

随着新能源汽车保有量的持续攀升和国家相关政策的引导，新能源汽车行业正迅速从技术研发与示范推广阶段，大步迈向产业化发展的全新征程。然而，产业的快速扩张，使得新能源汽车维修人员与产业服务人员出现了较大缺口。因此，培养一支专业素质过硬、技术精湛的新能源汽车检修与应用人才队伍，已成为当务之急。本书正是为满足这一迫切需求精心编写而成的。

本书内容涵盖 6 大核心项目、17 个具体任务。从新能源汽车高压安全与防护的基础保障，到纯电动汽车与混合动力汽车的检测维修；从底盘电控系统、车身电气系统的深度剖析，到控制网络系统的精准检修，全面覆盖了新能源汽车整车检测与维修的关键领域。

本书主要面向中等职业教育中的新能源汽车运用与维修专业，同时充分考虑职业技能提升以及企业职工在岗、转岗培训的实际需要。编写过程中秉持"项目导向，任务驱动"的理念，以职业技术核心技能为项目设计主线，将每个任务与具体职业能力紧密结合，不仅系统阐述了相关理论知识，而且详细展示了完整的技能操作流程与方法。通过"任务引入"激发学习兴趣，以"学习目标"明确方向，借助"知识储备"夯实基础，经由"任务实施"提升实操能力，再以"课后习题"巩固所学，层层递进，帮助读者逐步建立科学的故障分析与诊断思维，熟练掌握规范的操作工艺，为未来投身新能源汽车维修岗位筑牢根基。

为增强学习的直观性与趣味性，本书精心选取了大量实物照片，并配有丰富的动画视频和技能视频资源，力求图文并茂、生动活泼，让读者能够更加直观地理解和掌握相关知识和技能。无论是中职院校的莘莘学子，还是汽车销售顾问、售后服务顾问、维修技师、保险理赔员等从业人员，都能从本书中汲取丰富的知识养分，实现技能的有效提升。相关教学资源获取方式：购书后（请提供购书截屏）发邮件至 huang ying@cip.com.cn 免费领取。

本书由范凯、余飞、郭太辉任主编，何章文、毛建辉、刘海锋任副主编，董成波主审，钟柱前、林晓丹、胡文旭、邹志辉参编。由于水平所限，书中难免有疏漏和不妥之处，恳请各位同行及广大读者批评指正。

编者

目 录

参考文献

项目一
新能源汽车高压安全与防护

项目引入

刀片电池

据中国汽车工业协会报道，2020年3月29日，比亚迪宣布正式推出"刀片电池"。刀片电池拥有其他动力电池无法企及的安全性，并且兼具长寿命和长续航，它的诞生重新定义了新能源汽车的安全标准，引领了全球动力电池安全新高度。

在同样的测试条件下进行"针刺穿透测试"：三元锂电池在针刺瞬间出现剧烈的温度变化，表面温度迅速超过500℃，并发生极端的热失控——剧烈燃烧现象，电池表面的鸡蛋被炸飞；传统块状磷酸铁锂电池在被穿刺后无明火，有烟，表面温度达到200～400℃，电池表面的鸡蛋被高温烤焦；比亚迪刀片电池在被穿刺后无明火，无烟，电池表面的温度仅有30～60℃，电池表面的鸡蛋无变化。

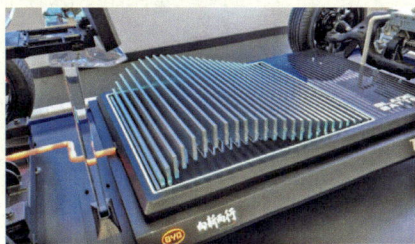

对于比亚迪刀片电池在针刺实验中的表现，中国科学院院士欧阳明高分析指出：刀片电池的设计使得它在短路时产热少、散热快，对刀片电池的表现评价为非常优异。

讨论交流 新能源汽车动力电池的电压范围通常为200～750V，如何做好车辆高压安全作业防护？

任务一　新能源汽车高压部件认识

一、任务引入

　　一辆 2022 年款比亚迪秦 PLUS EV 纯电动汽车（标准版）到店做常规检查，维修顾问完成接车后将车交给维修车间人员，因为车辆有部分零部件属于高压系统，技师检查车辆前需要对高压系统和低压系统进行区分，以免发生人员高压触电。

扫一扫

视频精讲

二、学习目标

（一）知识目标

　　熟悉新能源汽车高压系统的组成。

（二）技能目标

　　1. 能够区分新能源汽车高、低压系统。

　　2. 能够正确找到新能源汽车高压系统的零部件位置。

（三）素养目标

　　1. 具备良好的高压电安全意识。

　　2. 具备维修作业规则意识和团队合作职业素养。

扫一扫

视频精讲

三、知识储备

（一）纯电动汽车高压系统的组成

　　以 2022 年款比亚迪秦 PLUS EV 纯电动汽车（标准版）（以下简称比亚迪秦 EV）为例。

　　比亚迪秦 EV 高压系统主要由动力电池、驱动电机、电驱动控制器、交 / 直流充电系统、空调压缩机、PTC 加热器、高压线缆等组成。

　　驱动电机总成将驱动电机控制器提供的电能转化为机械能输出至变速器，以及将变速器输入的机械能转化为电能输出至驱动电机控制器；驱动电机控制器主要是控制动力电池与驱动电机之间能量传输的装置；变速器主要实现对动力电机的减速增扭作用。

　　驱动电机总成安装在车辆前舱，由驱动电机、驱动电机控制器以及变速器三者集成，如图 1-1-1 所示。

　　动力电池由动力电池模组、动力电池信息采集器、动力电池串联线、动力电池托盘、动力电池包密封盖、动力电池采样线等组成，安装在车辆底部，如图 1-1-2 所示。

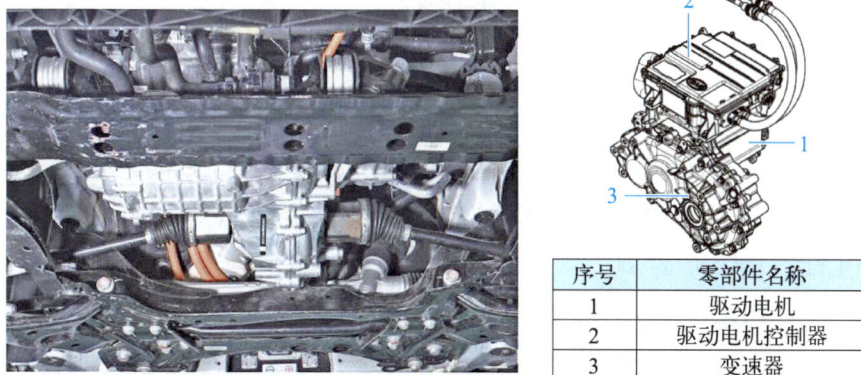

序号	零部件名称
1	驱动电机
2	驱动电机控制器
3	变速器

图 1-1-1 比亚迪秦 EV 驱动电机总成

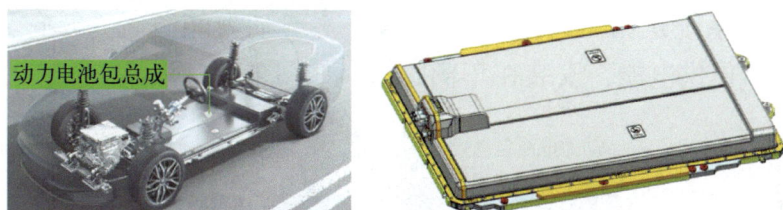

图 1-1-2 比亚迪秦 EV 动力电池位置

对于交 / 直流充电系统，交流充电口总成布置在车辆的右后侧围，直流充电口总成布置在前格栅，充配电总成安装在电驱动控制器内，如图 1-1-3 所示。

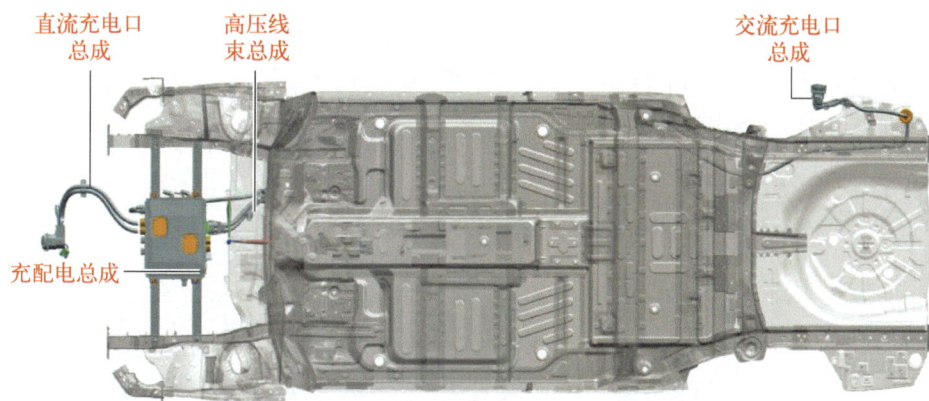

图 1-1-3 比亚迪秦 EV 交 / 直流充电系统

高压线束系统是指用高压线缆连接汽车上各高压电气设备的线束总成系统，主要连接动力电池、电机控制器、直流充电配电盒、车载电源和交 / 直流充电车辆插座等各高压元器件，实现将动力电池与各负载以及充电控制器相连接的功能。

在新能源车辆中，带危险电压的组件通过如图 1-1-4 所示的安全标签表示出来。

(a) 警告标识：危险
电压警告

(b) 高电压组件警告提示牌(规格1)

(c) 高电压组件警告提示牌(规格2)

图 1-1-4　高压系统的标识

（二）混合动力汽车高压系统的组成

以 2022 年款比亚迪秦 PLUS DM-i 混合动力汽车（尊贵型）（以下简称比亚迪秦 PLUS DM-i）为例。

比亚迪秦 PLUS DM-i 高压系统主要由动力电池、高压配电盒、集成双电机控制器、发电机 / 驱动电机、交 / 直流充电系统、空调压缩机、PTC 加热器、高压线缆等组成。

动力电池系统是比亚迪秦 PLUS DM-i 主要动力能源之一，它为整车驱动和其他用电器提供电能，安装在车辆底部，如图 1-1-5 所示。

扫一扫

视频精讲

动力电池包总成

图 1-1-5　比亚迪秦 PLUS DM-i 动力电池位置（刀片动力电池）

高压配电盒主要是通过铜排和电缆的连接，实现将动力电池的高压直流电分配给整车的各个高压电器，以及接收车载充电机或是非车载充电机的直流电来给动力电池充电，内部有熔断器来对各回路进行保护等，安装在前舱集成双电机控制器上方，如图 1-1-6 所示。

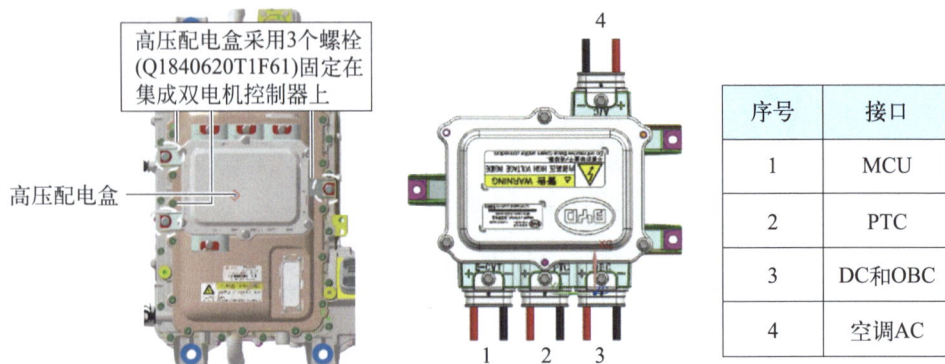

高压配电盒采用3个螺栓
(Q1840620T1F61)固定在
集成双电机控制器上

高压配电盒

序号	接口
1	MCU
2	PTC
3	DC和OBC
4	空调AC

图 1-1-6　高压配电盒

集成双电机控制器包含发电机控制器、驱动电机控制器、双向 DC、配电模块，安装位置在驱动电机上方，如图 1-1-7 所示。

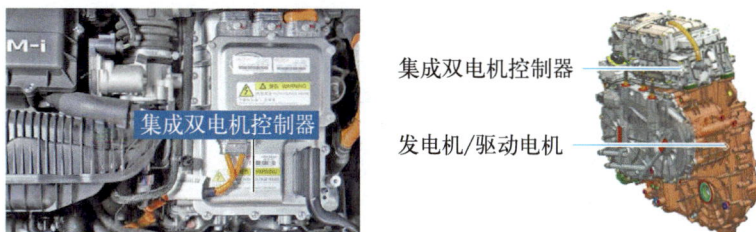

图 1-1-7　集成双电机控制器

发电机控制器由输入/输出接口电路、控制电路和驱动电路组成，主要功能是驱动发电机发电，同时包括 CAN 通信、故障处理、在线 CAN 烧写、与其他模块配合完成整车的工作要求以及自检等功能。驱动电机控制器是控制动力电池与电机之间能量传输的装置，它由输入/输出接口电路、控制电路和驱动电路组成，主要功能是控制驱动电机，使其驱动车辆行驶，同时包括 CAN 通信、故障处理、在线 CAN 烧写、与其他模块配合完成整车工作的要求以及自检等功能。双向 DC 是在动力电池和电机控制器之间的部件，起到升压、降压的作用。集成双电机控制器给配电盒设计了一路高压供电接口。

车载交流充电主要是通过家用插头和交流充电桩接入交流充电口，通过车载电源将家用 220V 交流电转为直流高压电给动力电池进行充电，同时输出低压直流电给低压蓄电池充电，车载电源总成安装在后备厢，如图 1-1-8 所示。

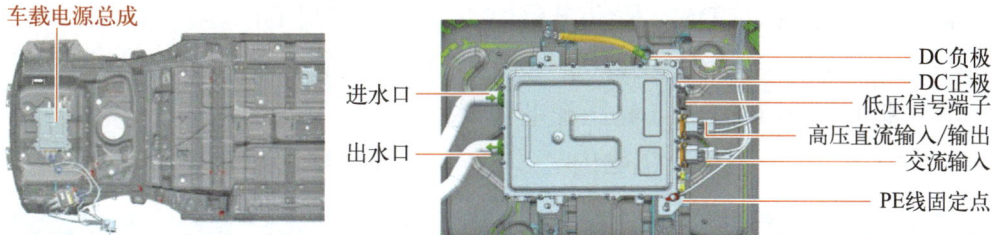

图 1-1-8　比亚迪秦 PLUS DM-i 车载电源

直流充电主要由直流充电配电盒总成控制，通过闭合或断开各回路的接触器来实现混动车型直流充电模式；内部设有接触器烧结检测功能，用来检验接触器的状态等。

直流充电配电盒模块安装在后备厢右侧，右护面下方，如图 1-1-9 所示。

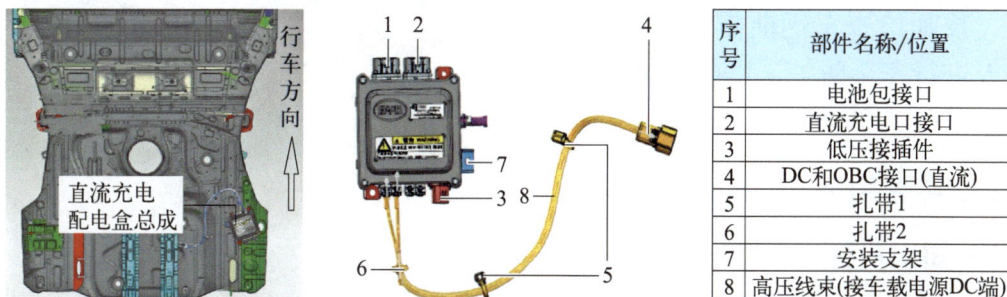

序号	部件名称/位置
1	电池包接口
2	直流充电口接口
3	低压接插件
4	DC和OBC接口(直流)
5	扎带1
6	扎带2
7	安装支架
8	高压线束(接车载电源DC端)

图 1-1-9　比亚迪秦 PLUS DM-i 直流充电配电盒（续航 120km 车型配备）

四、课后习题

（一）判断题

1. 比亚迪秦 EV 电机散热器也属于高压系统。（　　）
2. 比亚迪秦 EV 电机控制器安装在后备厢。（　　）
3. 比亚迪秦 EV 车辆只有交流充电，没有直流充电。（　　）
4. 比亚迪秦 PLUS DM-i 没有发动机。（　　）
5. 比亚迪秦 PLUS DM-i 车载电源总成安装在车内。（　　）

（二）单选题

1. 比亚迪秦 EV 是（　　）。
   A. 纯电动汽车　　　　　　　　　B. 混合动力汽车
   C. 增程式汽车　　　　　　　　　D. 氢动力汽车
2. 以下哪个不是比亚迪秦 EV 高压系统的零部件？（　　）
   A. 动力电池　　　　　　　　　　B. 驱动电机
   C. 电机控制器　　　　　　　　　D. 12V 蓄电池
3. 比亚迪秦 EV 动力电池安装在（　　）。
   A. 驾驶室内　　　B. 机舱内　　　C. 车辆底部　　　D. 后备厢
4. 比亚迪秦 PLUS DM-i 驱动电机由（　　）控制工作。
   A. 动力电池　　　B. 发动机　　　C. 双电机控制器　　　D. 充电系统
5. 比亚迪秦 PLUS DM-i 高压配电盒安装在（　　）。
   A. 驾驶室内　　　B. 机舱内　　　C. 车辆底部　　　D. 后备厢

任务二　新能源汽车安全防护操作

一、任务引入

　　一辆比亚迪秦 EV 到店做常规检查，维修顾问完成接车后将车交给维修车间人员，技师检查车辆前需要对场地、车辆、个人进行安全防护，以确保能够在高压电作业下保障安全。

二、学习目标

（一）知识目标

1. 熟悉个人安全防护用品的组成。

2.熟悉车辆维修环境安全防护的组成。

3.掌握高压系统安全作业规范。

（二）技能目标

1.能够规范检查与穿戴个人安全防护用品。

2.能够规范完成高压断电与验电操作。

（三）素养目标

1.养成检查高压系统安全作业习惯。

2.养成 6S 工作习惯。

扫一扫

视频精讲

三、知识储备

（一）车辆环境安全防护

现场环境设立隔离柱，布置警戒线的隔离间距保持在 1 ～ 1.5m，张贴标注高压危险、有电危险、禁止合闸等警示牌，防止他人误碰，并且在工位旁边放置二氧化碳灭火器、水基型灭火器（图 1-2-1）。

检查维修工位绝缘地垫是否破损、脏污，若破损、脏污严重，则停止维修作业，及时清理或更换绝缘地垫。

隔离带
绝缘地垫
灭火器
高压危险警示牌

图 1-2-1　车辆环境安全防护

（二）个人安全防护

在进行新能源汽车维护和检修工作时，为了保障工作人员的人身安全，顺利地完成工作任务，操作人员必须穿戴必要的劳保用品，如绝缘胶鞋、绝缘手套等，其电压等级必须大于需要测量的最高电压，如表 1-2-1 所示。

表 1-2-1　维修高压电个人防护

图片	名称	用途	检查要点
	安全帽	进入车辆底部拆卸及安装高压部件时使用	检查安全帽外观有无破损，佩戴时必须紧固锁扣

图片	名称	用途	检查要点
	护目镜	拆卸及安装高压部件时使用	检查护目镜镜面是否有划痕、裂纹，镜带是否松弛失效
	绝缘手套（绝缘等级为1000V/300A以上）	拆卸及安装高压部件时使用	检查绝缘手套外观是否龟裂、老化，气密性是否良好
	绝缘鞋	拆卸及安装高压部件时使用	检查绝缘鞋是否损坏、老化
	绝缘工具	拆卸及安装高压部件时使用	检查绝缘工具外观绝缘层是否破损严重，工具数量是否短缺

电气工作安全更需要注意绝缘工具的使用，维修保养作业中为防止工作人员触电，必须使用绝缘工具。

（三）高压部件操作规程及注意事项

1.操作规程

❶ 高压部件的调试、检修及带电组装作业，建议设立专职监护人。由监护人监督作业全过程（包括人员组成、工具、劳保用品、器材是否符合要求），并对作业结果进行检查，指挥上电。

❷ 监护人要认真负起责任，确保作业安全。否则在发生安全责任事故时要承担责任。

❸ 监护人须有丰富电气维修经验，经考核合格后方能上岗。

❹ 在进行较复杂或较危险的作业时，监护人要按流程指挥操作，作业人在做完一个操作后要告知监护人。监护人要在作业流程单上做标记确认。

❺ 操作人员必须穿戴必要的劳保用品，如绝缘手套、绝缘胶鞋等，其电压等级必须大于需要测量的最高电压。用前需检查其是否完好无损，确保安全。特殊情况下建议戴防护面罩。

❻ 操作人员在组装、调试、检修高压部件时，必须两人以上并由监护人监督作业。

❼ 操作人员进行作业时必须单手操作，原则上不允许带电操作。例如，保证所使用的测量仪表至少有一根表笔线上配备绝缘鳄鱼夹，测量时一只手把夹子夹到电路的一个端子上，另一根表笔接到另一个端子测量读数。每次测量时只能用一只手握住表笔线或车的地线。

❽ 操作人员在作业中，对所拆除的高低压系统电线要妥善处理，包好裸露出的电线头，以防触电或酿成其他事故。

❾ 更换高压回路器件，一定要按原车设计要求容量更换。

⑩ 在检修高压系统时，车辆必须处于 OFF 挡，并拔下紧急维修开关，必须亲自妥善保管，直至检修完毕。使用万用表检测高压电路（例如高压电容及其回路），需确保无电。在操作时应当严格遵守电气作业操作规程及相应检测工具使用要求，以防高压系统内器件损坏而带电，造成触电事故。

⑪ 高压系统在调试或检修完毕后，需由监护人检查确定能否上电。该监护人要仔细检查电路是否符合要求，并且检查现场工作人员是否在安全距离以内，然后在专用检查单上签字确认，指挥通电。

⑫ 发生异常事故和火灾时，操作人员应立即切断高压回路，其他人员立即使用干粉灭火器及黄沙扑救，严禁用水基型灭火器。

2.操作注意事项

① 操作者穿绝缘胶鞋、戴绝缘手套，单手操作。紧急维修开关总成的操作最好指定专人负责，避免多人误操作。

② 在整车装配过程中，必须拔掉紧急维修开关手柄，并由专人看管。

③ 在车辆维修、低压调试前，确认整车用电器都在 OFF 状态，再拔掉紧急维修开关手柄。

④ 在车辆维修和低压调试过程中，紧急维修开关手柄的存放位置，须在维修人员和调试人员的视野范围之内。

⑤ 需要进行高压调试或上高压电时，应确认整车用电器都在 OFF 状态，并提醒周围人员，暂时远离车载高压电设备，然后插上紧急维修开关手柄。车辆发生紧急状况时，须迅速拔掉紧急维修开关手柄，切断整车高压电源。

四、课后习题

（一）判断题

1.绝缘手套即使破了也可以使用。（   ）
2.进入车辆底部维修高压部件时，可以不戴安全帽。（   ）
3.维修高压系统时，可以使用普通的工具。（   ）
4.即使绝缘工具的绝缘层损坏了也能用。（   ）
5.维修新能源汽车时，可使用绝缘等级为200V以下的绝缘手套。（   ）

（二）单选题

1.以下不属于个人安全防护用品的是（   ）。
A.护目镜　　　B.绝缘手套　　　C.绝缘鞋　　　D.棉手套
2.以下维修项目不需要用到绝缘工具的是（   ）。
A.更换12V蓄电池　　　B.更换电机控制器
C.更换动力电池　　　D.更换高压线束
3.在车辆环境安全防护中，布置警戒线的隔离间距保持在（   ）。
A.0.5～1m　　　B.1～1.5m　　　C.1.5～2m　　　D.2～2.5m

项目二
纯电动汽车检测与维修

项目引入

神行超充电池

2023年8月16日，宁德时代发布全球首款采用磷酸铁锂材料并可实现大规模量产的4C超充电池——神行超充电池，实现了"充电10min，续航400km"的超快充电速度，并达到700km以上的续航里程，极大缓解了用户补能焦虑，全面开启新能源车的超充时代。

讨论交流 科技创新是发展新质生产力的核心要素，国家科技创新力的根本源泉在于人才，请说明创新需具备哪些能力？

任务一　纯电动汽车动力电池系统检测与维修

一、任务引入

一辆 2022 年款比亚迪秦 PLUS EV 纯电动汽车（标准版），车主反映：车辆不能上高压电、车辆 READY/OK 灯不亮，同时动力电池故障警告灯、动力系统故障警告灯点亮，车辆无法行驶。根据客户描述的故障现象，维修顾问将车辆交给技师，需要对车辆进行故障诊断与维修。

动力电池故障警告灯

动力系统故障警告灯

二、学习目标

扫一扫

视频精讲

（一）知识目标

1. 掌握动力电池系统常见故障及处理方法。
2. 掌握动力电池管理控制器常见故障及处理方法。

（二）技能目标

1. 熟练使用故障诊断仪，读取并分析动力电池系统故障码及数据。
2. 学会查阅维修手册、电路图，规范检测与排除动力电池系统故障。

（三）素养目标

1. 养成制订工作计划、独立决策和实施的自信力。
2. 严格执行企业安全生产制度、环保管理制度以及 6S 管理规定。

三、知识储备

（一）动力电池系统

1.动力电池系统的组成与功用

动力电池系统为整车提供电能，由动力电池模组、动力电池信息采集器、动力电池串联线、动力电池托盘、动力电池包密封盖、动力电池采样线等组成。

电池包内部有接触器和电池信息采集系统（BIC/BCC），电池管理控制器（BMC）通过电平信号控制接触器通断，通过 CAN 与 BIC/BCC 通信接收电池模组的基本信息。比亚迪秦 EV 电池系统框图如图 2-1-1 所示。

图 2-1-1　比亚迪秦 EV 电池系统框图

2.动力电池系统的故障分级

动力电池系统的故障分为一级故障、二级故障和三级故障，见表2-1-1。

表 2-1-1　动力电池系统的故障分级

序号	故障等级	说明
1	一级故障（非常严重）	动力电池上报该故障，一段时间后会造成整车出现安全事故，如起火、爆炸、触电等。动力电池在正常工作时不会上报该故障，BMS一旦上报该故障，表明动力电池处于严重滥用状态
2	二级故障（严重）	动力电池上报该故障，会造成整车进入跛行、暂时停止能量回馈、停止充电。动力电池正常工作时不会上报该故障，BMS一旦上报该故障，表明动力电池某些硬件出现故障或动力电池处于非正常工作的条件下
3	三级故障（轻微）	动力电池上报该故障，对整车无影响或不同程度地造成整车进入限功率行驶状态。动力电池正常工作时可能上报该故障，BMS一旦上报该故障，表明动力电池处于极限环境温度下或单体电池一致性出现一定劣化等

3.动力电池故障判断基本思路

❶ 通过故障诊断仪读取电池组数据并进行实测，通过最终数据判断是动力电池故障，还是电源管理控制器或其他组件故障。

❷ 单节电池电压值异常，过高会导致无法充电，过低会导致断电保护。充电过程中，单节最高电压应低于3.8V，行车过程中单节电压低于2.2V会断电保护，低于2.4V系统会报警。

❸ 单节电池温度异常，温度过高会导致无法充电（高于65℃充电保护）。

4.动力电池常见故障及处理方法

纯电动汽车动力电池常见故障及处理方法见表2-1-2。

表 2-1-2　纯电动汽车动力电池常见故障及处理方法

序号	故障类型	性能影响	解决方法
1	单体蓄电池SOC值偏低或偏高	动力电池系统性能下降，续航里程缩短	对SOC值不正常的单体电池充电或放电，确保所有单体蓄电池一致性
2	单体蓄电池容量不足	动力蓄电池充电不足，能量下降，续航里程缩短	更换容量不足的单体蓄电池
3	单体蓄电池内阻偏大	动力蓄电池充电不足，性能下降，续航里程缩短	更换内阻偏大的单体蓄电池
4	单体蓄电池过充电或过放电	会造成动力蓄电池内部短路、热失控，严重时会起火、爆炸	检查蓄电池管理系统

序号	故障类型	性能影响	解决方法
5	单体蓄电池内部短路	会造成动力蓄电池热失控，严重时会起火、爆炸，影响行车安全	更换内部短路的单体蓄电池
6	单体蓄电池外部短路	会造成动力蓄电池热失控，严重时会起火、爆炸，影响行车安全	排除短路故障、更换造成外部短路的单体蓄电池
7	单体蓄电池极性装反	会造成动力蓄电池热失控，严重时会起火、爆炸，影响行车安全	更换极性装反的单体蓄电池
8	动力电池包过温	会造成动力蓄电池热失控，严重时会起火、爆炸，影响行车安全	检查电池温度传感器；检修动力电池

（二）电池管理系统

1.电池管理系统的组成与功用

比亚迪秦 EV 采用分布式电池管理系统，由电池管理控制器（BMC）、电池信息采集器（BIC）、电池采样线组成。电池管理系统原理如图 2-1-2 所示。

电池管理控制器主要实现充 / 放电管理、接触器控制、功率控制、电池异常状态报警和保护、SOC/SOH 计算、自检以及通信功能等，安装在前舱大支架下方，如图 2-1-3 所示。

电池信息采集器的主要功能有电池电压采样、温度采样、电池均衡、采样线异常检测等，安装在动力电池包内部。

动力电池采样线的主要功能是连接电池管理控制器和电池信息采集器，实现两者之间的通信及信息交换。

扫一扫

视频精讲

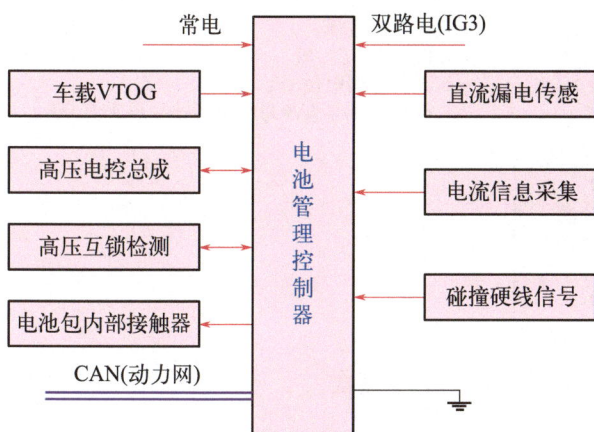

图 2-1-2　电池管理系统原理

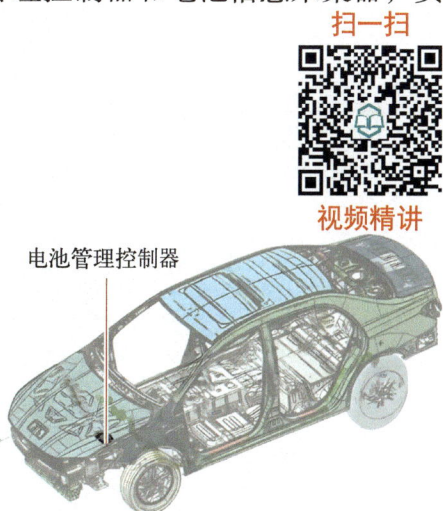

图 2-1-3　比亚迪秦 EV 电池管理控制器位置

2.电池管理控制器的作用

在汽车启动时，启动网控制双路电（IG2）上电，BMC 得电，通过动力网 CAN 接收来自启动网的 CAN 启动通知。自检通过后，接通高压配电箱的预充接触器，再接通主接触器，让电池对电机控制器放电，对 DC/DC 放电，为低压电器供电和充电。BMC 控制汽车上电流程如图 2-1-4 所示。

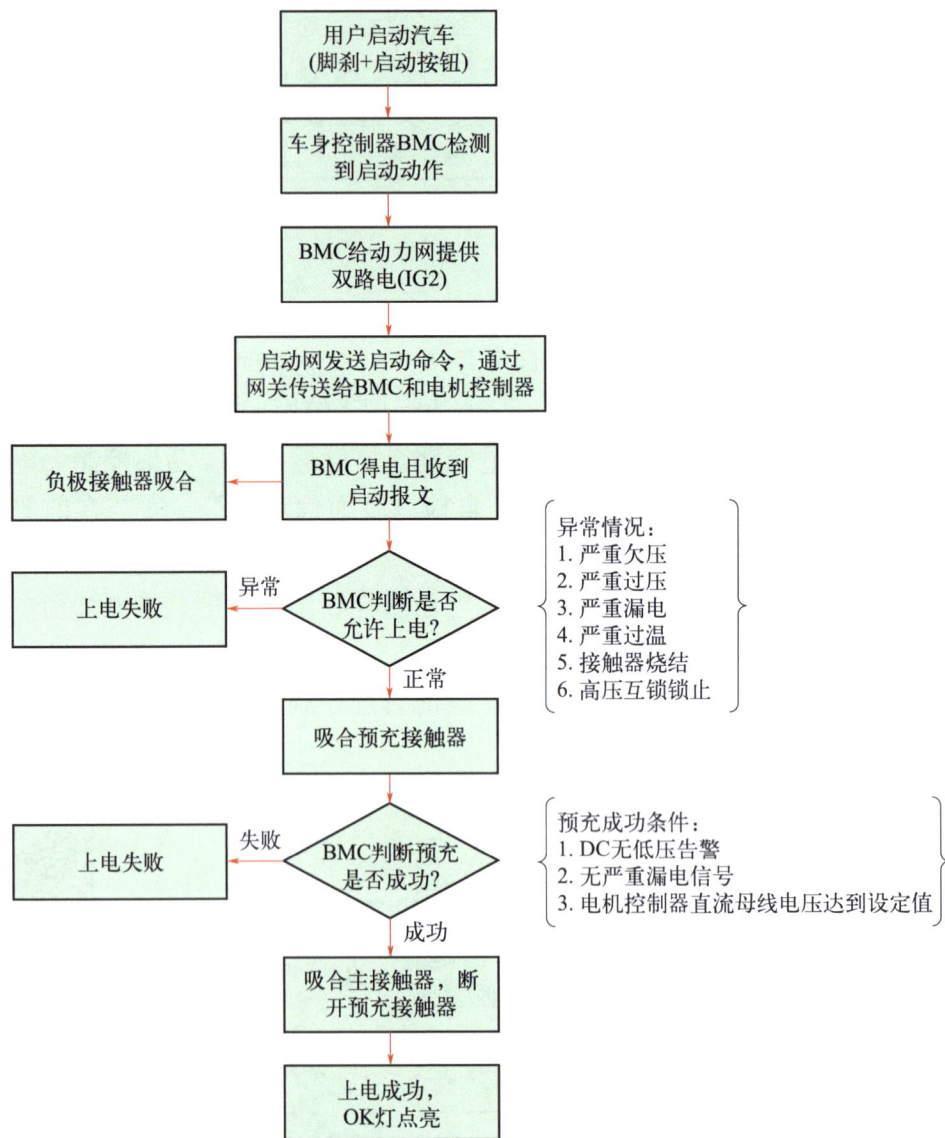

```
        ┌─────────────────┐
        │   用户启动汽车    │
        │ (脚刹+启动按钮)  │
        └────────┬────────┘
                 ↓
        ┌─────────────────┐
        │ 车身控制器BMC检测 │
        │    到启动动作     │
        └────────┬────────┘
                 ↓
        ┌─────────────────┐
        │  BMC给动力网提供  │
        │   双路电(IG2)    │
        └────────┬────────┘
                 ↓
        ┌─────────────────┐
        │ 启动网发送启动命令，通过 │
        │ 网关传送给BMC和电机控制器 │
        └────────┬────────┘
                 ↓
┌──────────┐  ┌─────────────────┐
│ 负极接触器吸合 │←│ BMC得电且收到    │
└──────────┘  │   启动报文        │
              └────────┬────────┘
                       ↓
┌──────────┐     ◇─────────◇          异常情况：
│ 上电失败   │←异常 │BMC判断是否 │          1. 严重欠压
└──────────┘     │ 允许上电？ │          2. 严重过压
                 ◇─────┬───◇          3. 严重漏电
                    正常 ↓             4. 严重过温
              ┌─────────────────┐      5. 接触器烧结
              │  吸合预充接触器    │      6. 高压互锁锁止
              └────────┬────────┘
                       ↓
┌──────────┐     ◇─────────◇          预充成功条件：
│ 上电失败   │←失败 │BMC判断预充 │          1. DC无低压告警
└──────────┘     │ 是否成功？ │          2. 无严重漏电信号
                 ◇─────┬───◇          3. 电机控制器直流母线电压达到设定值
                    成功 ↓
              ┌─────────────────┐
              │ 吸合主接触器，断   │
              │  开预充接触器      │
              └────────┬────────┘
                       ↓
              ┌─────────────────┐
              │   上电成功，       │
              │   OK灯点亮         │
              └─────────────────┘
```

图 2-1-4　BMC 控制汽车上电流程

在汽车行驶（放电、能量回馈）和充电过程中，BMC 实时监测电池的电压、电流、温度以及碰撞、漏电状态。在异常情况下，切断动力输出或者通过动力网 CAN 通信对电机控制器、交流车载充电器、直流充电桩进行放电 / 充电功率的控制，具体见表 2-1-3 ～表 2-1-6。

表 2-1-3　电压监测和措施

序号	名称	电池工作状态	警报	触发条件	措施
1	动力电池电压	放电状态	单节电池电压过低，严重报警	$U \leqslant 2.5V$	（1）大功率设备（驱动电机、空调压缩机和 PTC）停止放电 （2）延迟 10s 切断主接触器，断开负极接触器 （3）仪表灯亮 （4）仪表显示报警信息
2			单节电池电压过低，一般报警	$2.5V < U < 2.75V$	（1）大功率设备（电机、空调压缩机和 PTC）降低当前电流，限功率工作 （2）仪表显示报警信息 （3）电压为 2.5V 时，SOC 修正为 0
3		充电状态	单节电池电压过高，一般报警	$3.8V \leqslant U < 3.9V$	（1）禁止动力电池进行充电 （2）仪表显示报警信息 （3）电压为 3.75V 时，SOC 修正为 100 （4）电机能量回馈禁止
4			单节电池电压过高，严重报警	$U \geqslant 3.9V$	（1）延迟 10s，断开充电接触器，断开负极接触器，禁止充电 （2）仪表灯亮 （3）仪表显示报警信息

表 2-1-4　电流监测和措施

序号	名称	电池工作状态	警报	触发条件	措施
1	动力电池电流	电池放电电流	过流报警	$I \geqslant 360A$	（1）要求大功率用电设备（驱动电机、空调压缩机和 PTC）降低电流，限功率工作 （2）如果在过流报警发出后，电流依然在过流状态并持续 10s，则断开主接触器，禁止放电
2		电池充电状态		$I \leqslant -100A$（负号表示充电）	电流在过流状态持续 10s，断开充电接触器，禁止充电
3		回馈充电电流		$I \leqslant -100A$（负号表示充电）	（1）要求电机控制器限制回馈充电电流 （2）如果发出过流报警后，电流依然处于过流状态并持续 10s，则断开主接触器

表 2-1-5　温度监测和措施

序号	名称	电池工作状态	警报	触发条件	措施
1	动力电池温度	充、放电状态下	电池组过热严重报警	$T_{max} \geqslant 70℃$	（1）充电设备关断充电，直到清除报警 （2）大功率设备（驱动电机、空调压缩机和PTC）停止用电 （3）延迟10s切断主接触器、负极接触器 （4）仪表灯亮 （5）仪表显示报警信息
2			电池组过热一般报警	$65℃ \leqslant T_{max} < 70℃$	（1）充电设备降低当前充电电流 （2）大功率设备（驱动电机、空调压缩机和PTC）降低当前电流 （3）仪表显示报警信息
3			电池组低温一般报警	$-20℃ \leqslant T_{min} < -10℃$	（1）限功率充电 （2）仪表显示报警信息
4			电池组低温严重报警	$T_{min} < -20℃$	（1）限功率充电 （2）仪表显示报警信息

表 2-1-6　碰撞、漏电监测和措施

序号	名称	电池工作状态	警报	触发条件	措施
1	碰撞保护		碰撞故障	接收碰撞信号	立即断开主接触器、分压接触器
2	动力电池漏电	充、放电状态下	正常	$R > 500Ω/V$	—
3			一般漏电报警	$100Ω/V < R \leqslant 500Ω/V$	仪表灯亮，报动力系统故障
4			严重漏电报警	$R \leqslant 100Ω/V$	停车中：仪表灯亮，立即断开主接触器、分压接触器 　行车中：①禁止上电；②仪表灯亮，报动力系统故障 　充电中：①断开交流充电接触器、分压接触器；②仪表灯亮，报动力系统故障

3.电池管理控制器常见故障诊断与排除

比亚迪秦 EV 电池管理控制器常见故障诊断与排除见表 2-1-7。

表 2-1-7　比亚迪秦 EV 电池管理控制器常见故障诊断与排除

故障模式	故障类型	故障症状	解决方法
电压采样功能异常	总电压采样过高或过低	车辆动力会自动切断，仪表动力电池故障灯亮	（1）使用解码仪，读取总电压大小 （2）更换配件 （3）电池包维修

故障模式	故障类型	故障症状	解决方法
电压采样功能异常	单节电压采样过低	车辆 SOC 进行修正（2.5V 时 SOC 修正为 0），车辆动力会自动切断，仪表动力电池故障灯亮	（1）使用解码仪，采集单节最低电压大小 （2）更换配件 （3）电池包维修
	单节电压采样过高	出现单节电压采样过高时（4.2V），车辆动力会自动切断，仪表动力电池故障灯亮	（1）使用解码仪，采集单节最高电压大小 （2）更换配件 （3）电池包维修
温度采样功能异常	单节温度失真	出现温度采样异常严重时，车辆动力会自动切断，仪表动力电池过热故障灯点亮	（1）使用解码仪，采集单节温度高低 （2）更换电池管理控制器配件 （3）电池包维修
电池管理控制器熔断器烧毁	无法正常供电工作	出现电池管理控制器熔断器（直流充电为 BMC 熔断器，交流充电为双路电熔断器）烧毁时，车辆无法正常启动到 OK 电、无法交流充电	更换熔断器
信号采集异常（漏电检测信号、碰撞信号、动力电池电流信号等）	信号采集异常	由于电池管理控制器内部采集模块故障或外部自身交换的 CAN 数据异常，导致信息反馈到 BMC 进行处理时出现异常	（1）采集单节温度高低 （2）更换电池管理控制器配件 （3）电池包维修

4.电池管理控制器系统故障检查流程

首先进行初步检查，对低压蓄电池、高低压连接器等进行检查，如果低压蓄电池电压异常，则进行补充电能或者更换；如果有动力电池包相关连接器松动、脱落，则进行修复，故障排除后诊断结束。若故障依然存在，则使用故障诊断仪，根据故障指向进行相应的检测与修复。当指向 VCU（整车控制器）时，则从 VCU 的供电、通信、硬件等方面进行逐步排查，直至找到故障点并修复；当指向 BMC（电池管理控制器）时，则从 BMC 的供电、通信、硬件等方面进行逐步排查，直至找到故障点并修复；当指向动力电池时，则从动力电池本身以及接插件等方面进行逐步排查，直至找到故障点并修复。电池管理控制器检查流程如图 2-1-5 所示。

四、任务实施

以比亚迪秦 EV 电池管理系统无法通信为例。

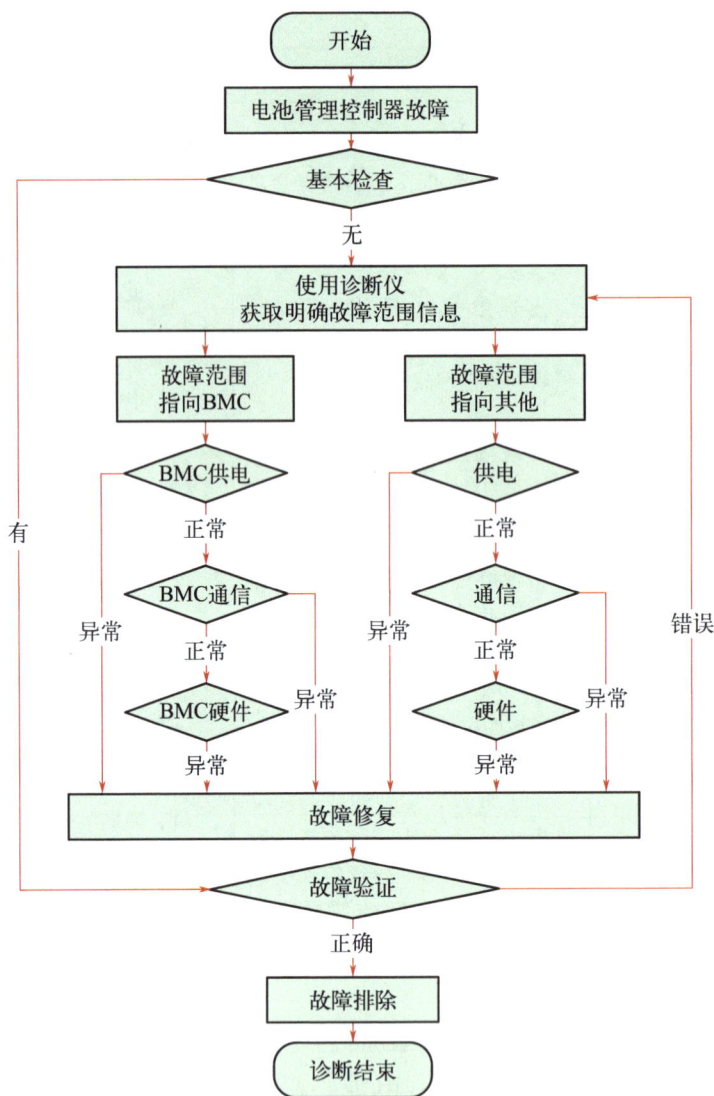

图 2-1-5　电池管理控制器检查流程

1.操作准备

❶ 做好新能源汽车维修场地安全隔离防护措施。

❷ 备好新能源汽车检测维修所需工量具及仪器设备。

❸ 做好高压安全个人防护。

❹ 做好车辆作业防护。

❺ 按需做好高压维修断电操作。

2.故障现象

READY/OK 指示灯没有点亮，车辆无法行驶，动力电池故障警告灯、动力系统故障警告灯点亮，如图 2-1-6 所示。

动力电池故障警告灯

动力系统故障警告灯

图 2-1-6 仪表故障灯

3.故障检查及分析

（1）故障检查 使用故障诊断仪对比亚迪秦 EV 进行故障码和数据流的读取，读取后发现故障诊断仪不能进入动力电池管理系统（BMS 无法进入），切换至 VCU 系统可读取故障码和数据流。同时发现其他控制模块能正常通信。

故障码为 U014087，含义为与 BMC 通信故障。

（2）故障分析 纯电动汽车电池管理系统 BMS 主要与整车控制模块 VCU 通信，BMS 属于高压控制模块，它与 VCU 之间采用 CAN 的通信方式。BMS 故障或 CAN 总线故障等导致的 VCU 不能有效地获取电池状态，VCU 会认为电池处于某种不正常的情况，报给 BMC 动力电池故障，BMC 会传递给仪表，仪表会显示动力电池系统故障警告灯。

注意：当电池自身发生故障时，特别是动力电池内部断路等故障，采用故障诊断仪诊断时，会发现 BMS、VCU 模块能正常进入，但是读取到的电池信息是不正确的。例如动力电池总电压、剩余电量等数据。

4.故障诊断流程

当车辆出现动力电池控制器故障时，可以根据图 2-1-4 所示的流程进行检查。

5.故障诊断与排除

根据故障码和数据流，查阅比亚迪秦 EV 动力电池管理系统（BMS）及总线通信系统电路图。通过仪表显示的信息和故障诊断仪所读取的信息，初步判断为 BMS 通信可能出现故障，故障部位可能是动力电池管理系统的电源线、搭铁线、CAN 线或电池管理控制器，按由易到难的故障诊断思路，可以先对动力电池的供电进行检查，如图 2-1-7 所示。

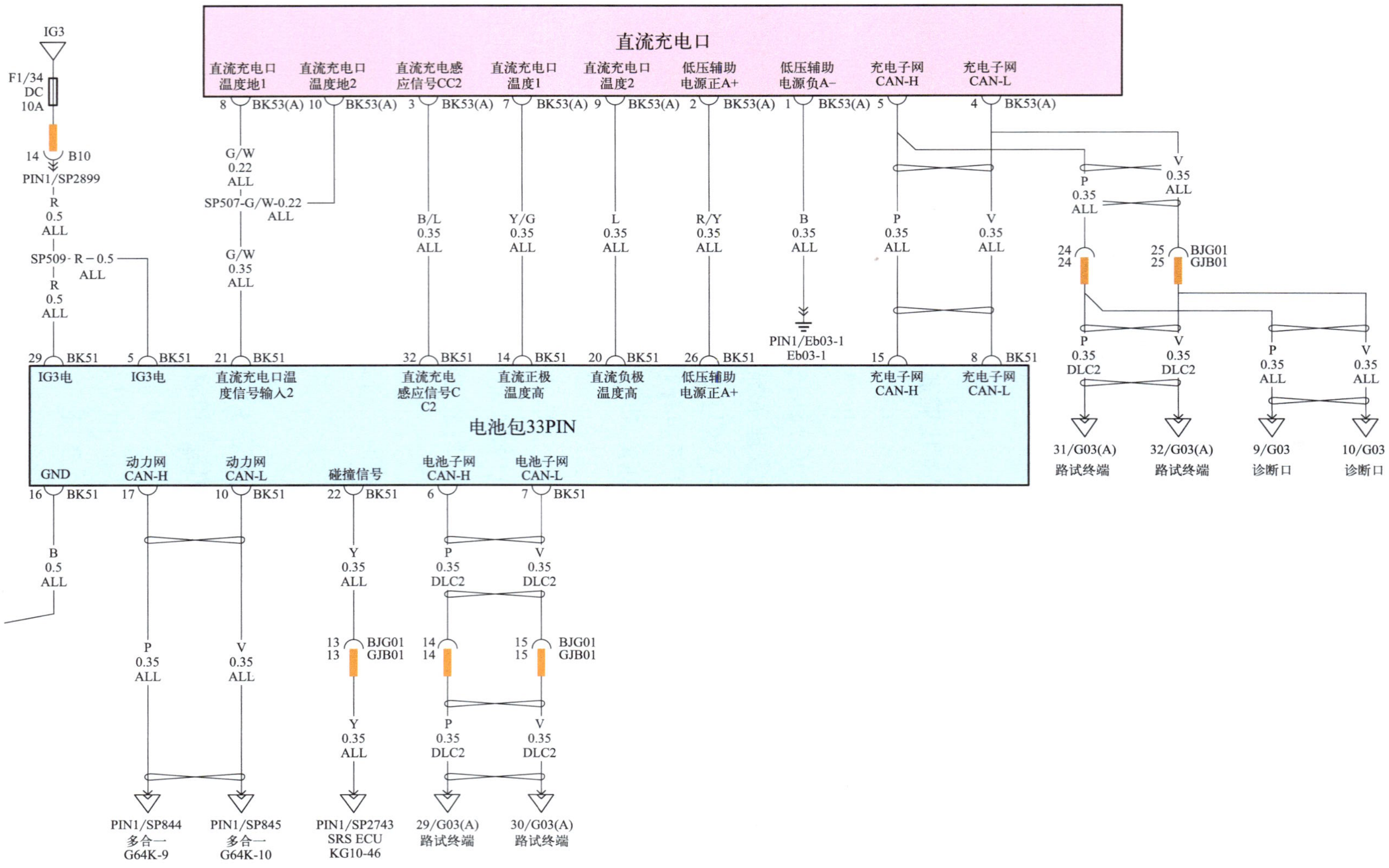

图 2-1-7 比亚迪秦 EV 动力电池管理系统电路

❶ 断开蓄电池负极，等待 5min，进行基本检查。检查动力电池低压连接器外观及连接情况是否正常，经检查无异常，如图 2-1-8 所示。

❷ 检查 IG3 继电器。目测继电器外观，正常，没有烧蚀、损坏；使用万用表 200Ω 电阻挡测量继电器线圈（1 号与 2 号脚位），电阻为 138Ω，经测量，正常，如图 2-1-9 所示。

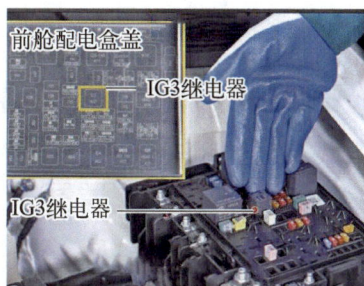

图 2-1-8　检查动力电池低压连接器

(a) IG3继电器位置(前舱配电盒)　(b) 检查IG3继电器线圈端

图 2-1-9　检查 IG3 继电器

使用万用表蜂鸣挡，检查继电器常开开关（3 号与 5 号脚位）是否有黏合，经检查测量值为无穷大；使用 12V 蓄电池给继电器线圈两端通电（1 号与 2 号脚位），使用万用表 200Ω 电阻挡，测量继电器常开开关是否闭合，测量值为 0.4Ω，正常，如图 2-1-10 所示；经以上检查，IG3 继电器工作正常。注意事项：测量时切勿将连接蓄电池正、负极的夹子接触短接，以免造成蓄电池短路损坏。

(a) IG3继电器控制图　(b) 检查IG3继电器开关

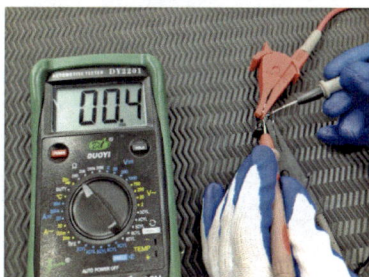

图 2-1-10　检查继电器开关闭合

❸ 检查 F1/34（10A）熔丝。目测熔丝外观正常，没有熔断。使用万用表蜂鸣挡测量，结果为导通，经检查 F1/34 正常，如图 2-1-11 所示。

021

(a) F1/34熔丝位置　　　　　　(b) 检查F1/34熔丝

图 2-1-11　检查 F1/34 熔丝导通

❹ 检查电池管理控制器至前舱配电盒线束。拔下动力电池低压连接器，检查电池管理控制器供电电源线，使用万用表蜂鸣挡测量 F1/34 熔丝针脚至电池管理控制器 BK51-5 号端子，测量结果为导通，正常，如图 2-1-12 和图 2-1-13 所示。

接着测量 F1/34 熔丝针脚至电池管理控制器 BK51-29 号端子，测量结果为导通，正常，如图 2-1-14 所示。

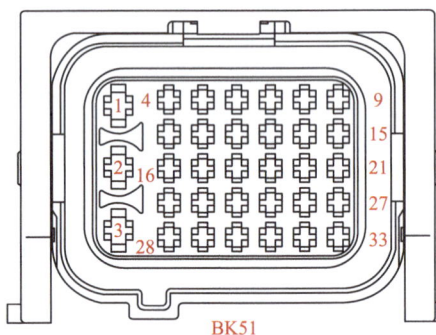

图 2-1-12　电池管理控制器端子

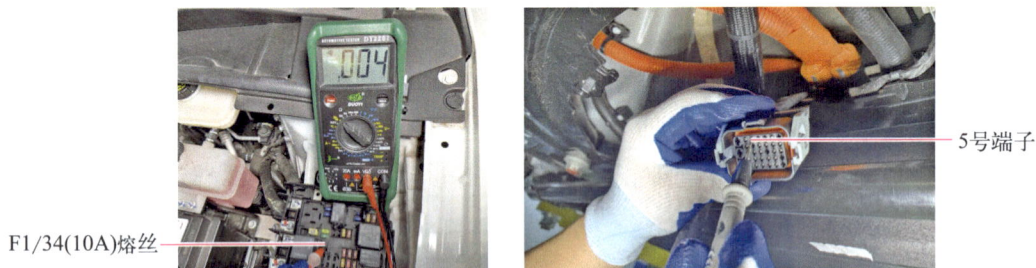

图 2-1-13　检查 BK51-5 号端子至 F1/34 熔丝针脚线路

图 2-1-14　检查 BK51-29 号端子至 F1/34 熔丝针脚线路

❺ 检查电池管理控制器搭铁线。使用万用表 200Ω 电阻挡测量电池管理控

制器 BK51-16 号端子至车身搭铁，电阻为无限大，异常，正常值应在 1Ω 以内，如图 2-1-15 所示。

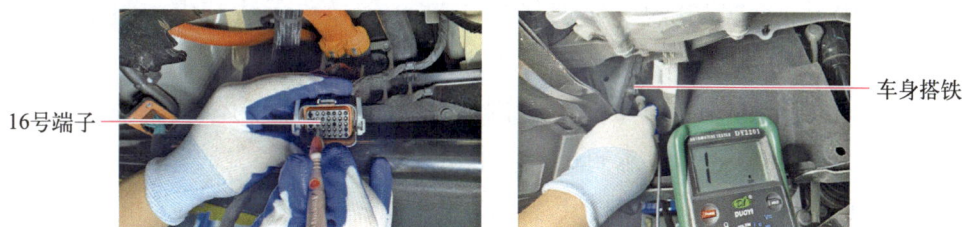

图 2-1-15　检查电池管理控制器 BK51-16 号端子至车身搭铁

检查动力电池低压 33 脚连接器 BK51-16 号端子至车身搭铁的线束，发现有断路并进行修复。

安装动力电池低压连接器，安装熔丝，安装继电器。

连接 12V 蓄电池负极线，读取 BMS 控制器故障信息，BMS 能正常通信，未发现故障码。

车辆能正常上电、仪表故障指示灯熄灭，如图 2-1-16 所示。

6.清洁整理

图 2-1-16　仪表显示车辆正常上电

❶ 收起车辆防护用品，收纳万用表及个人防护装置。

❷ 清洁场地，锁好车辆。

五、"岗课赛证"融通

※ 岗位任务：对接新能源汽车机电维修岗位典型工作任务"动力电池管理系统故障排除"。

※ 职业证书：对接技能等级证书"新能源汽车动力驱动电机电池技术（高级）"模块技能要求"能诊断车辆不能上电的故障""能诊断因电池管理器的线束、连接器、端子损坏或断开引起的故障"。

※ 技能竞赛：对接竞赛技能要点的前期准备，安全检查，仪器连接，故障症状确认，目视检查，读取故障码与数据流，高压断电，非带电状态检测验证，动力电池管理系统的元器件测量与机械拆装，故障点确认和排除。

六、课后习题

（一）判断题

1.进行动力电池系统诊断时，应利用故障诊断仪读取电池组数据，并配合接线板进行实测，通过最终数据进行判断，是动力电池故障，还是电源管理控

制器、高压配电箱或其他组件故障。（　　　）

2.纯电动汽车电源管理控制器是整车辅助电池的主控模块。（　　　）

3.动力电池的单节电池电压值异常，过高会导致无法充电，过低会导致断电保护。（　　　）

4.电源管理控制器是高压配电箱内继电器与接触器的诊断主控模块，会诊断接触器是否按照预定的要求打开与关闭。（　　　）

5.断开连接器时，不需要断电。（　　　）

（二）单选题

1.动力电池绝缘电阻的检查用的测量工具是（　　　）。

A.诊断仪　　　　　　B.伏特表　　　　　　C.示波器　　　　　　D.万用表

2.纯电动汽车的电源管理控制器发生故障时，会导致高电压系统内接触器不能工作，使车辆失去动力而不能行驶，同时位于仪表的（　　　）故障指示灯将点亮。

A.动力系统　　　　　B.ABS　　　　　　C.电池　　　　　　D.安全气囊

3.关于电源控制管理器线路的检查用到的测量工具是（　　　）。

A.诊断仪　　　　　　B.示波器　　　　　　C.万用表　　　　　　D.电流钳

4.（　　　）是控制高电压接通与关闭的执行部件，内部主要由多个接触器与继电器组成，这些接触器或继电器由电源管理控制器控制。

A.动力电池　　　　　B.高压配电箱　　　　C.电机　　　　　　D.DC/DC

5.测量动力蓄电池母线的电流用到的工具是（　　　）。

A.万用表　　　　　　B.诊断仪　　　　　　C.电流钳　　　　　　D.电流表

任务二　纯电动汽车充电系统检测与维修

一、任务引入

一辆2022年款比亚迪秦PLUS EV纯电动汽车（标准版），客户反映：使用便携式交流充电器进行充电时，插上充电枪，充电连接指示灯点亮，无法正常充电。根据客户描述的故障现象，维修顾问将车辆交给技师对其进行故障诊断与维修。

二、学习目标

（一）知识目标

1.熟悉充电系统故障分类。

2.熟悉充电系统常见故障及排除方法。

3.熟悉充电系统故障检测流程。

（二）技能目标

1.熟练使用故障诊断仪，读取并分析充电系统故障码及数据。

2.学会查阅维修手册、电路图，规范检测与排除充电系统故障。

（三）素养目标

1.具备良好的安全意识，能规范进行高压电部件检测与维修相关的安全作业。

2.具备爱岗敬业、诚实守信的职业素养，以及精益求精的大国工匠精神。

三、知识储备

纯电动汽车行驶消耗的是动力电池的能量，动力电池的能量消耗后需要补充电量，通过把电网或者其他储能设备中的电能转移到纯电动汽车动力蓄电池的过程就是充电。

扫一扫

视频精讲

（一）纯电动汽车充电方式

1.交流慢充方式

交流慢充方式是指用交流充电桩充电口，把电网的交流电输入纯电动汽车的慢充接口，经过汽车内部的车载充电机把交流电转换成直流电后再输入动力蓄电池，完成充电。交流充电桩没有功率转换模块，不做交直流转换。充电功率取决于车载充电机功率。交流慢充方式及充电口如图 2-2-1 所示。

(a) 交流慢充方式

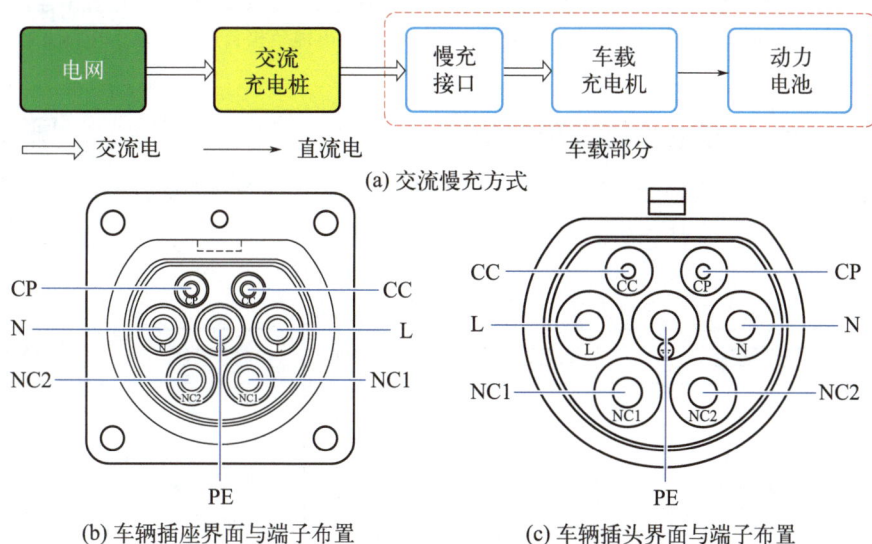

(b) 车辆插座界面与端子布置

(c) 车辆插头界面与端子布置

图 2-2-1　交流慢充方式及充电口

L—A 相；NC1—B 相；NC2—C 相；N—中性线；PE—地线；CC—充电连接确认；CP—充电控制

2.直流快充方式

直流快充方式是指用直流充电桩充电口，把电网的交流电转换成直流电，输送到纯电动汽车的快充接口，电能直接进入动力电池充电。直流充电桩内置功率转换模块，能将电网的交流电转换为直流电，不需经过车载充电机转换。直流充电的功率取决于蓄电池管理系统和充电桩输出功率，两者取小。直流快充方式及充电口如图 2-2-2 所示。

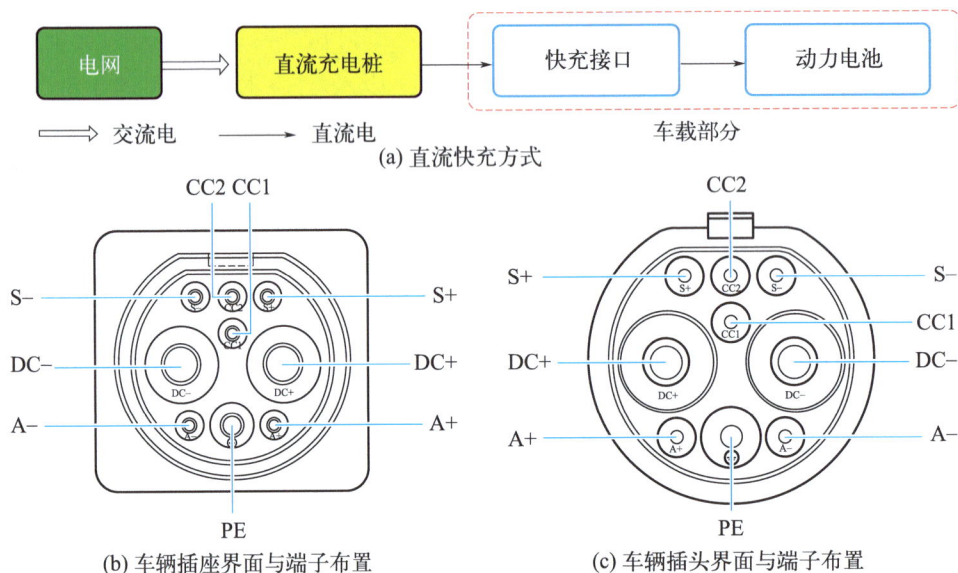

(a) 直流快充方式

(b) 车辆插座界面与端子布置　　　　(c) 车辆插头界面与端子布置

图 2-2-2　直流快充方式及充电口

A−—低压辅助电源负极；A+—低压辅助电源正极；CC2—充电连接确认 2；CC1—充电连接确认 1；
S−—CAN-L；S+—CAN-H；PE—地线；DC−—动力电池负极；DC+—动力电池正极

（二）纯电动汽车充电系统故障分类

纯电动汽车充电系统故障分为严重故障、动力电池故障、一般故障和告警提示（表 2-2-1）。

扫一扫

视频精讲

表 2-2-1　纯电动汽车充电系统故障分类

故障分类	故障描述	故障名称	故障分类	故障描述	故障名称
严重故障	直接影响人身安全级别的故障	绝缘故障	动力电池故障	可能引发动力电池热失控风险的故障	达到单体最高电压未停止充电
		漏电故障			达到蓄电池总电压未停止充电
		泄放回路故障			达到蓄电池最高允许温度未停止充电
		防雷故障			

故障分类	故障描述	故障名称	故障分类	故障描述	故障名称
一般故障	不涉及人身安全但需要及时维护的故障	连接器故障	一般故障	不涉及人身安全但需要及时维护的故障	充电电流不匹配
		电子锁故障			输出短路
		急停故障			输出过压/过流
		输入过/欠压			蓄电池反接
		输入缺相			充电系统过温
		交流接触器故障			充电枪过温
		直流接触器故障	告警提示	设备处于告警提示状态	通信超时
		充电模块故障			

当发生严重故障时，设备或者充电模块须立即停机，等待专业维护人员维修；当蓄电池出现热失控故障时，应立即停止充电，并主动告警，并在充电系统的后台中记录。

当发生一般故障时，充电设备停止本次充电，并做好故障记录（需重新插拔充电电缆后，才能进行下一次充电）。

当充电设备处于告警提示状态时，充电设备中止充电，待故障现象排除后自动恢复充电（检测到故障状态解除后，重新通信握手，开始充电）。

（三）纯电动汽车充电系统常见故障

1. DC/DC转换器故障

DC/DC转换器故障主要表现是DC/DC转换器未正常工作。

解决方法：检查连接器是否正常连接；检查高压熔丝是否熔断；检查使能信号是否输出。

2. 车载充电机故障

❶ 充电桩显示车辆未连接。解决方法：检查车辆与充电桩两端枪是否反接。

❷ 动力电池继电器未闭合。解决方法：检查连接器是否正常连接；检查充电机输出唤醒是否正常。

❸ 动力电池继电器正常闭合，但充电机无输出电流。解决方法：检查车端充电枪是否连接到位；检查高压熔丝是否熔断；检查高压连接器及线缆是否正确连接。

3. 慢充系统动力电池总正、总负继电器无法闭合

❶ 检查低压蓄电池的电压，正常值应大于11.5V，否则应为低压蓄电池充电或更换低压蓄电池。

❷ 将点火开关置于 ON 挡，观察仪表显示情况。如果仪表显示正常，则检查 PE 电路是否正常；如果有故障信息提示，则连接诊断仪读取故障码，然后根据故障码信息进行检修。

❸ 检查充电唤醒电路、BMS 唤醒电路、连接确认电路、CP 电路连接是否正常。若电路连接异常，则重新连接或更换故障线束及接插件；若电路连接正常，则进入下一步。

❹ 检查动力蓄电池的总正、总负继电器及其控制电路和电源电路是否正常。若继电器自身故障，则更换继电器；若电路连接异常，则重新连接或更换线束及接插件；若均正常，则进入下一步。

❺ 检查车载充电机的电源、唤醒电路。若电路连接异常，则重新连接或更换线束及接插件；若电路连接正常，则表明车载充电机存在故障，应检修或更换车载充电机。

对于慢充系统，如果动力蓄电池总正、总负继电器可以正常闭合，说明慢充系统的唤醒、控制电路正常；此时若车辆无法充电，主要是由慢充接口、车载充电机、高压配电箱、动力电池之间的高压电路等故障所致。对于此类故障，应先检查高压电路是否正常，高压配电箱内部熔断器是否正常；然后检查车载充电机、动力电池内部是否正常。

4.快充系统动力电池总正、总负继电器无法闭合

其主要原因有唤醒电路、PE 电路、CP 电路连接故障，搭铁电路断开，快充接口、快充线束及接插件故障，VCU、动力蓄电池的低压控制电路故障等。

对于此类故障，应检查各电路的连接是否正常，如连接异常，则重新连接或更换线束及接插件；检查高压配电箱、VCU、动力蓄电池及继电器是否正常，如异常，则维修或更换故障部件。

5.快充系统动力电池总正、总负继电器正常闭合，但无法充电

其主要原因可能是高压配电箱快充继电器故障、高压熔丝熔断、快充线束及接插件故障、动力蓄电池系统故障等。对于此类故障，应检查高压电路是否正常，高压配电箱内部熔断器是否正常，动力电池系统内部是否正常。

6.快充桩与车辆无法通信

主要原因有：唤醒线路熔丝损坏，搭铁点搭铁不良，快充枪、快充口、快充线束、低压电器盒、整车控制器、动力电池低压控制插接件等部件的低压辅助电源针脚、连接确认针脚、快充 CAN 针脚等损坏、退针、烧蚀、锈蚀，动力电池和数据采集终端快充 CAN 总线间的电阻不符合。

7.快充桩与车辆通信正常，无充电电流

主要原因有：高压控制盒快充继电器线路熔丝损坏，主熔丝损坏，低压电

器盒损坏，高压控制盒损坏，快充线束损坏，动力电池 BMS 快充唤醒失常。

四、任务实施

以 2022 年款比亚迪秦 PLUS EV 纯电动汽车（标准版）随车便携式交流充电器故障为例。

1. 操作准备

❶ 做好新能源汽车维修场地安全隔离防护措施。

❷ 备好新能源汽车检测维修所需工量具及仪器设备。

❸ 做好高压电安全个人防护。

❹ 做好车辆作业防护。

❺ 按需做好高压维修断电操作。

扫一扫

视频精讲

2. 故障现象

正确连接随车充电枪（交流充电器）后，检查组合仪表显示信息，发现充电连接指示灯点亮，无充电信息显示，车辆无法进行充电，如图 2-2-3 所示。

3. 故障检查及分析

（1）故障检查　使用诊断仪读取故障码，故障诊断仪与各模块能正常通信，不存在相关的故障码，如图 2-2-4 所示。

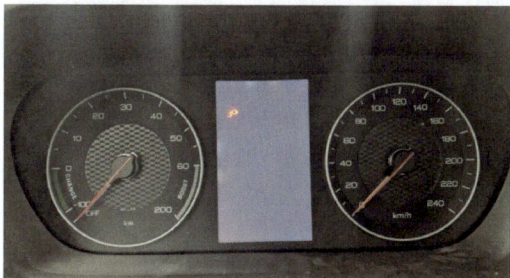

图 2-2-3　充电连接指示灯

图 2-2-4　故障诊断仪与各模块能正常通信

（2）故障分析　车辆充电异常是指电动汽车正确连接充电枪或者充电桩后不能正常对车辆充电。车辆充电异常故障现象可以分为车辆仪表不显示充电和车辆仪表显示充电电流小两种。其中仪表一直显示充电电流小一般是由于动力电池本身故障导致或者使用车载充电枪型号与原车不匹配导致，充配电总成电路如图 2-2-5 所示。

车辆不能正常充电的原因主要有：车辆外部设备故障、车辆 VCU 故障、电池本身故障、通信故障以及相关线路故障，如图 2-2-6 所示。

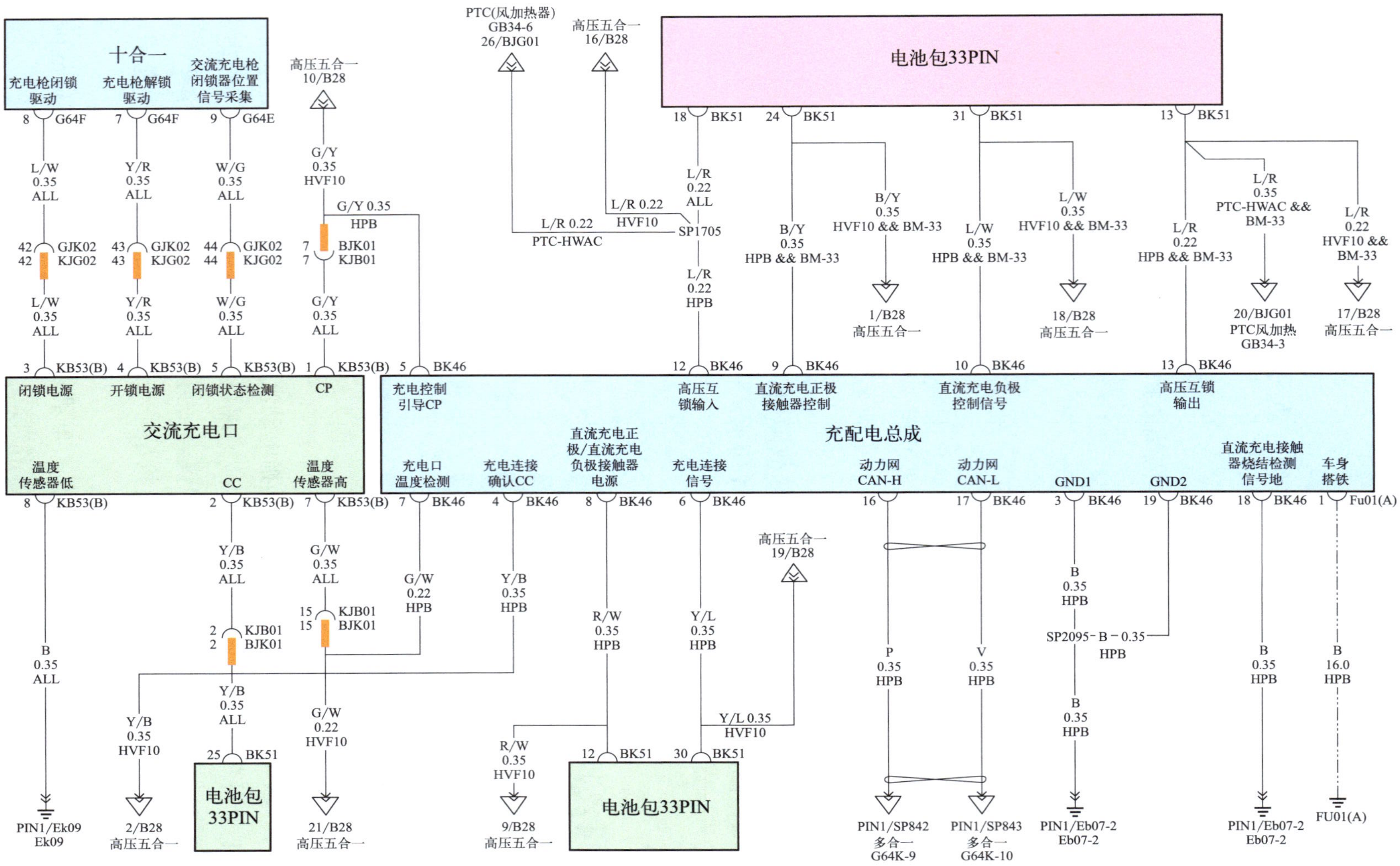

图 2-2-5 充配电总成电路

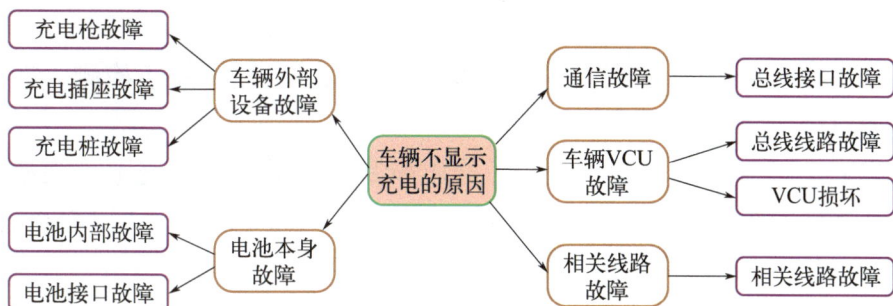

图 2-2-6 车辆仪表不显示充电的故障分析

❶ 车辆外部设备故障。车辆电量不足时需要利用外部设备进行充电，充电的方式有两种：充电桩充电和家用插座充电。采用充电桩充电，充电异常则可能是充电桩及线路故障，具体故障点包括：充电桩本身故障、充电连接线故障、充电枪故障。采用家用 220V 充电，充电异常主要故障点则包括：充电插座故障、充电连接线故障、充电枪故障。

❷ 车辆 VCU 故障。车辆 VCU 发生故障也会使车辆产生充电异常现象。当车辆充电时，无论采用充电桩快充还是家用慢充，都需要接收充电连接信号和充电确认信号。车辆 VCU 确认连接后，通过总线和 BMS 进行通信，当车辆 VCU 发生故障时，无法产生正常通信信号，不能进行正常充电。

❸ 电池本身故障。电池是电能的载体，充电的过程就是将电能转化为化学能，当电池本身发生故障时，也会发生充电异常现象。故障的主要原因可能是 BMS 故障、接口故障、内部传感器故障或者电池本身硬件故障，这就需要对电池进行进一步检查。

❹ 通信故障。电动汽车采用总线通信，当 CAN 总线发生故障时，会导致充电无法唤醒，因此不能正常充电。

❺ 相关线路故障。主要是指各种线路连接是否正常，包括各个控制模块电源线、接地线、信号线等，如出现故障都称为线路故障。

4.故障诊断流程

当车辆发生仪表不显示充电的故障时，一般遵循如图 2-2-7 所示的故障诊断流程进

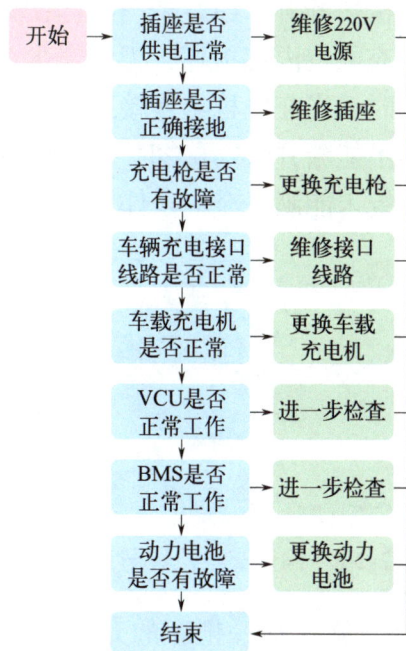

图 2-2-7 车辆仪表不显示充电的故障诊断

行排除。

　　首先进行车外检查，检查插座是否正常供电，可用万用表检测，如不正常则更换插座。

　　如果充电插座正常，则检查交流充电枪是否有故障。若充电枪无故障，则需要检查车辆充电接口线路电压和电阻情况，以判断VCU和BMS是否有故障，进行下一步诊断和专业检查。

　　5.故障诊断与排除

❶ 根据诊断流程对车辆进行故障诊断与排除。

❷ 检查充电连接插座供电，经检查，供电电压正常，为交流220V。

❸ 检查充电连接插座接地，经检查，接地正常。

❹ 检查充电枪端子CP电压值：拔下交流充电枪，使用万用表20V直流电压挡测量，红表笔连接CP端子，黑表笔连接PE接地端子，标准值为11～13V，测量值为11.98V，电压正常，如图2-2-8所示。

　　注意：充电枪需连接电源。

❺ 检查充电枪CC端子与PE接地端子电阻：使用万用表20kΩ电阻挡测量，红表笔连接CC端子，黑表笔连接PE接地端子，标准值为1.5kΩ（精度为±3%），测量值为1.49kΩ，按下锁止按钮后应为3.3kΩ（精度为±3%），实测为1.49kΩ没有变化，属于不正常现象，如图2-2-9所示。正常情况下按下锁止按钮电阻应变大，因为锁止按钮为充电电路中的S3开关，正常是常闭，按下按钮断开，CC端子由于串联电阻电压变化，产生充电枪连接信号，因此判断充电枪内部损坏，无法产生全连接信号，导致出现无法充电现象。说明：正常时，当充电枪半连接或全连接时，会触发充电连接指示灯点亮；当充电枪损坏不能断开S3开关时，充电枪插枪后，充电系统判断充电枪处于半连接状态，系统未能满足充电条件。

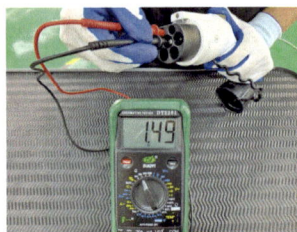

(a) 未按下锁止按钮　　　(b) 按下锁止按钮

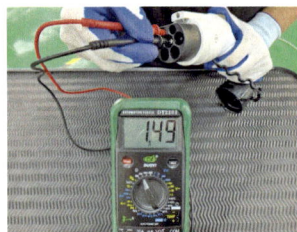

图2-2-8　检查充电枪端子CP电压　　图2-2-9　检查充电枪CC端子与PE接地端子电阻（1）

❻ 更换一把新的充电枪，测量CC端子电阻，为1.52kΩ，按下锁止按钮后电阻为3.29kΩ，数值正常，如图2-2-10所示。

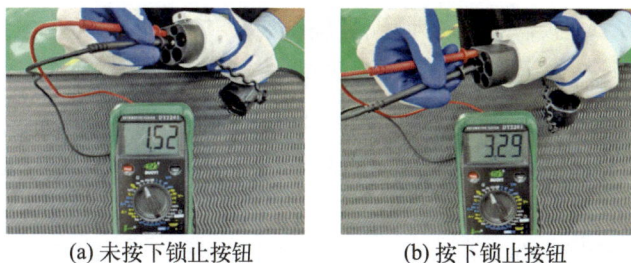

(a) 未按下锁止按钮　　　　(b) 按下锁止按钮

图 2-2-10　检查充电枪 CC 端子与 PE 接地端子电阻（2）

将充电枪重新插入充电口，仪表显示充电连接符号，正常显示充电信息，使用随车便携式交流充电器对车辆进行充电，正常，故障排除，如图 2-2-11 所示。

图 2-2-11　仪表显示正常充电

6.清洁整理

❶ 收起车辆防护用品，收纳万用表及个人防护装置。

❷ 清洁场地，锁好车辆。

五、"岗课赛证"融通

※ 岗位任务：对接新能源汽车机电维修岗位典型工作任务"充电系统故障排除"。

※ 职业证书：对接技能等级证书"新能源汽车动力驱动电机电池技术（中级）"模块技能要求"能检测充电口各端子电阻、电压，充电口各端子电阻、电压的检测方法"。

※ 技能竞赛：对接竞赛技能要点的前期准备，安全检查，仪器连接，故障症状确认，目视检查，读取故障码与数据流，非带电状态检测验证，充电系统的元器件测量，故障点确认和排除。

六、课后习题

（一）判断题

1.交流慢充接口与直流快充接口是一样的。（　　）

2. 在交流慢充口上，PE 为充电连接确认，CC 为地线。（　　　）

3. 纯电动汽车充电系统故障分为严重故障、蓄电池故障、一般故障和告警提示。（　　　）

4. 纯电动汽车充电系统出现严重故障时，不涉及人身安全但需要及时维护的故障。（　　　）

5. 检查充电枪 CC 端子与 PE 接地端子电阻时，可使用万用表 20kΩ 挡位测量。（　　　）

（二）单选题

1. 把电网的交流电转换成（　　　），输送到纯电动汽车的快充接口，电能直接进入动力电池充电。

A. 直流电　　　　　　B. 交流电　　　　　　C. 交/直流电　　　　D. 变频电

2. 当慢充系统动力电池总正、总负继电器无法闭合时，检查低压蓄电池的电压大于（　　　），否则应为低压蓄电池充电或更换低压蓄电池。

A. 11.5V　　　　　　B. 10.5V　　　　　　C. 10V　　　　　　　D. 9.5V

3. 快充桩与车辆无法通信时，以下哪个不是导致故障的原因？（　　　）

A. 低压电器盒　　　B. 整车控制器　　　C. 快充口　　　　　D. 交流充电枪

4. 未按下解锁开关，充电枪 CC 端子与 PE 接地端子电阻应为（　　　）。

A. 约 0.5kΩ　　　　B. 约 1.5kΩ　　　　C. 2.5kΩ　　　　　D. 3.5kΩ

5. 车辆不能正常充电的原因，以下哪个不是？（　　　）

A. 车辆 VCU 控制器故障　　　　　　B. 电池本身故障

C. 通信故障　　　　　　　　　　　　D. 电机故障

任务三　纯电动汽车电机及变速驱动系统检测与维修

一、任务引入

　　一辆 2022 年款比亚迪秦 PLUS EV 纯电动汽车（标准版）无法上高压电，据客户反映：正常启动车辆时，仪表 OK 灯不点亮，故障指示灯点亮，并显示"EV 功能受限"，仪表上显示动力电池电量充足。根据

客户描述的故障现象，维修顾问将车辆交给技师对车辆进行故障诊断与维修。

二、学习目标

（一）知识目标

1. 熟悉纯电动汽车电机及变速驱动系统故障分类与模式。

2.熟悉纯电动汽车电机及变速驱动系统常见故障与排除方法。

3.熟悉纯电动汽车电机及变速驱动系统故障检测的流程。

（二）技能目标

1.能够熟练使用故障诊断仪，读取并分析电机及变速驱动系统的故障码及数据。

2.学会查阅维修手册、电路图，规范检测与排除电机及变速驱动系统故障。

（三）素养目标

1.具备团队协作、有效的专业沟通与合作能力。

2.具备爱岗敬业、精益求精的工匠精神。

三、知识储备

驱动电机系统是指驱动电机、电机控制器及其工作必需的辅助装置的组合，如图 2-3-1 所示。

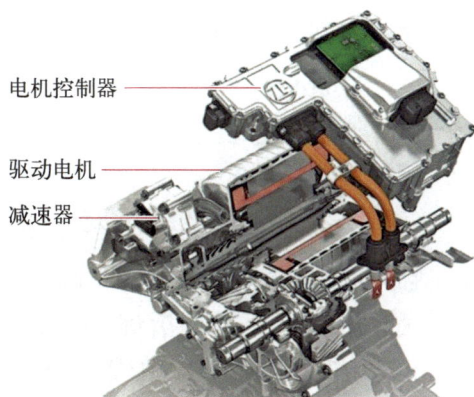

图 2-3-1　驱动电机系统

（一）驱动电机系统的故障分类

根据故障的危害程度，驱动电机系统的故障可分为致命故障、严重故障、一般故障、轻微故障四级，如表 2-3-1 所示。

表 2-3-1　驱动电机系统的故障分类

故障等级	故障类型	故障特性描述
一级故障	致命故障	（1）危害人身安全 （2）影响行车安全 （3）对周围环境造成严重危害 （4）造成车辆在故障发生地不能行驶 （5）主要零部件功能失效 （6）引起整车其他相关主要零部件严重损坏
二级故障	严重故障	（1）造成车辆不能正常行驶，但可以从发生故障地点移动到路边，等待救援 （2）性能发生较明显的衰退
三级故障	一般故障	（1）非主要零部件故障，可以从发生故障地点非正常地开到停车场 （2）非主要零部件故障，能用易损备件和随车工具在短时间内排除
四级故障	轻微故障	（1）不需要更换零部件，车辆仍能正常行驶 （2）不需要更换零部件，可用随车工具在短时间内排除

（二）驱动电机系统的故障模式

驱动电机系统的故障模式如图 2-3-2 所示。

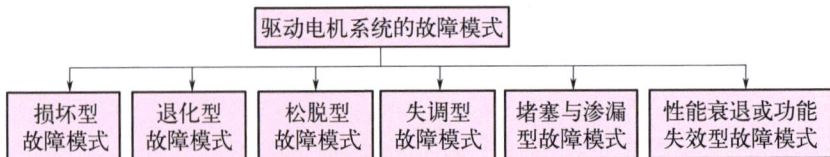

图 2-3-2　驱动电机系统的故障模式

1. 损坏型故障模式

损坏型故障模式主要包括断裂、碎裂、裂纹、开裂、点蚀、烧蚀、击穿、变形、压痕、烧损、磨损和短路。

❶ 断裂：断裂是指具有有限面积的几何表面分离，发生位置如控制器的壳体、电机机座、端盖等。

❷ 碎裂：碎裂是指零部件变成许多不规则形状的碎块，发生位置如轴承、转子花键等。

❸ 裂纹：裂纹是指在零部件表面或内部产生的微小的裂纹，发生位置如控制器的壳体、电机机座、端盖等。

❹ 开裂：开裂是指焊接处、钣金件、非金属件产生的可见裂纹，发生位置如绝缘板、接线板、电缆线等。

❺ 点蚀：点蚀是指零部件表面产生的点状剥蚀，发生位置如电机花键。

❻ 烧蚀：烧蚀是指零部件表面因局部熔化而发生的损坏，发生位置如断路器。

❼ 击穿：击穿是指绝缘体丧失绝缘，出现放电现象，造成损坏，发生位置如电机绕组、电容、功率器件等。

❽ 变形：变形是指零部件在外力作用下改变原有的形状，如电机转轴的弯曲或扭转变形，控制器外壳的变形等。

❾ 压痕：压痕是指零部件表面产生的凹状痕迹，如转子花键表面的压痕。

❿ 烧损：烧损是指由于运行温度超过零部件的允许温度，且持续一定时间，造成全部或部分功能失效，发生位置如定子绕组、功率器件、电容、电路板、风机、电机等。

⓫ 磨损：磨损是指由于摩擦使相互配合零件表面磨蚀严重而影响该对零部件正常工作的物理现象，或非配合零部件表面磨蚀严重而影响其中一个零部件正常工作的物理现象，发生位置如电缆线、连接线等。

⓬ 短路：短路是指电路中不同电位之间由于绝缘损坏发生线路短路。

2.退化型故障模式

退化型故障模式主要包括老化、剥离、异常磨损、腐蚀和退磁。

❶ 老化：老化是指非金属零部件随使用时间的增长或周围环境的影响，性能衰退的现象，如绝缘板、密封垫、密封圈等的老化。

❷ 剥离：剥离是指金属、非金属或油漆层以薄片状与原表面分离的现象。

❸ 异常磨损：异常磨损是指运动零部件表面产生的过快的非正常磨损，如转子花键的磨损。

❹ 腐蚀：腐蚀是指外壳、电连接器、电路板的氧化、锈蚀。

❺ 退磁：退磁是指永久磁体退磁。

3.松脱型故障模式

松脱型故障模式主要包括松动和脱落。

❶ 松动：松动是指连接件丧失应具有的紧固力或过盈失效，如连接螺栓、轴承、转子铁芯的松动等。

❷ 脱落：脱落是指连接件丧失连接而造成的零部件分离的现象，如悬挂点连接的脱落等。

4.失调型故障模式

失调型故障模式主要包括间隙超差、干涉和性能失调。

❶ 间隙超差：间隙超差是指触点间隙或配合间隙超出规定值而影响功能的现象，如接触器、轴承等的间隙超差。

❷ 干涉：干涉是指运动部件之间发生相碰或不正常摩擦的现象，如风机叶片与风罩、速度传感器与齿盘、电机定子与转子之间的干涉等。

❸ 性能失调：性能失调是指关键输出量不稳定，如输出转矩、转速的振荡、不稳定。

5.堵塞与渗漏型故障模式

堵塞与渗漏型故障模式主要包括堵塞、漏水和渗水。

❶ 堵塞：堵塞是指在管路中流体流动不畅或不能流动的现象，如液冷电机和控制器的管路堵塞。

❷ 漏水：漏水是指在密闭的管道及容器系统中，有液体成滴或成流泄出的现象。

❸ 渗水：渗水是指在水密闭的管道及容器系统中，有液体痕迹，但不滴落的现象。

6.性能衰退或功能失效型故障模式

性能衰退或功能失效型故障模式主要包括性能衰退、功能失效、公害限值超标、异响和过热。

❶ 性能衰退：性能衰退是指在规定的行驶里程或使用寿命内，驱动电机及控制器的性能低于技术条件规定的指标的现象，如最大输出转矩、功率出现明显下降造成整车动力性能下降。

❷ 功能失效：功能失效是指由于某一局部故障导致驱动电机或控制器某些功能完全丧失的现象。

❸ 公害限值超标：公害限值超标是指产品的噪声超过规定的限值。

❹ 异响：异响是指驱动电机或控制器工作时发出非正常的声响。

❺ 过热：过热是指驱动电机或控制器的整体或局部的温度超过规定值。

（三）驱动电机系统常见故障

1.驱动电机控制系统的常见故障

（1）故障现象

❶ 驱动电机控制系统存在故障时，会导致电机不能正常运转，使车辆失去动力。

❷ 位于车辆仪表内的动力系统故障指示灯将点亮。

❸ 如果仅电机过温指示灯点亮，说明电机的温度过高，系统将降低电机的功率输出。

（2）故障可能原因　驱动电机控制系统的主要故障集中在：

❶ 控制器模块本身的故障；

❷ 角度传感器故障；

❸ 电源和搭铁不良。

扫一扫

视频精讲

2.驱动电机的常见故障

驱动电机发生故障时，通常仪表板会点亮动力系统的故障警告灯，用诊断仪读取DTC（故障码），根据故障码提示的内容进行检修。

驱动电机的常见故障如下。

（1）电机启动困难或不能启动

❶ 电源电压过低。修理方法：调整电压到所需值。

❷ 电机过载。修理方法：减轻负载后再启动。

❸ 机械卡住。修理方法：检查后先停车解除机械锁止，然后启动电机。

（2）电机运行温度过高

❶ 负载过大。修理方法：减轻负载。

❷ 电机扫膛。修理方法：检查气隙及转轴、轴承是否正常，给予排除。

❸ 电机绕组故障。修理方法：检查绕组是否有搭铁、短路、断路等故障，给予排除。

❹电机冷却不良。修理方法：检查冷却系统是否有故障，给予排除。

3.驱动电机与控制器过热故障

驱动电机与控制器过热故障如表 2-3-2 所示。

表 2-3-2　驱动电机与控制器过热故障

故障现象	故障部位	故障原因	解决方案
驱动电机或控制器过热	冷却液	冷却液缺少，未按维护手册添加冷却液	在溢水罐处添加冷却液
		环箍破损，水管接口处冷却液泄漏	更换全新环箍
		水管破损，水管本身冷却液泄漏	更换全新水管
		散热器芯体破损，芯体处渗漏冷却液	更换散热器芯体
		散热器水室开裂，水室外侧泄漏冷却液	更换散热器水室
		散热器水室与散热器芯体压装不良，接缝处渗漏冷却液	更换散热器水室和芯体
		散热器放水堵塞丢失，放水孔渗漏冷却液	更换散热器放水堵塞
	电动水泵	冷却液杂质，导致电动水泵堵转	更换系统冷却液
		电动水泵破损，泵盖/密封圈/泵轮损坏	更换电动水泵
		整车线束故障，虚接/短路/断路等	查找线束故障，依据线束维修手册处理
		水泵控制器熔丝熔断/继电器熔断/接插件针脚退针	更换电动水泵，留存故障件
	散热器风扇	风扇控制器损坏/继电器损坏/接插件针脚退针	更换散热器风扇
		整车线束故障，虚接/短路/断路等	查找线束故障，依据线束维修手册处理
		扇叶破损/断裂，扇叶不工作	更换扇叶
		驱动电机/控制器温度传感器故障，风扇不工作	查找驱动电机/控制器故障，依据相应维修手册处理
	散热器	芯体老化，芯管堵塞	更换散热器
		散热带堵塞，影响进风量	更换散热器
		水室堵塞，影响冷却液循环	更换散热器
	前保险杠中网或下格栅	进风口堵塞	查找进风口故障，依据相应维修手册处理

四、任务实施

以比亚迪秦 EV 不能上电行驶，仪表亮主告警指示灯、动力系统故障指示灯（EV 功能受限）故障为例。

扫一扫

视频精讲

1.操作准备

❶ 做好新能源汽车维修场地安全隔离防护措施。

❷ 备好新能源汽车检测维修所需工量具及仪器设备。

❸ 做好高压电安全个人防护。

❹ 做好车辆作业防护。

❺ 按需做好高压维修断电操作。

2.故障现象

一辆比亚迪秦 EV，车辆 OK 灯没有点亮，仪表报故障（EV 功能受限），车辆无法行驶，如图 2-3-3 所示。

3.故障检查及分析

（1）故障检查　车辆 OK 灯没有点亮，仪表报故障（EV 功能受限），车辆无法行驶。

使用诊断仪读取故障码，如图 2-3-4 所示。

图 2-3-3　车辆上电后无法行驶

图 2-3-4　故障码

（①通讯应写作通信）

（2）故障分析　根据故障码分别查阅维修手册、电路图，如图 2-3-5 所示，网关控制器功能集成于集成式车身控制模块中（多合一模块），驱动电机控制器通信线为动力网 CAN-H、CAN-L，与多合一 G64K 连接器相接。该线路出现故障多为断路、短路与虚接。

4.故障诊断与排除

断开蓄电池负极，等待 5min，检查驱动电机控制器外观及连接状况，均正常，如图 2-3-6 所示。

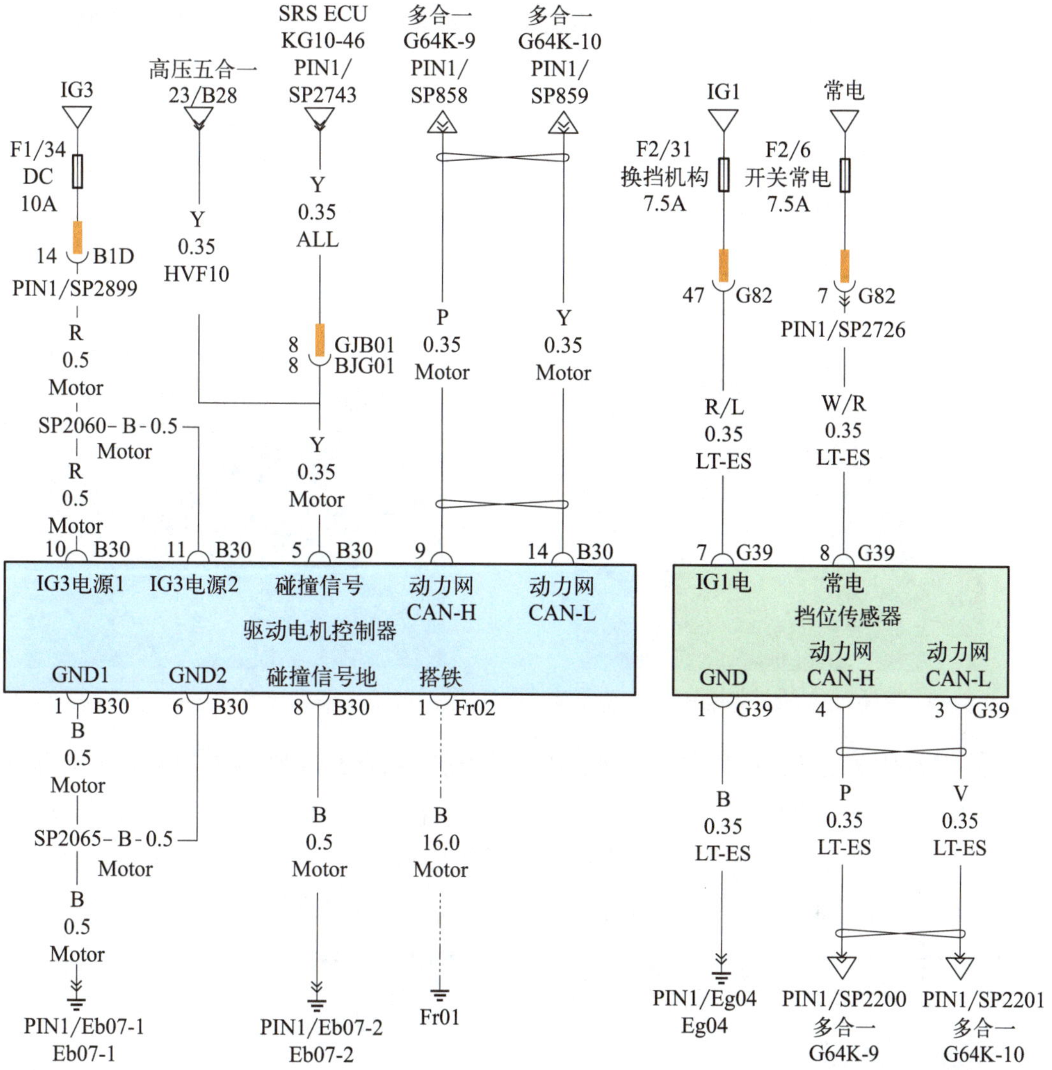

IG3
F1/34
DC
10A
14 B1D
PIN1/SP2899
R
0.5
Motor
SP2060-B-0.5
Motor
R
0.5
Motor
高压五合一
23/B28
Y
0.35
HVF10
SRS ECU
KG10-46
PIN1/
SP2743
Y
0.35
ALL
8 GJB01
8 BJG01
Y
0.35
Motor
多合一
G64K-9
PIN1/
SP858
P
0.35
Motor
多合一
G64K-10
PIN1/
SP859
Y
0.35
Motor
10 B30
11 B30
5 B30
9
14 B30
IG3电源1
IG3电源2
碰撞信号
动力网
CAN-H
动力网
CAN-L
驱动电机控制器
GND1
GND2
碰撞信号地
搭铁
1 B30
6 B30
8 B30
1 Fr02
B
0.5
Motor
SP2065-B-0.5
Motor
B
0.5
Motor
PIN1/Eb07-1
Eb07-1
B
0.5
Motor
PIN1/Eb07-2
Eb07-2
B
16.0
Motor
Fr01
IG1
F2/31
换挡机构
7.5A
47 G82
R/L
0.35
LT-ES
常电
F2/6
开关常电
7.5A
7 G82
PIN1/SP2726
W/R
0.35
LT-ES
7 G39
8 G39
IG1电
常电
挡位传感器
动力网
CAN-H
动力网
CAN-L
GND
1 G39
4
3 G39
B
0.35
LT-ES
PIN1/Eg04
Eg04
P
0.35
LT-ES
PIN1/SP2200
多合一
G64K-9
V
0.35
LT-ES
PIN1/SP2201
多合一
G64K-10

图 2-3-5 驱动电机控制器电路

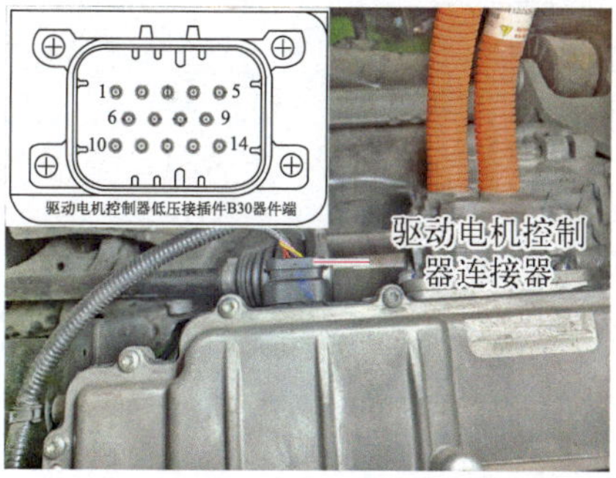

1
5
6
9
10
14
驱动电机控制器低压接插件B30器件端
驱动电机控制
器连接器

图 2-3-6 驱动电机控制器连接器

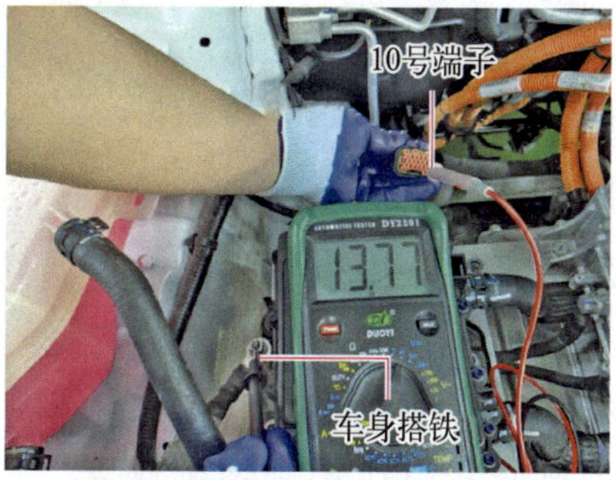

10号端子
13.77
车身搭铁

图 2-3-7 检查驱动电机控制器 10 号端子电源

拔下驱动电机控制器连接器，使用万用表 20V 电压挡测量驱动电机控制器 IG3 电源 1，红表笔连接连接器 10 号端子，黑表笔连接搭铁，测量值为

13.77V，正常，如图 2-3-7 所示。在电源正常的情况下，说明该线路继电器、熔丝、线路均正常。

使用万用表 20V 电压挡测量驱动电机控制器 IG3 电源 2，红表笔连接连接器 11 号端子，黑表笔连接搭铁，测量值为 13.77V，正常，如图 2-3-8 所示。在电源正常的情况下，说明该线路继电器、熔丝、线路均正常。

检查驱动电机控制器与集成式车身控制器（多合一）之间的线束导通情况：拔下多合一控制器 G64K 连接器，如图 2-3-9 所示。

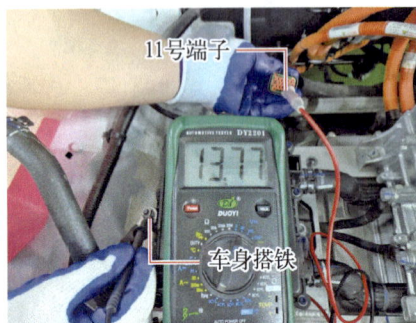

图 2-3-8　检查驱动电机控制器 11 号端子电源

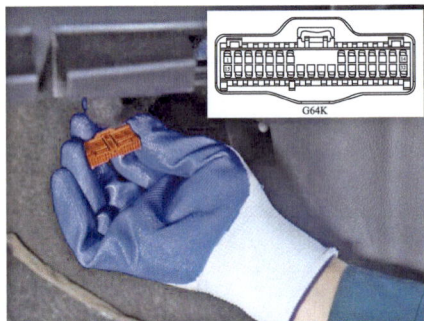

图 2-3-9　多合一控制器 G64K 连接器

使用万用表 200Ω 电阻挡测量驱动电机控制器 B30-14 号端子与多合一控制器 G64K-10 号端子，测量值为 0.36Ω，正常（正常值小于 1Ω），如图 2-3-10 所示。

使用万用表 200Ω 电阻挡测量驱动电机控制器 B30-9 号端子与多合一控制器 G64K-9 号端子，测量值为无穷大，异常（正常值小于 1Ω），如图 2-3-11 所示。

图 2-3-10　测量 CAN-L 线束导通状态

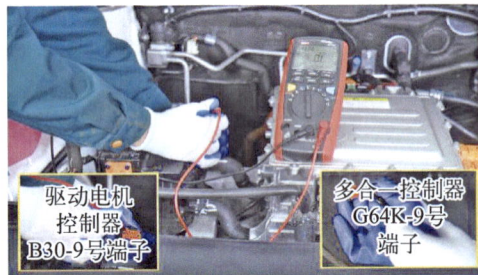

图 2-3-11　测量 CAN-H 线束导通状态

对目前检查出来的故障先进行维修，找到并修复断开的线路。

维修后再次对驱动电机控制器 B30-9 号端子与多合一控制器 G64K-9 号端子进行测量，测量值为 0.64Ω，正常（正常值小于 1Ω），如图 2-3-12 所示。

连接驱动电机控制器连接器。

连接 12V 蓄电池，使用诊断仪进行故障码的读取，系统显示无故障码，仪表无故障灯点亮，OK 灯正常点亮，如图 2-3-13 所示，车辆可以正常行驶，确认故障已排除。

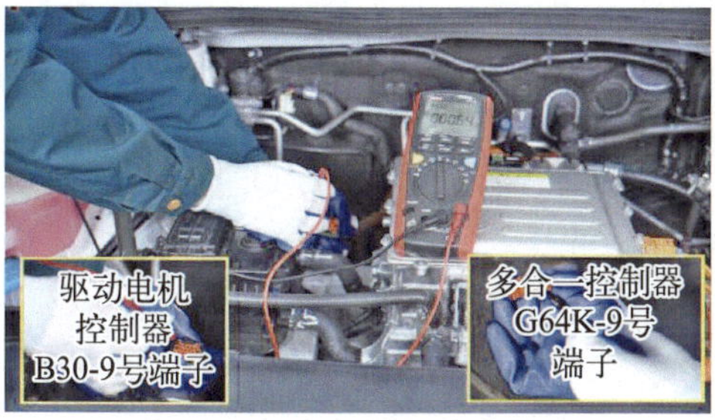

图 2-3-12　维修后检测

图 2-3-13　组合仪表显示信息

5.清洁整理

❶ 收起车辆防护用品，收纳万用表及个人防护装置。

❷ 清洁场地，锁好车辆。

五、"岗课赛证"融通

※ 岗位任务：对接新能源汽车机电维修岗位典型工作任务"纯电动汽车电机及变速驱动系统故障排除"。

※ 职业证书：对接技能等级证书"新能源汽车动力驱动电机电池技术（中级）"模块技能要求"能检测驱动电机运转时工作声音，确认维修项目，能检测驱动电机控制插头各端子电阻、电压"；对接技能等级证书"新能源汽车动力驱动电机电池技术（高级）"模块技能要求"能诊断因驱动电机的线束、连接器、端子损坏或断开引起的故障，能诊断电机转子位置传感器引起的故障"。

※ 技能竞赛：对接竞赛技能要点的前期准备，安全检查，仪器连接，故障症状确认，目视检查，读取故障码与数据流，非带电状态检测验证，驱动电机系统的元器件测量，故障点确认和排除。

六、课后习题

（一）判断题

1.如果读取到电机控制系统的故障码，一定是控制器模块故障。（　　　）

2.检修电机驱动系统前，需要进行高压电禁用。（　　　）

3.电机控制系统存在故障时，会导致电机不能正常运转，使车辆失去动力。（　　　）

4.旋变传感器余旋线圈阻值 16Ω 为正常。（　　　）

5.电机控制器是驱动系统的核心执行模块。（　　　）

（二）单选题

1.驱动电机系统一级故障的故障特征不包括以下哪个？（　　　）

A.影响行车安全　　　　　　　　　　B.对周围环境造成严重危害

043

C. 主要零部件功能失效　　　　　　　D. 车辆可继续行驶

2. 以下哪个不是旋变传感器的信号？（　　　）

A. 正弦信号　　　　B. 余弦信号　　　　C. 励磁信号　　　　D. 温度信号

3. 电机过热的原因，以下不属于的是（　　　）。

A. 缺少冷却液　　　　　　　　　　B. 空调制冷效果差

C. 散热器风扇故障　　　　　　　　D. 电动水泵故障

4. 2022 年款比亚迪秦 PLUS EV 纯电动汽车旋变传感器正弦的阻值为（　　　）。

A. 205Ω±42Ω　　　B. 205Ω±40Ω　　　C. 120Ω±24Ω　　　D. 120Ω±20Ω

5. 以下哪个不属于驱动电机系统故障模式？（　　　）

A. 损坏型故障模式　　　　　　　　B. 老化型故障模式

C. 速度型故障模式　　　　　　　　D. 松脱型故障模

任务四　纯电动汽车整车控制系统检测与维修

一、任务引入

　　一辆比亚迪秦 PLUS EV 纯电动汽车（标准版），据客户反映：正常启动时，仪表上 OK 指示灯没有点亮，动力系统故障警告灯点亮。根据客户描述的故障现象，维修顾问将车辆交给技师对其进行故障诊断与维修。

动力系统故障警告灯

二、学习目标

（一）知识目标

　　1. 熟悉纯电动汽车整车控制系统常见故障诊断与排除方法。

　　2. 熟悉纯电动汽车整车动力控制系统故障检测流程。

（二）技能目标

　　1. 熟练使用故障诊断仪，读取并分析整车动力控制系统故障码及数据。

　　2. 学会查阅维修手册、电路图，规范检测与排除整车动力控制系统故障。

（三）素养目标

　　1. 具备严谨的工作态度。

　　2. 具备相互协作、精益求精、追求卓越的敬业精神。

扫一扫

视频精讲

三、知识储备

　　整车控制器即动力总成控制器，主要采集加速踏板信号、制动踏板信号及其他部件信号，用于判断驾驶员意愿，并根据车辆行驶状态、电池和电机系统的状态合理分配动力，实现整车驱动、制动、能量回收等功能，使车辆运行在最佳状态。

整车控制系统常见故障检查方法如下。

1.整车控制器碰撞信号故障检查方法

❶ 冷车 10min，断开再重新连接低压蓄电池负极，用诊断仪清除故障码，重新读取，观察故障码是否重现，如重现，进入步骤 ❷。

❷ 检查其他模块是否存在与碰撞相关的故障，若存在，进入步骤 ❸，若不存在，进入步骤 ❹。

❸ 检查 SRS-ECU 模块、低压线束、接插件是否正常。

❹ 若只有整车控制器报碰撞故障，检查整车控制器低压接插件是否正常，信号线束是否正常。若不正常，检修相应模块；若正常，进入步骤 ❺。

❺ 记录整车 VIN 和整车控制器编号，并联系厂家处理。

2.整车控制器EEPROM错误检查方法

❶ 冷车 10min，用诊断仪清除故障码，重新读取，观察故障码是否重现，如重现，进入步骤 ❷。

❷ 更换整车控制器，用诊断仪读取故障码，若故障码仍然存在，进入步骤 ❸；若故障码不存在，用故障诊断仪对控制器进行防盗编码、真空泵工作标定、倾角标定、VIN 标定等操作。

❸ 更换整车控制器并完成标定（写入车架号、倾角标定、真空泵时间写入、防盗编程）。

3.油门信号故障（信号1故障、信号2故障、校验故障）检查方法

❶ 冷车 10min，用诊断仪清除故障码，重新读取，观察故障码是否重现，如重现，进入步骤 ❷。

❷ 检查整车控制器低压接插件是否正常，是否退针、断线，接插件到油门踏板相应线束能否导通。若不正常，检修相应部件；若正常，进入步骤 ❸。

❸ 更换油门踏板总成，重新上电，将油门踏板深度从 0 开始踩到底，重复 10 次，用诊断仪读取故障码，观察故障码是否重现，若重现，进入步骤 ❹。

❹ 更换整车控制器，重新上电，将油门踏板深度从 0 开始踩到底，重复 10 次，用诊断仪读取故障码，观察故障码是否重现。若重现，进入步骤 ❺；若正常，进入步骤 ❻。

❺ 记录整车 VIN 和整车控制器编号，并联系厂家处理。

❻ 用故障诊断仪对控制器进行真空泵工作标定、倾角标定、VIN 标定等操作。

4.与其他模块通信故障检查方法

❶ 检测低压线束和低压接插件是否有退针、断线问题（主要是 CAN-H 与 CAN-L 线束是否正常），低压供电是否正常，低压蓄电池电压是否在 9 ~ 16V。若存在问题，检修相关模块；若无问题，进入步骤 ❷。

❷ 观察其他模块是否存在与该模块通信故障有关的故障码，若存在，进入步骤 ❸；若不存在，进入步骤 ❹。

❸ 检查相应模块本身是否正常，若异常，更换相应模块；若相应模块正常，进入步骤 ❹。

❹ 记录整车 VIN 和整车控制器编号，并联系厂家处理。

5.真空泵故障检查方法

❶ 冷车 10min，用诊断仪清除故障码，若故障码无法清除，进入步骤 ❷。

❷ 检查整车控制器低压接插件是否正常，真空泵相关引脚是否连接正常。若不正常，检修相应模块；若正常，进入步骤 ❸。

❸ 检查真空泵熔断器、真空泵继电器是否正常。若不正常，检修相关模块；若正常，进入步骤 ❹。

❹ 更换真空泵，重新上电，用诊断仪读取故障码，若故障码仍然存在，进入步骤 ❺。

❺ 更换整车控制器，重新上电，用诊断仪读取故障码。若故障不存在，进入步骤 ❻；若故障仍然存在，进入步骤 ❼。

❻ 用故障诊断仪对控制器进行真空泵工作标定、倾角标定、VIN 标定等操作。

❼ 记录整车 VIN 和整车控制器编号，并联系厂家处理。

6.真空压力传感器故障检查方法

❶ 冷车 10min，用诊断仪清除故障码，若故障码无法清除，进入步骤 ❷。

❷ 检查整车控制器真空压力传感器相关引脚的线束是否有问题，是否存在接触不良、接插件退针问题。若存在问题，检修相关模块；若正常，进入步骤 ❸。

❸ 更换真空压力传感器，重新上电，读取故障码。若仍然存在真空压力传感器故障码，进入步骤 ❹。

❹ 更换整车控制器，重新上电，读取故障码。若仍然存在真空压力传感器故障码，进入步骤 ❺；若无故障码，进入步骤 ❻。

❺ 记录整车 VIN 和整车控制器编号，并联系厂家处理。

❻ 用故障诊断仪对控制器进行真空泵工作标定、倾角标定、VIN 标定等操作。

7.水温故障检查方法

❶ 冷车 10min，用诊断仪清除故障码，若故障码无法清除，进入步骤❷。

❷ 检查整车控制器接插件、充配电总成低压接插件、各线束是否异常。若异常，检修相关模块；若正常，进入步骤❸。

❸ 检修充配电总成。

8.整车限功率检查方法

❶ 冷车 2h，用诊断仪清除故障码，若故障码无法清除，进入步骤❷。

❷ 检查整车冷却系统是否异常，散热风扇、水泵是否正常工作，冷却液加注是否到位，冷却液是否正常循环。若正常，进入步骤❸；若不正常，进入步骤❹。

❸ 观察是否有其他故障码存在。若有，按照相关处理方式处理；若没有，进入步骤❺。

❹ 检修相应模块，并重新上电，检查故障码是否可以清除，若不能清除，进入步骤❺。

❺ 记录整车 VIN 和整车控制器编号，并联系厂家处理。

9. SRS CAN信号异常检查方法

❶ 冷车 10min，用诊断仪清除故障码，若故障码无法清除，进入步骤❷。

❷ 观察其他模块是否存在与 SRS 相关的故障。若存在，进入步骤❸；若不存在，进入步骤❻。

❸ 检查 SRS-ECU 低压接插件、低压线有无退针、断线等异常现象。若正常，进入步骤❹；若不正常，检修相应模块。

❹ 排查网关模块是否正常。若正常，进入步骤❺；若不正常，检修相关模块。

❺ 更换 SRS-ECU 模块，重新上电，用诊断仪观察故障码是否复现，若存在，进入步骤❻。

❻ 记录整车 VIN 和整车控制器编号，并联系厂家处理。

10. SRS硬线信号异常检查方法

❶ 冷车 10min，用诊断仪清除故障码，若故障码无法清除，进入步骤❷。

❷ 检查整车控制器接插件碰撞信号线束是否正常。若正常，进入步骤❸；若不正常，检修相应模块。

❸ 更换 SRS-ECU 模块，重新上电，用诊断仪读取故障码，若故障码仍存在，进入步骤❹。

❹ 记录整车 VIN 和整车控制器编号，并联系厂家处理。

11.防盗验证失败检查方法

❶ 冷车 10min，用诊断仪清除故障码，若故障码无法清除，进入步骤❷。

❷ 检查整车 CAN 网络是否正常。若不正常，检修相关模块；若正常，进入步骤❸。

③ 检查低压蓄电池电压是否正常（正常为 9 ～ 16V），低压接插件、低压线束是否有退针、断线等异常现象。若不正常，检修相应的模块；若正常，进入步骤 ④。

④ 更换整车控制器，用故障诊断仪进行防盗匹配，重新上电，用诊断仪读取故障码。若故障仍然存在，进入步骤 ⑤。

⑤ 检修 I-KEY 模块。

四、任务实施

以 2022 年款比亚迪秦 PLUS EV 纯电动汽车（标准版）整车控制器与其他高压控制系统无法通信故障为例。

1. 操作准备

① 做好新能源汽车维修场地安全隔离防护措施。

② 备好新能源汽车检测维修所需工量具及仪器设备。

③ 做好高压电安全个人防护。

④ 做好车辆作业防护。

⑤ 按需做好高压维修断电操作。

扫一扫

视频精讲

2. 故障现象

一辆比亚迪秦 EV，仪表上 OK 指示灯没有点亮，动力系统故障警告灯点亮，根据客户描述的故障现象，维修顾问将车辆交给技师对其进行故障诊断与维修。

3. 故障检查及分析

（1）故障检查　使用故障诊断仪对比亚迪秦 EV 读取故障码，整车控制器不能通信（无响应），如图 2-4-1 所示。

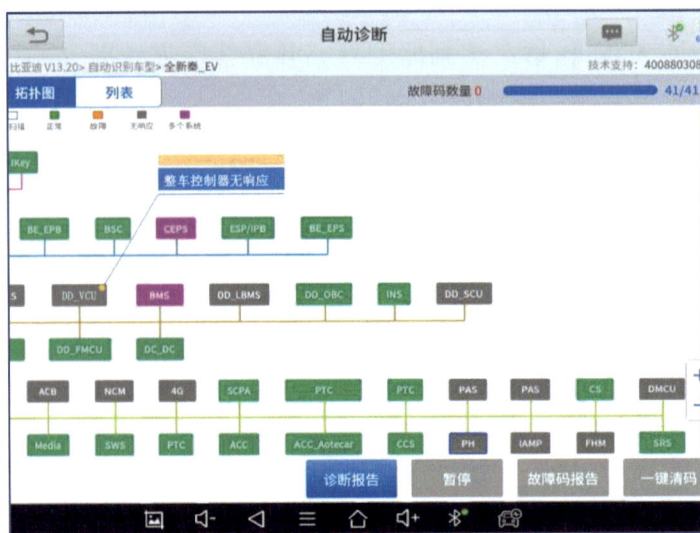

图 2-4-1　整车控制器不能通信

（2）故障分析 根据故障指示灯和整车控制器不能通信的现象，初步可以判断为整车控制器故障、低压线束断路或短路、整车控制器电源故障，整车控制器电源线路故障，如图 2-4-2 所示。

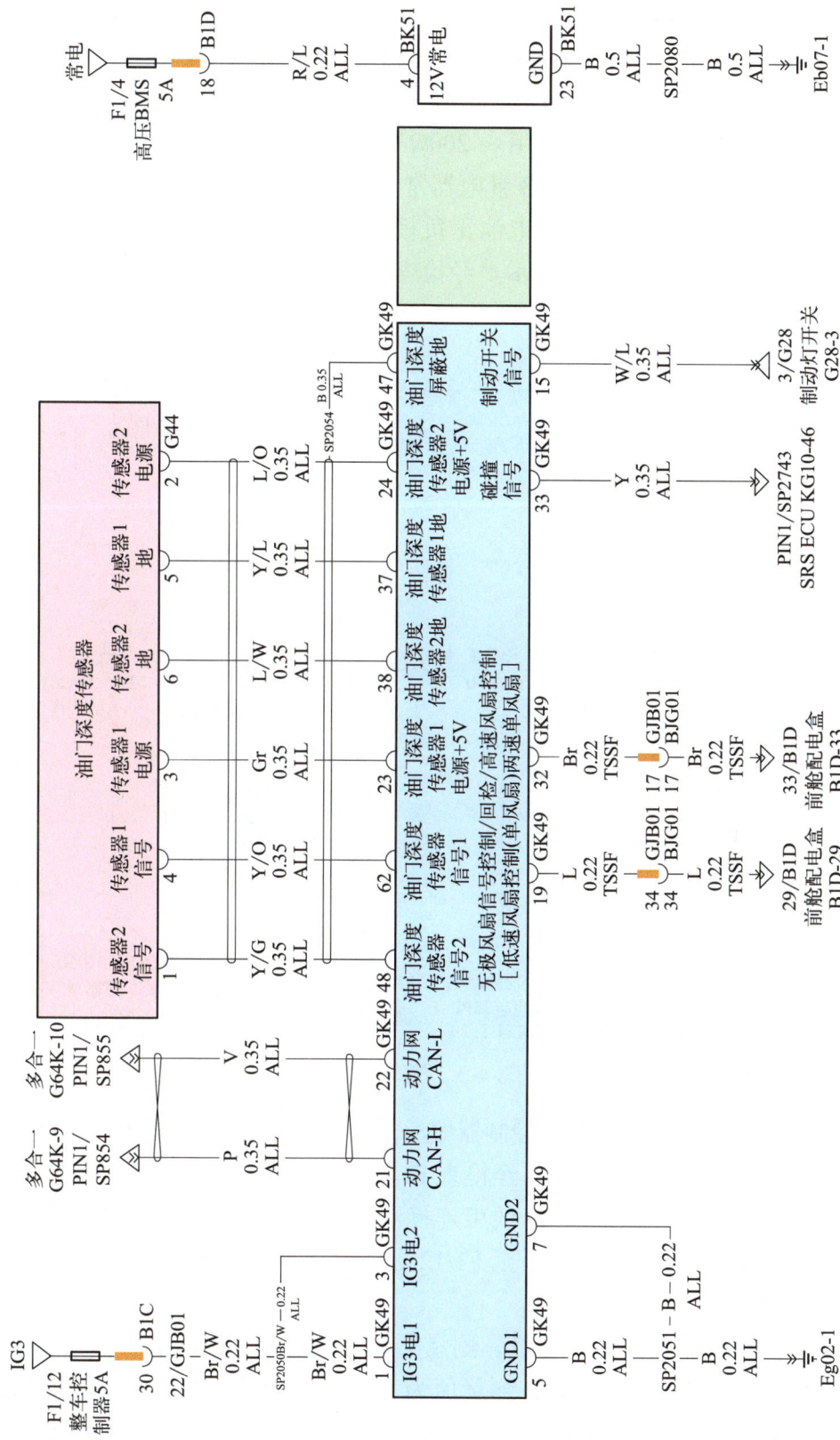

图 2-4-2 整车控制器电路

4.故障诊断与排除

检查整车控制器线束连接器，确认无松动、无损坏。

查阅并分析电路图，如图2-4-3所示，找到电源电路，涉及继电器和熔丝。取下IG3继电器，使用万用表200Ω电阻挡测量IG3继电器线圈，测量值为138Ω，正常；继续测量IG3继电器常开开关，测量值为无限大，正常；将IG3线圈两个端子连接12V蓄电池正负极，测量IG3继电器常开开关，测量值为0.4Ω，正常，如图2-4-4所示。经检查，IG3继电器正常。

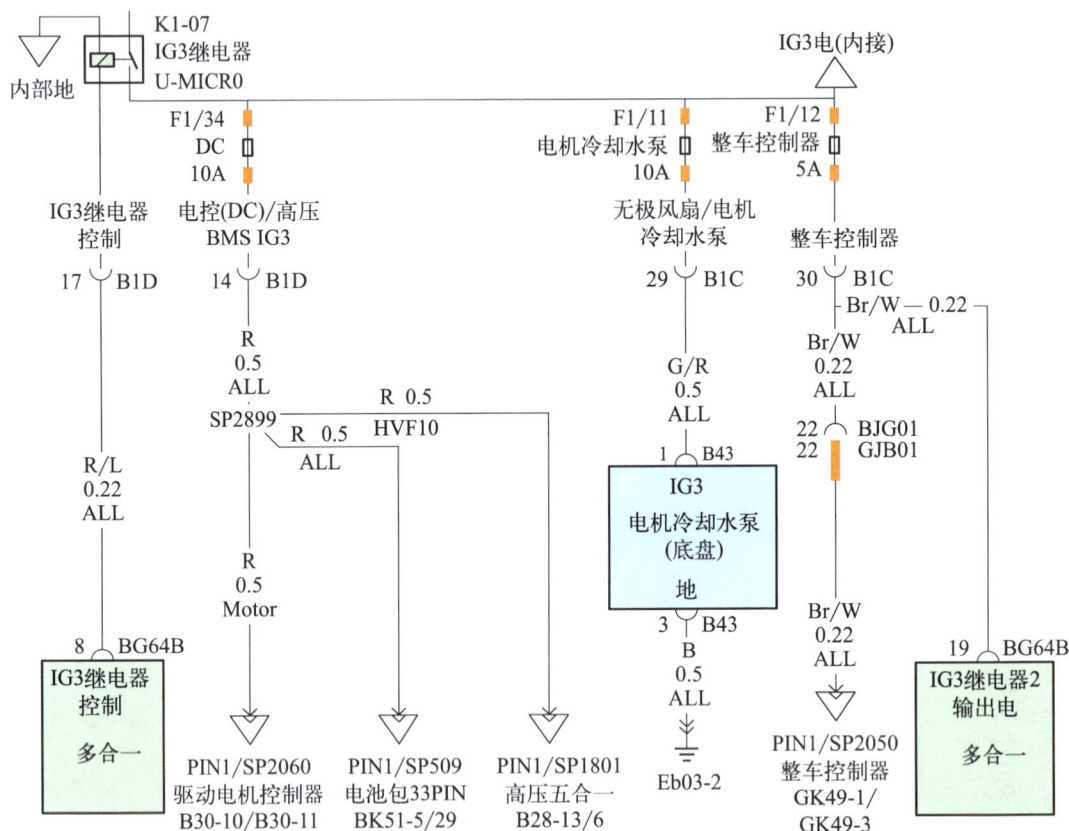

图 2-4-3 整车控制器电源电路

找到F1/12（5A）整车控制器熔丝，取下F1/12（5A）熔丝，使用万用表蜂鸣挡测量，测量结果为导通，经检查F1/12（5A）熔丝正常，如图2-4-5所示。

拔出整车控制器GK49线束连接器，使用万用表蜂鸣挡测量，测量整车控制器连接器GK49-1号端子至F1/12（5A）熔丝线路导通状态，测量结果为导通，正常，如图2-4-6所示。

使用万用表蜂鸣挡测量，测量整车控制器连接器GK49-3号端子至F1/12（5A）熔丝线路导通状态，测量值为无穷大，异常（正常应小于1Ω）。初步判断该线路存在断路，如图2-4-7所示。

(a) 测量IG3继电器线圈

(b) 测量IG3继电器常开开关

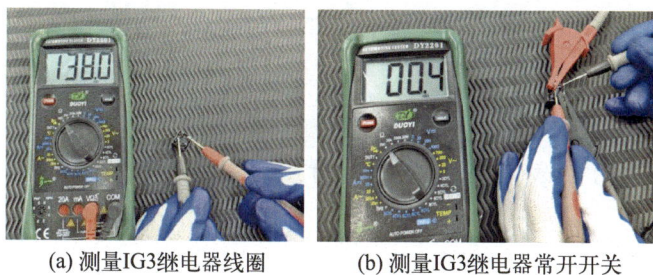

图 2-4-4　检查 IG3 继电器

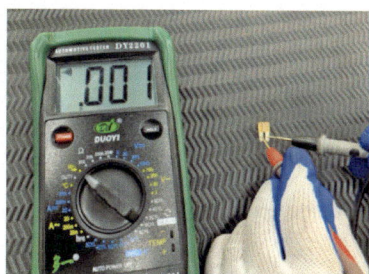

图 2-4-5　检查 F1/12（5A）熔丝

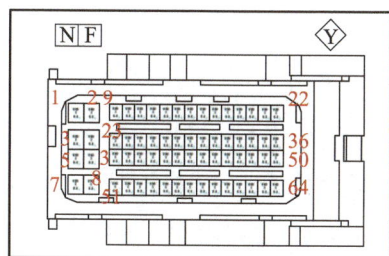

(a) GK49线束连接器端子

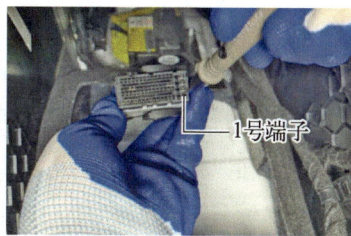

(b) 整车控制器连接器GK49-1号端子

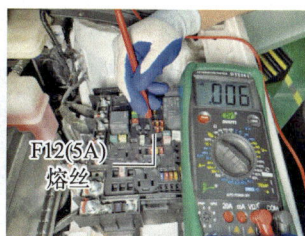

(c) F1/12(5A)熔丝

图 2-4-6　测量整车控制器连接器 GK49-1 号端子线路导通状态

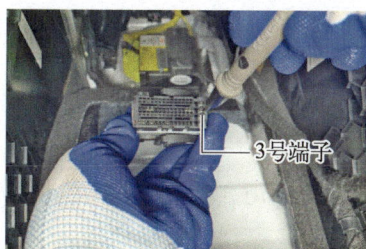

(a) 整车控制器连接器GK49-3号端子

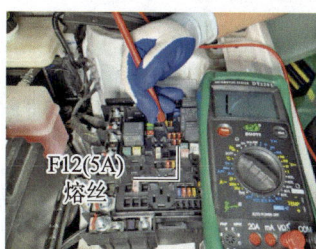

(b) F1/12(5A)熔丝

图 2-4-7　测量整车控制器连接器 GK49-3 号端子线路导通状态

使用万用表蜂鸣挡，测量整车控制器连接器 GK49-5 号端子至接地线路导通状态，测量结果为导通，正常，如图 2-4-8 所示。

使用万用表 200Ω 电阻挡，测量整车控制器连接器 GK49-7 号端子至接地线路导通状态，测量值为 0.4Ω，正常，如图 2-4-9 所示。

图 2-4-8　测量 GK49-5 号端子线路导通状态

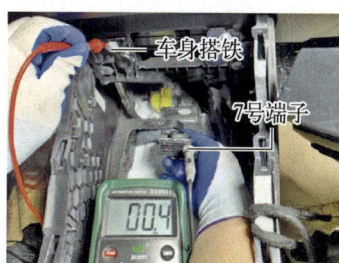

图 2-4-9　测量 GK49-7 号端子线路导通状态

找到并修复整车控制器连接器 GK49-3 号端子至 F1/12（5A）熔丝线路。复原车辆，试车，车辆正常，故障排除。

5.清洁整理

❶ 收起车辆防护用品，收纳万用表及个人防护装置。

❷ 清洁场地，锁好车辆。

五、"岗课赛证"融通

※ 岗位任务：对接新能源汽车机电维修岗位典型工作任务"纯电动汽车整车控制器故障排除"。

※ 职业证书：对接技能等级证书"新能源汽车电子电气空调舒适技术（中级）"模块技能要求"控制模块的检测维修""新能源汽车电路诊断分析"。

※ 技能竞赛：对接竞赛技能要点的前期准备，安全检查，仪器连接，故障症状确认，目视检查，读取故障码与数据流，非带电状态检测验证，纯电动汽车整车控制器的测量与机械拆装，故障点确认和排除。

六、课后习题

（一）判断题

1.整车控制器即动力总成控制器，主要采集加速踏板信号、制动踏板信号及其他部件信号。（　　　）

2.当出现整车控制器碰撞信号故障时，有可能是 SRS-ECU 模块出现故障。（　　　）

3.可使用示波器对整车控制器进行防盗编码。（　　　）

4.整车控制器低压接插件有可能存在退针、断线的情况。（　　　）

5.可使用故障诊断仪对整车控制器进行真空泵工作标定。（　　　）

（二）单选题

1.当检查低压蓄电池时，正常值是（　　　）。

A. 7V　　　　　B. 8V　　　　　C. 9V　　　　　D. 18V

2.当防盗验证失败时，更换（　　　）有可能解决故障。

A. I-KEY 模块　B.整车控制器　　C. SRS-ECU 模块　　D.真空压力传感器

3.（　　　）作为整车控制器电源熔丝。

A. F1/12（5A）B. F1/12（10A）　C. F2/12（5A）　　　D. F2/12（10A）

4.当 SRS 硬线信号异常时，以下有可能出现故障的是（　　　）。

A.I-KEY 模块　B.整车控制器　　C.蓝牙模块　　　　D.真空压力传感器

项目三
混合动力汽车检测与维修

项目引入

先进混合动力汽车技术

比亚迪推出了自主研发的 DM-i 超级混动技术，具有超低油耗、超长续航、超强动力、超高可靠性等特点。长城汽车推出了自主研发的 Lemon DHT 智能混动技术，可以实现高效能量转换、智能能量管理、智慧驾驶辅助等功能。吉利汽车推出了自主研发的 PHEV 插电混动技术，可以实现高效充电、高速加速、高品质驾乘等体验。

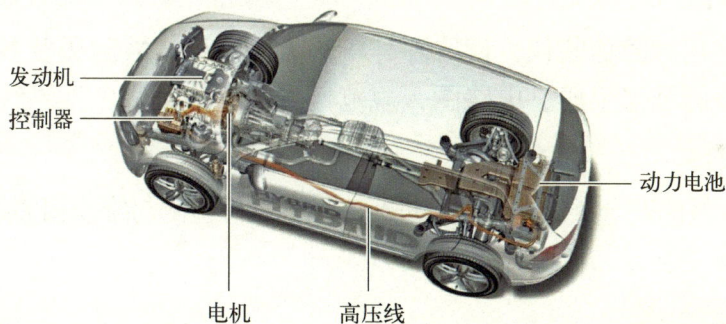

发动机
控制器
动力电池
电机　　高压线

混合动力汽车最大的优势就是节能环保。相比于纯燃油汽车，混合动力汽车可以利用电机和电池来储存及释放能量，从而降低油耗和排放。根据《节能与新能源汽车技术路线图 2.0》的数据，2020 年国内混合动力车型平均百公里油耗为 4.5L，比传统燃油汽车低了近一半。据测算，如果每年行驶 2 万公里，混合动力汽车可以节省约 5000 元的油费。

相比于纯电动汽车，混合动力汽车也有其环保优势。由于混合动力汽车可以在长途行驶时使用发动机来给电池充电，因此不需要频繁地寻找充电桩或者换电站，这样既可以减少充电设施的建设成本和运营压力，也可以避免因为充电而增加电网负荷和碳排放。

讨论交流 电动化、网联化和智能化是新能源汽车产业发展方向，想要成为一名优秀的新能源汽车维修技师，需具备哪些条件？

任务一　混合动力汽车动力电池系统检测与维修

一、任务引入

一辆 2022 年款比亚迪秦 PLUS DM-i 混合动力汽车（尊贵型），据客户反映：车辆上 OK 电后发动机启动，无法转换到 EV 模式，当前电量 5%，动力系统故障灯点亮，仪表显示"请检查动力系统"。根据客户描述的故障现象，维修顾问将车辆交给技师对其进行故障诊断与维修。

二、学习目标

扫一扫

视频精讲

（一）知识目标

1. 熟悉混合动力汽车动力电池系统常见故障。
2. 熟悉混合动力汽车动力电池系统故障诊断方法。
3. 熟悉混合动力汽车动力电池系统故障检测的流程。

（二）技能目标

1. 熟练使用故障诊断仪，读取并分析动力电池系统故障码及数据。
2. 学会查阅维修手册、电路图，规范检测与排除动力电池系统故障。

（三）素养目标

1. 具备良好的安全意识，能规范进行高压电部件检测与维修相关的安全作业。
2. 具备自主学习与独立思考的能力。

三、知识储备

比亚迪秦 DM-i 动力电池系统主要由动力电池（包括电池模组和电池体）、电池管理系统以及辅助装置和结构部件组成。

（一）混合动力汽车动力电池系统常见故障

动力电池系统是混合动力汽车的重要组成部分，其内部或控制系统存在故障将导致混合动力系统失效，甚至是车辆不能行驶。

动力电池系统故障繁多，其常见故障类型及排除方法如表 3-1-1 所示。

表 3-1-1　动力电池系统常见故障类型及排除方法

故障类型	故障排除方法
续航里程异常故障	（1）读取故障码和数据流，确定故障 （2）动力电池满电状态路试检查续航里程是否异常，若有异常则更换动力电池

故障类型	故障排除方法
BIC 工作异常 / 通信故障	（1）先读取电池管理器故障码，查看是否出现 BIC 工作异常（如报 BIC 电压、温度、采样异常故障），再读取电池管理器电芯电压、电芯温度数据流 （2）确认 BIC 供电、搭铁是否正常，CAN 线电压是否正常，若无异常则更换动力电池
电压采样 异常故障	（1）先读取电池管理器故障码，查看是否出现 BIC 电压采样异常故障，再读取电池管理器模组电压数据 （2）检查动力电池模组采样线束是否存在接插异常，若异常，则更换采样线束 （3）确认 BIC 供电、搭铁是否正常，CAN 线电压是否正常，若无异常，则更换动力电池
温度采样 异常故障	（1）先读取电池管理器故障码，再读取电池管理器电芯温度数据流，若温度显示 -40℃和 110℃，则更换动力电池 （2）检查动力电池模组采样线束是否存在接插异常，若异常，则更换采样线束 （3）检查采样信息有无异常，若异常，则更换动力电池
单体电压过低 / 高故障	先读取电池管理器故障码，再读取电池管理器电芯电压数据流，若电压显示 0V（最低）或 4.99V（最高），则更换动力电池
预充失败故障	测量动力电池低压接插件的高压互锁线路是否导通，若不导通，则更换动力电池
漏电故障	（1）确认动力电池箱体是否磕碰、进水 （2）断开漏电传感器时，点火开关置于 ON 挡，读取电池管理系统是否报漏电故障 （3）点火开关置于 ON 挡瞬间，分别测量动力电池正、负极对车身之间电压，若两电压数值之和约等于动力电池总电压，则更换动力电池 （4）电池管理系统有严重漏电故障时，排除其他高压部件无漏电情况后，可确认动力电池漏电，更换动力电池

（二）混合动力汽车动力电池管理系统常见故障

动力电池管理系统故障繁多，其常见故障类型及排除方法如表 3-1-2 所示。

表 3-1-2　动力电池管理系统常见故障类型及排除方法

故障类型	故障排除方法
CAN 通信类故障	（1）确认线束是否存在接插异常 （2）测量 BMS 供电、搭铁是否正常，若正常，则更换 BMS （3）测量 BMS 接插件端 CAN-H 对 CAN-L、CAN-H 对地、CAN-L 对地阻抗（终端电阻 CAN-H 对 CAN-L 为 120Ω 左右）是否正常，若异常，则更换 BMS
电流霍尔类故障	（1）确认 BMS 与霍尔连接线束是否损坏、松动 （2）测量 BMS 接插件端霍尔线束供电是否存在 ±15V 电压，若异常，则更换 BMS

故障类型	故障排除方法
无法采集电压/温度信息故障	（1）确认 BMS 与动力电池低压接插件线束是否存在异常 （2）检查采集端子紧固螺栓是否松动，若松动，则重新紧固 （3）单个温度数据缺失时应检查中间对接插头，若无连接异常，表明传感器损坏，更换即可
高压互锁故障	（1）确认线束接插是否存在异常 （2）测量 BMS 高压互锁回路是否导通，若导通，则更换 BMS
漏电类故障	（1）断开漏电传感器高压端时，点火开关置于 ON 挡，读取电池管理系统是否报漏电故障，若报故障，则依次检查漏电传感器、BMS、线路 （2）测量 BMS 接插件端 CAN-H 对 CAN-L、CAN-H 对地、CAN-L 对地阻抗（终端电阻 CAN-H 对 CAN-L 为 120Ω 左右）是否正常，若异常，则更换 BMS
预充失败故障	（1）读取驱动电机控制器与 DC/DC、电动压缩机及 PTC 在 ON 挡瞬间负极、预充、接触器分压状态能否吸合，若无法吸合，则依次检查动力电池、高压配电箱、负载电器 （2）测量 BMS 接插件端 CAN-H 对 CAN-L、CAN-H 对地、CAN-L 对地阻抗（终端电阻 CAN-H 对 CAN-L 为 120Ω 左右）是否正常，若异常，则更换 BMS

（三）混合动力汽车动力电池系统的基本诊断方法

1.绝缘电阻过低故障的基本诊断方法

（1）基本诊断方法　首先，用诊断仪读取故障码，并读取相应系统的数据流，结合故障码和数据流做相应的检测，故障码和数据流不会显示故障点或范围，需要制定诊断流程进行检测诊断。

其次，检查并排除相关系统之间线路连接的故障，然后将检查重点集中在高压部件的绝缘电阻过低方面。在检查高压系统时，要将高压系统分成高压电源和高压用电两部分进行排查，缩小排查目标，提高排查效率。如果高压用电部分绝缘电阻存在故障，可逐个断开高压部件检查，拔开某个高压部件后绝缘电阻显示正常，说明该高压部件存在绝缘电阻故障。

（2）绝缘故障的报警　最低报警绝缘电阻值一般设定为 500kΩ，由电池管理系统（BMS）承担检测功能。当检测到的绝缘电阻值低于该值时，BMS 将储存对应的绝缘故障码并上报给整车管理系统，由整车管理系统指令组合仪表的故障灯点亮报警，有的还显示关于绝缘故障的文字。用诊断仪读取比亚迪动力电池管理系统，可观察到"绝缘阻值"的数据状态。当组合仪表上显示关于绝缘故障的文字或报警灯点亮时，表示此时车辆出现绝缘故障，必须马上进行故障排查，以免出现人身安全事故。

（3）绝缘故障的基本排查流程

❶ 如车辆的仪表能正常显示，并正确反映是否有故障，那么说明 BMS 绝缘监测系统本身应是正常工作的。

❷ 如诊断仪读取有关于绝缘的故障码或数据流显示高压绝缘有故障，此时首先应检查低压控制线路是否正确或可靠连接，低压线束端接插件插针松脱和扭曲导致连接失效，这些也可能导致产生故障码。

❸ 排除低压连接线路问题后，再检查排除 CAN 总线的通信故障，检查终端电阻阻值是否正常，若正常，应该是 60Ω，如果测出是 40Ω，则可能信号被削弱，会导致 CAN 通信不正常。

❹ 当高压部件出现绝缘电阻过低的故障时，需要对高压部件进行相关检查。由于绝缘检测系统无法对绝缘故障点进行定位，这时需要进行逐步的人工排查。

2.充放电电路故障的基本诊断方法

若充放电电路发生短路，会导致锂电池损坏甚至爆炸，引发安全事故，因此根据电池容量，在电池组的总正端配有标称 250～300A 的电流熔断器，在发生短路后熔断器自动断开电路。充放电电路故障及解决方法如表 3-1-3 所示。

表 3-1-3　充放电电路故障及解决方法

故障状态	可能原因	解决方法
充电装置已连接，已启动充电功能，但不能充电	电源置于 ON 挡	将电源置于 OFF 挡
	动力电池已充满	动力电池充满时，充电会自动停止
	12V 磷酸铁锂电池过放电	更换或维修低压磷酸铁锂电池
充电中途停止充电	电源断电	电源恢复后，会自动重新开始充电
	充电电缆没有连接完好	确认充电连接装置电缆没有虚接
	充电连接装置开关被按下	充电连接装置开关被按下则停止充电，需重新连接充电连接装置，启动充电
	动力电池温度过高	仪表上动力电池温度过高报警指示灯点亮，充电会自动停止，待电池冷却后再充电

根据充电流程图和放电流程图，可以制定充电和放电电路检测方法及步骤，如图 3-1-1 和图 3-1-2 所示。

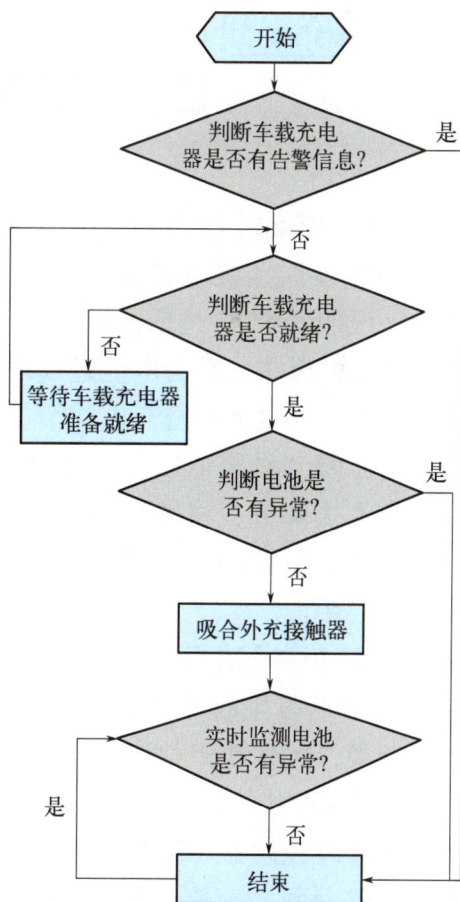

图 3-1-1　充电流程

MICU采集到"制动踏板"+"启动按钮"命令后，经驱动电机控制器与Keyless-ECU防盗认证成功，吸合IG1继电器并发送"启动开始"报文，通过网关转给驱动电机控制器及电源管理器

电源管理器得电(IG1)，且收到报文

预充接触器吸合

上电失败 ← 是 ← 电源管理器自检是否异常？

异常情况：
1. 严重欠压
2. 严重过压
3. 严重过温
4. 严重漏电
5. 接触器烧结
6. 功能互锁

否

吸合负极接触器

驱动电机控制器协调发动机启动 ← 否 ← 电源管理器判断预充是否成功？

预充成功条件：
1. 母线电压达到设定值
2. DC无低压告警信号
3. 无严重漏电信号

OK灯点亮，车辆可挂挡行驶

是

断开预充接触器，吸合主接触器

OK灯点亮，车辆可挂挡行驶、DC启动、空调开启

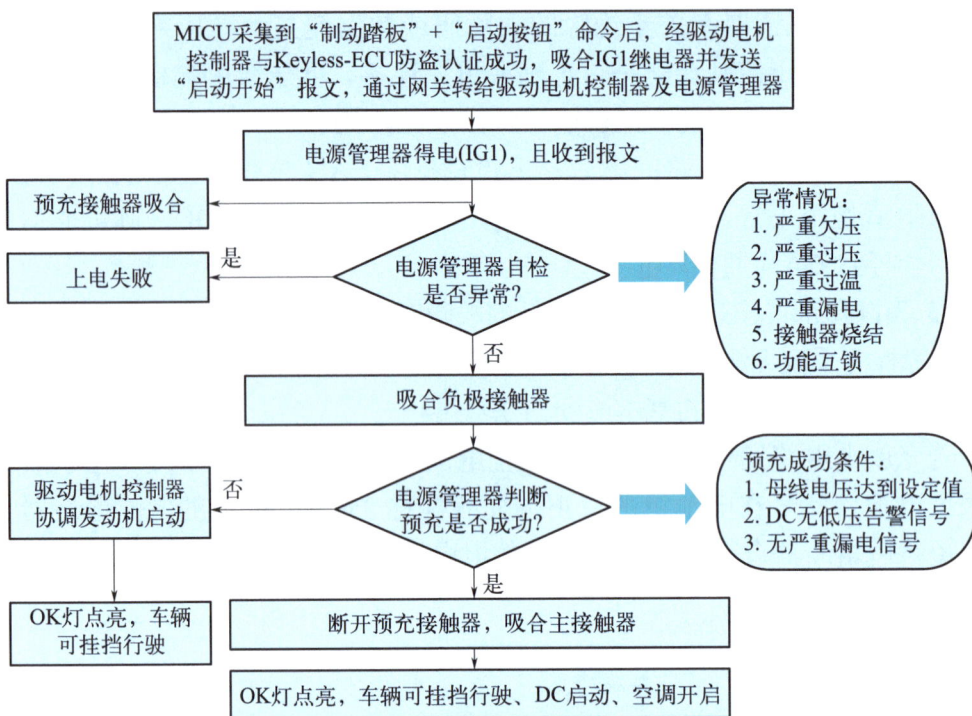

图 3-1-2 放电流程

3.动力电池组故障的基本诊断方法

BMS 实时监测各单体电池电压，若某节单体电池电压在放电过程中迅速降低，说明其 SOC 过低，此时会给整车发送故障信号，建议停止运行并对电池组充电，以防止动力电池过放现象的发生。在充电过程中，为防止单体电池过充，对单体电池进行充电均衡。电池达到使用寿命后，电量会大大降低。若电池电压降到设定值以下，其消耗的电量低于电池标称电量的 50%，表明电池容量大大降低，将发送故障信号以便及时对其进行更换。使用故障诊断仪对电池组进行检测，可以获得关于电池组的大量信息，是诊断排除电池组故障的主要手段。

4. BMS故障的基本诊断方法

BMS 若发生故障将无法对电池组进行监测及有效管理，而且 BMS 本身元器件较多，可靠性相对其他系统较低，因此对其进行故障诊断很有必要。例如比亚迪秦 DM-i 的分布式电池管理系统，由 10 个电池信息采集器（BIC）和 1 个电池管理控制器（BMC）组成。BMC 的主要功能是总电压监测、总电流监测、SOC 计算、充放电管理、接触器控制、功率控制、电池异常状态报警和保护、漏电报警、碰撞保护、自检以及通信等。使用诊断仪对 BMS 检测，是诊断排除 BMS 故障的最主要的手段。电池异常状态报警和保护如表 3-1-4 所示。

表 3-1-4　电池异常状态报警和保护

故障状态	电池管理器系统故障诊断状况
模块温度 ≥ 65℃	一级故障：一般高温报警
模块（单体）电压 > 3.85V	一级故障：一般高压报警
模块（单体）电压 < 2.6V	一级故障：一般低压报警
绝缘电阻<设定值	一级故障：一般漏电报警
模块温度 > 70℃	二级故障：严重高温报警
模块（单体）电压 > 4.1V	二级故障：严重高压报警
模块（单体）电压 < 2.0V	二级故障：严重低压报警
绝缘电阻<设定值	二级故障：严重漏电报警

5.动力电池冷却系统故障基本诊断方法

（1）故障现象　仪表显示 HV 蓄电池故障，用诊断仪检查发现 HV 蓄电池（动力电池）温度高。

动力电池温度过高的原因之一是鼓风机不能正常工作，导致动力电池散热不良。

使用故障诊断仪的主动测试功能驱动鼓风机，发现驱动失败，且不能从数据流中正常看到鼓风机电动机的旋转转速。

（2）故障原因分析　根据电路图（图 3-1-3）可知：鼓风机电动机控制调节蓄电池鼓风机总成的电压。鼓风机电动机还控制由铝制成的散热片。从后侧风道流入动力电池总成的空气对鼓风机电动机进行制冷控制，而该控制器装在后侧风道里。从电池管理模块 FCTL1 端子流出的电流流向蓄电池鼓风机的继电器线圈。当继电器触点闭合时，则向电池鼓风机总成供电。

当电池管理模块输出风扇运行信号时，鼓风机电动机控制调节施加给蓄电池鼓风机总成的电压，以便获得需要的风扇转速。调节信号同时以监控信号的形式输送给电池管理模块的 VM 端子。鼓风机电动机通过监控蓄电池鼓风机总成的 +B 端子的电压纠正鼓风机电动机的电压。

（3）诊断关键步骤

❶ 检查 10A 风扇熔丝。

❷ 检查鼓风机继电器。

❸ 检查鼓风机总成。

❹ 检查鼓风机继电器 - 风扇熔丝线束与连接器导通情况。

❺ 检查蓄电池鼓风机继电器和鼓风机总成之间的线束与连接器导通情况。

❻ 检查蓄电池鼓风机总成和鼓风机电动机控制器之间的线束与连接器导通情况。

❼ 检查蓄电池鼓风机总成和电池管理模块之间的线束与连接器导通情况。

❽ 检查蓄电池鼓风机总成和电池管理 ECU 之间的线束与连接器导通情况。若以上检查均正常，则需要更换动力电池 ECU。

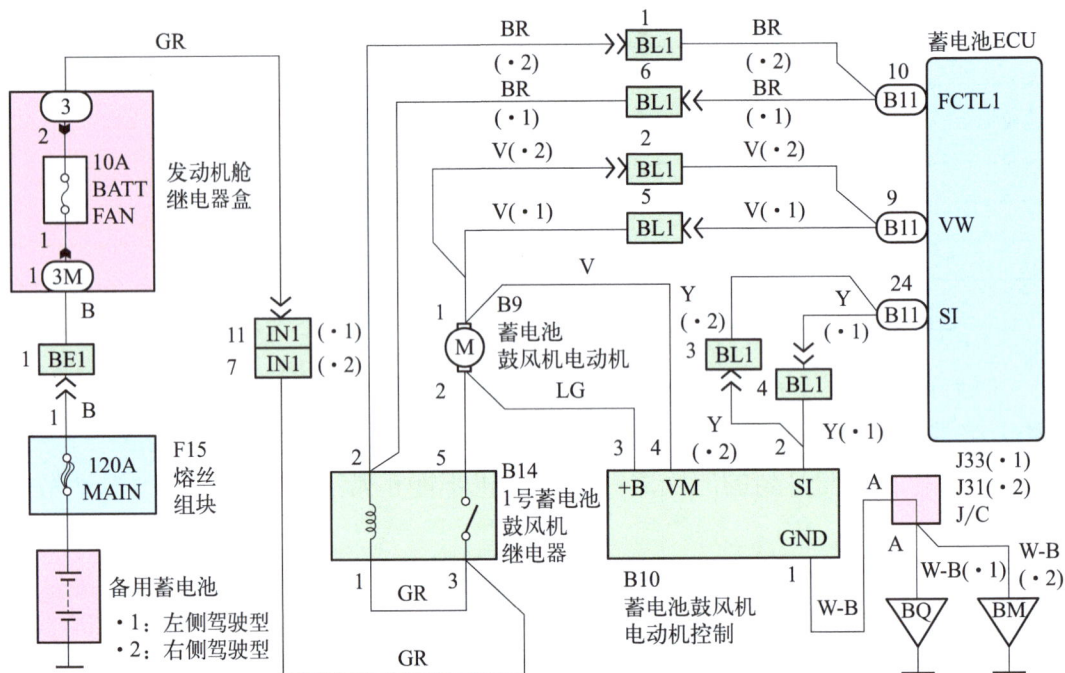

图 3-1-3 比亚迪秦 PLUS DM-i 鼓风机控制电路

四、任务实施

以 2022 年款比亚迪秦 PLUS DM-i 混合动力汽车（尊贵型）无法切换到 EV 模式为例。

1.操作准备

❶ 做好新能源汽车维修场地安全隔离防护措施。

❷ 备好新能源汽车检测维修所需工量具及仪器设备。

❸ 做好高压电安全个人防护。

❹ 做好车辆作业防护。

❺ 按需做好高压维修断电操作。

扫一扫

视频精讲

2.故障现象

比亚迪秦 PLUS DM-i，车辆上 OK 电后发动机启动，无法转换到 EV 模式，当前电量 5%，动力系统故障灯点亮，仪表显示"请检查动力系统"，如图 3-1-4 所示。

3.故障检查及分析

（1）故障检查　使用故障诊断仪对比亚迪秦 PLUS DM-i 读取故障码，为 P1A3400，含义为预充失败，如图 3-1-5 所示。

图 3-1-4 仪表显示"请检查动力系统"

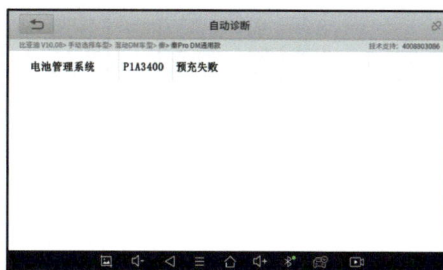

图 3-1-5 故障码

（2）故障分析 根据预充原理分析，导致该故障的原因有：

❶ 动力电池或 BIC 采集器故障；

❷ BMS 故障；

❸ 驱动电机控制器故障；

❹ 线路连接故障。

4.故障诊断与排除

在上 OK 电的预充过程中读取动力电池管理器数据流，发现当前总电压最高为 13V，无高压输入。

在车辆上 OK 电的预充过程中读取高压 BMS 数据流，确认 4 个分压接触器、预充接触器、负极接触器皆处于正常的吸合状态，由此判断 BMS 控制的各接触器正常，应属于某个接触器或电池包故障，导致高压电并未输入至驱动电机控制器，如图 3-1-6 所示。

电池管理器	
充电信号	无
充电状态	正常
预充状态	预充
主接触器	吸合
预充接触器	吸合
充电接触器	断开
负极接触器	吸合
分压接触器1	吸合
分压接触器2	吸合
分压接触器3	吸合
分压接触器4	吸合

图 3-1-6 读取高压 BMS 数据流

因此按高压电的走向，依次进行测量，如图 3-1-7 所示。

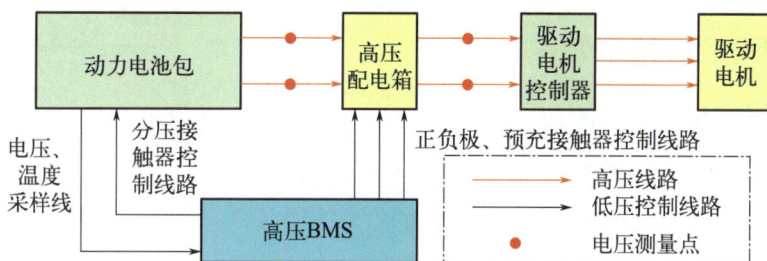

图 3-1-7 电路连接框图

整车退电再上 ON 电，测量动力电池正负极电压为 0（正常应为电池包总电压），故分析是某分压接触器未正常吸合或电池模组故障导致，如图 3-1-8 所示。

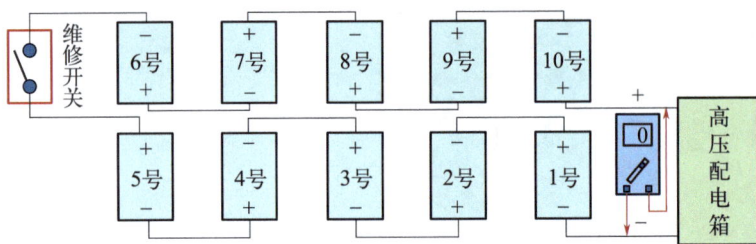

图 3-1-8 测量动力电池正负极电压

分别对 10 个电池模组电压进行测量，测量发现 2 号模组电压为 0，确认 2 号电池模组故障或 2 号模组的分压接触器线路故障、BMS 故障，如图 3-1-9 所示。

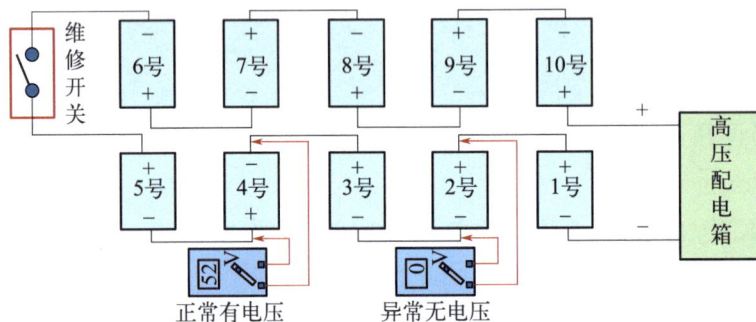

图 3-1-9 测量电池模组电压

拔下 2 号模组分压接触器接插件，测量线束端，两根线路之间有 12V 电压，证明 BMS 及线路端正常，更换 2 号模组，故障排除，如图 3-1-10 所示。

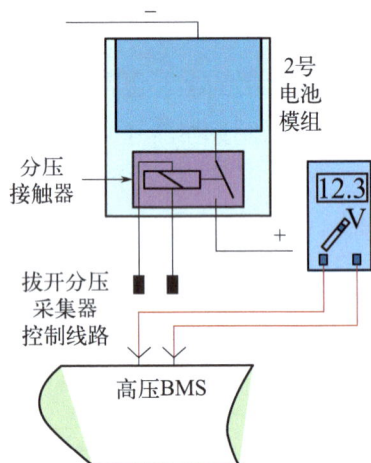

5.清洁整理

❶ 收起车辆防护用品，收纳万用表及个人防护装置。

❷ 清洁场地，锁好车辆。

五、"岗课赛证"融通

※ 岗位任务：对接新能源汽车机电维修岗位典型工作任务"动力电池系统故障排除"。

图 3-1-10 测量 2 号模组分压接触器电压

※ 职业证书：对接技能等级证书"新能源汽车动力驱动电机电池技术（中级）"模块技能要求"动力电池控制检测维修""高压继电器拆装与检测"。

※ 技能竞赛：对接竞赛技能要点的前期准备，安全检查，仪器连接，故障症状确认，目视检查，读取故障码与数据流，高压断电，非带电状态检测验证，动力电池系统的元器件测量与机械拆装，故障点确认和排除。

六、课后习题

（一）判断题

1. 电池管理系统负责绝缘电阻值监测的任务。（　　）

2. 仪表能正常显示，并且提示有故障，说明 BMS 绝缘监测系统是正常工作的。（　　）

3. 诊断仪读取有绝缘故障码，可直接更换相应的零部件。（　　）

4. 车身控制单元负责检测各单体电池电压。（　　）

5. 使用故障诊断仪对电池管理系统检测是必要的检测方法。（　　）

（二）单选题

1. 当电池模块温度 ≥ 65℃时属于哪一类故障？（　　）

A. 一级故障：一般高温报警　　　　　　B. 一级故障：一般高压报警

C. 二级故障：严重高温报警　　　　　　D. 二级故障：严重高压报警

2. 充电中途停止充电，以下不属于导致故障原因的是（　　）。

A. 电源断电　　　　　　　　　　　　B. 充电电缆没有连接完好

C. 动力电池温度过高　　　　　　　　D. 轮胎气压报警

3. 动力电池最低绝缘电阻值一般设定为（　　），由（　　）承担检测功能。

A. 30kΩ，车身控制模块　　　　　　　B. 400kΩ，高压控制器

C. 500kΩ，电池管理系统　　　　　　 D. 600kΩ，电机控制系统

4. 为防止动力电池过放现象的发生，若 SOC（　　），此时会给整车发送故障信号，建议停止运行并对电池组充电。

A. 过高　　　　　　B. 过低　　　　　　C. 平衡　　　　　　D. 过充

5. 当 BIC 工作异常时，确认 BIC 供电、搭铁正常，CAN 线电压正常，则需要更换（　　）。

A. 动力电池　　　　B. 电池管理系统　　　C. 电池模组　　　D. 车身控制模块

任务二　混合动力汽车电机及变速驱动系统检测与维修

一、任务引入

　　一辆 2022 年款比亚迪秦 PLUS DM-i 混合动力汽车（尊贵型），据客户反映：车辆行驶一段时间后，无论是 EV 或 HEV 模式时，散热器风扇一直高速运行。根据客户描述的故障现象，维修顾问将车辆交给技师对其进行故障诊断与维修。

二、学习目标

（一）知识目标

1. 熟悉混合动力汽车电机及变速驱动系统故障诊断与排除方法。
2. 熟悉混合动力汽车电机及变速驱动系统检测的流程。
3. 熟悉混合动力汽车电机及变速驱动系统故障分类。

（二）技能目标

1. 熟练使用故障诊断仪，读取并分析电机及变速驱动系统故障码及数据。
2. 学会查阅维修手册、电路图，规范检测与排除电机及变速驱动系统故障。

（三）素养目标

1. 具备高压维修安全防护、节能环保意识。
2. 通过互动交流，具备较强的口头与书面表达能力、人际沟通能力。

三、知识储备

扫一扫

视频精讲

混合动力汽车驱动系统主要由驱动电机、电机控制器与 DC 总成、减速器、冷却系统等组成。

当混合动力汽车采用电驱动时，整车控制器将驾驶员意图发送给电机控制器，电机控制器驱动电机旋转，产生转速和转矩，输出转矩经变速器传递给减速器和差速器，再传递到车轮，从而驱动车辆行驶。冷却系统保证驱动电机和电机控制器在合适的温度范围内工作。

（一）电机常见故障及排除方法

电机故障繁多，其常见故障及排除方法如表 3-2-1 所示。

表 3-2-1　电机常见故障及排除方法

故障名称	故障排除方法	故障名称	故障排除方法
电机过热	电源故障 （1）电源电压过高或过低 （2）电源电压不对称 （3）三相电源不平衡	电机不转	（1）电源未接通、熔丝烧断 （2）定子或转子绕组短路 （3）定子绕组搭铁、绕组相间短路、接线错误 （4）过载 （5）控制设备、轴承损坏
	负载故障 （1）电机过载运行 （2）拖动的机械负载工作不正常 （3）拖动的机械负载有故障	电机带负载时运转缓慢	（1）电源电压过低 （2）绕组故障、接反 （3）过载 （4）电刷磨损，接触不良
	通风散热故障 （1）环境温度高 （2）进风口或冷却水管路堵塞 （3）散热风扇电机损坏，不转 （4）散热风扇电机控制器或电路损坏 （5）冷却水系统故障	电机运行时有异响	（1）转子与定子相摩擦 （2）轴承磨损、缺油 （3）定转子铁芯松动 （4）风道堵塞或风扇摩擦风罩
		电机外壳带电	（1）电源线和搭铁线接错 （2）绕组受潮 （3）局部绕组绝缘损坏或碰外壳 （4）搭铁不良

（二）电机控制器与冷却系统常见故障及排除方法

电机控制器故障繁多，其常见故障及排除方法如表 3-2-2 所示。

表 3-2-2　电机控制器常见故障及排除方法

故障名称	故障排除方法
高压侧电压过高	测量动力电池输出电压是否正常，若正常，则读取动力电池系统故障码；若故障码显示高压侧电压过高，则更换驱动电机控制器与 DC 总成
高压侧电压过低	测量动力电池输出电压是否正常，若正常，则读取动力电池系统故障码；若故障码显示高压侧电压过低，则更换驱动电机控制器与 DC 总成
低压侧电压过高	测量低压蓄电池电压是否正常，若低压电压＞16V，则更换驱动电机控制器与 DC 总成
低压侧电压过低	测量低压蓄电池电压是否正常，若低压电压＜9V，则更换驱动电机控制器与 DC 总成
无 CAN 通信	测量 CAN-H、CAN-L 电压是否正常，若异常，则更换驱动电机控制器与 DC 总成

冷却系统常见故障及排除方法如表 3-2-3 所示。

表 3-2-3　冷却系统常见故障及排除方法

故障名称	故障排除方法
水泵异响故障	（1）确认冷却液是否充足，若不充足则补充 （2）检查水泵本身是否损坏，若损坏则更换水泵
水泵无法工作故障	（1）确认线束接插是否存在异常 （2）检查水泵供电、信号、搭铁是否正常，若正常则更换水泵
冷却管路泄漏故障	（1）检查冷却管路是否破损，若破损则更换管路 （2）检查冷却管路卡箍是否松脱，若松脱则更换卡箍
温度警告故障	（1）读取故障码和数据流，确定故障 （2）检查冷却液是否充足，若不充足则补充 （3）确认冷却系统（水泵、模块、风扇）线束是否存在接插异常 （4）检查水泵是否工作正常，若异常则更换水泵 （5）检查冷却管路是否破损，若破损则更换管路 （6）检查冷却水道是否正常，若异常则修复或更换总成

（三）电机及变速驱动系统基本检查方法

1. 驱动电机温度传感器异常的故障

（1）故障现象　仪表提示驱动电机温度过高，系统功率降低。

（2）故障原因分析　变频器模块会通过电机内的温度传感器和供给的电流计算电机的温度，当温度异常时，系统将降低电机的输出功率，让电机尽快冷却。

采集电机温度的传感器是热敏电阻传感器。热敏电阻的阻值和电机温度传感器相关，它根据电机温度的变化而变化。电机温度越低，热敏电阻的阻值越大；相反，电机温度越高，热敏电阻的阻值越小。电机温度传感器与 HV ECU（混合动力汽车电控单元）连接。由 HV ECU 的 MMT 端子提供的 5V 电源电压经过电阻 R 到达电机温度传感器。

为了防止电机过热，HV ECU 根据这种信号限制负载。另外，HV ECU 检查电机温度传感器是否出现线路故障和传感器故障，如图 3-2-1 所示。

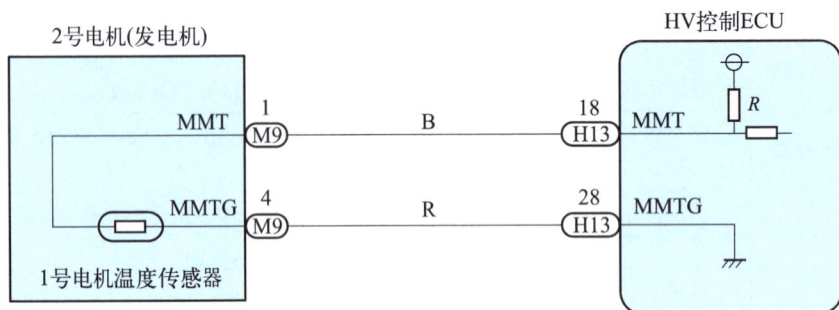

图 3-2-1　发电电机温度传感器电路

（3）诊断关键步骤

❶ 使用诊断仪读取电机温度传感器数据。

读取专用诊断仪上显示的 MG1 发电机温度值。

提示：如果电路开路或 +B 短路，则专用诊断仪显示的数据是 -50℃；如果电路 GND 短路，则专用诊断仪显示的数据是 205℃（表 3-2-4）。

表 3-2-4　发电机温度

温度显示（1）	温度显示（2）	温度范围
-50℃	205℃	-49 ～ 204℃

❷ 若显示的温度不在正常范围（-49 ～ 204℃），需要检查温度传感器与模块之间的连接线路以及温度传感器本身的技术状态。

2. 电机旋变传感器异常的故障

（1）故障现象　仪表显示驱动系统故障，车辆不能正常驱动（MG2 旋变传感器故障）；或发动机不能被正常启动（MG1 旋变传感器故障）。

（2）故障原因分析　电机旋变传感器是一种检测转子磁极位置的传感器，它对保证 MG1 和 MG2 的高效控制是必需的。旋变传感器的定子包括一个励磁线圈和两个检测线圈。因为转子是椭圆形状的，所以定子和转子间的间隙随着转子转动而变化。预定频率的交流电流过励磁线圈和检测线圈（S 和 C），并且根据传感器转子的位置输出交流电，如图 3-2-2 所示。

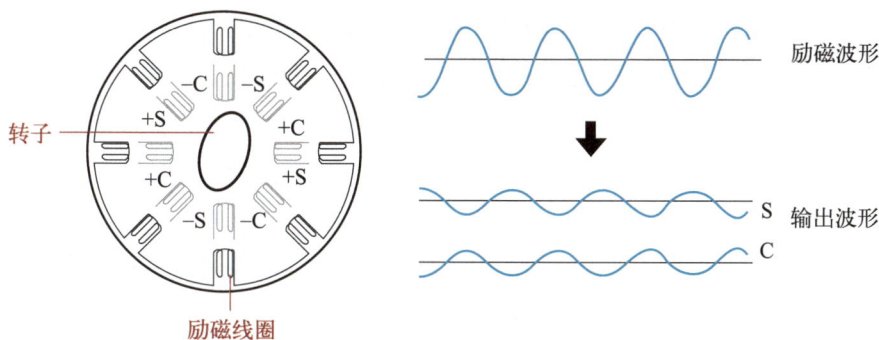

图 3-2-2　电机旋变传感器原理

HV ECU 根据检测线圈 S 和 C 的相位及它们的波形高度来检测转子的绝对位置。此外，为了把旋变传感器用作一个速度传感器，CPU 计算出在一段预定的时间内位置的变化数，如图 3-2-3 所示。

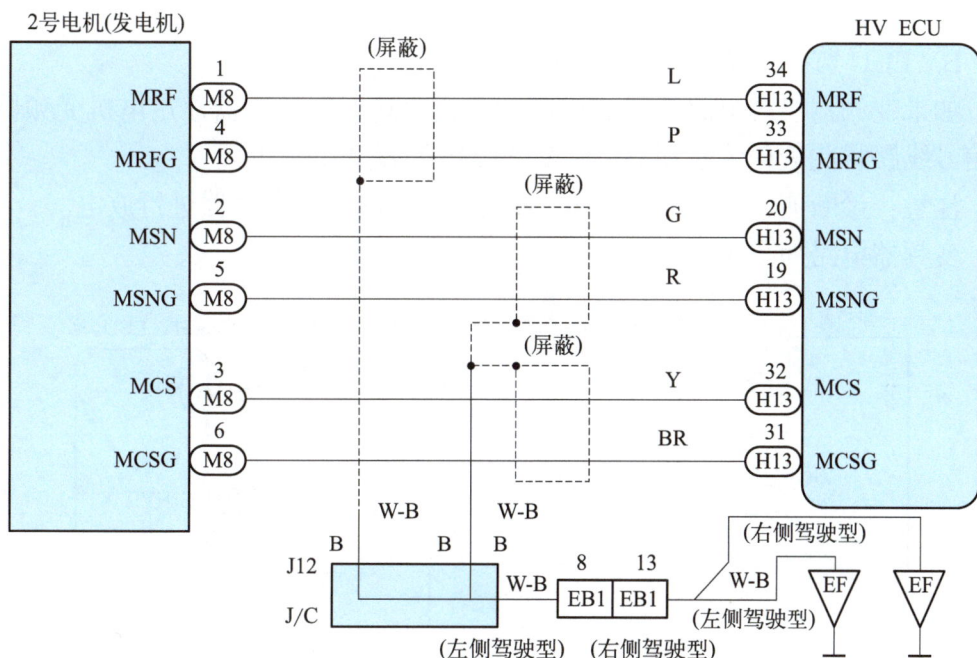

图 3-2-3　MG2 电机旋变传感器控制电路

（3）诊断关键步骤

❶ 使用诊断仪读取相关故障码。

❷ 使用诊断仪读取对应故障码所指电机的数据流。

❸ 检查线束与连接器。

❹ 检查电机旋变传感器本身电阻。

MRF（M8-1）-MRFG（M8-4），电阻 7.65 ～ 10.2Ω。

MSN（M8-2）-MSNG（M8-5），电阻 12.6 ～ 16.8Ω。

MCS（M8-3）-MCSG（M8-6），电阻 12.6 ～ 16.8Ω。

3.变频器性能的故障

（1）故障现象　仪表显示驱动系统失效，使用诊断仪检查，存在变频器性能故障码。

（2）故障原因分析　变频器用于将 HV 蓄电池的高压直流电转换成交流电。变频器内包含一个三相桥电路，它由 6 个功率晶体管组成，每个对应于 MG1 和 MG2，用于转换直流电和三相交流电。HV ECU 控制功率晶体管的激活。变频器将控制所必需的信息（例如电流和电压）传送到 HV ECU。

HV ECU 使用电压传感器，它内置于变频器中，用于检测升压后的高压并进行升压控制。

变频器电压传感器根据高压的不同输出 0 ～ 5V 的电压。高压越高，输出电压越高；高压越低，输出电压越低。

HV ECU 监控变频器电压并检测故障。

如果变频器出现电路故障、内部短路或过热，则变频器通过电机变频器故障信号线路将此信息传送到 HV ECU 的 MFIV 端子。

注意：诊断前，至少需要 5min 对变频器内的高压电容器进行放电。

变频器电路如图 3-2-4 所示。

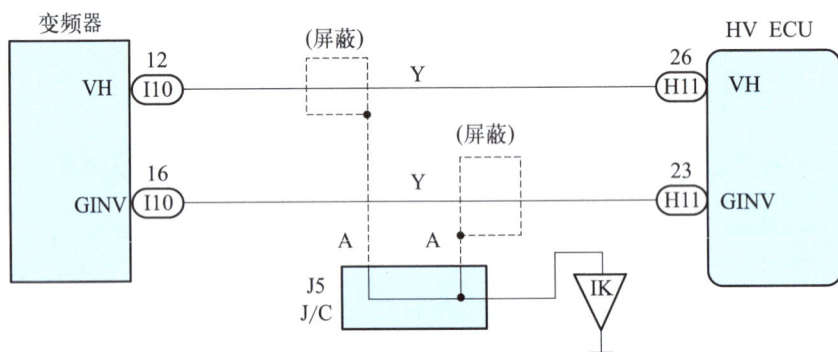

图 3-2-4　变频器电路

（3）诊断关键步骤

❶ 使用诊断仪读取相关故障码。

❷ 检查混合动力控制 HV ECU 连接情况，是否存在松动；检查变频器连接情况，是否存在松动或连接不良。

❸ 检查混合动力汽车电机三相交流电电缆端子电阻（表 3-2-5）。

表 3-2-5　混合动力汽车电机三相交流电电缆端子电阻

万用表连接	标准值
U（I14-1）-V（I14-2）	20℃时小于135MΩ
V（I14-2）-W（I14-3）	20℃时小于135MΩ
W（I14-3）-U（I14-1）	20℃时小于135MΩ

四、任务实施

以 2022 年款比亚迪秦 PLUS DM-i 混合动力汽车（尊贵型）行驶一段时间，EV 或 HEV 模式时，散热器风扇一直高速运行故障为例。

1. 操作准备

❶ 做好新能源汽车维修场地安全隔离防护措施。

❷ 备好新能源汽车检测维修所需工量具及仪器设备。

❸ 做好高压电安全个人防护。

❹ 做好车辆作业防护。

❺ 按需做好高压维修断电操作。

扫一扫

视频精讲

2. 故障现象

车辆上 OK 电行驶一段时间后，无论是 EV 或 HEV 模式，散热器风扇一直高速运转，组合仪表亮起动力系统故障警告灯、驱动功率限制指示灯。

3. 故障检查及分析

（1）故障检查　使用诊断仪读取故障码，为 P1BC901，含义为前驱动电机温度传感器故障，如图 3-2-5 所示。

（2）故障分析　查阅维修手册与电路图，如图 3-2-6 所示，驱动电机温度传感器安装在电机绕组内，通过导线与集成双电机控制器总成相连，用于实时监测电机绕组的温度，以确保电机在安全的温度范围内运行。该传感器有故障时，为了避免电机因过热而损坏，控制系统会限制电机的输出功率，控制散热器风扇一直高速运转，并点亮故障指示灯。

图 3-2-5　前驱动电机温度传感器故障码

4. 故障诊断与排除

使用诊断仪读取驱动电机控制器（FMCU）数据流，驱动电机温度为 69℃，如图 3-2-7 所示，电机运行一段时间后，驱动电机温度数值没有变化。

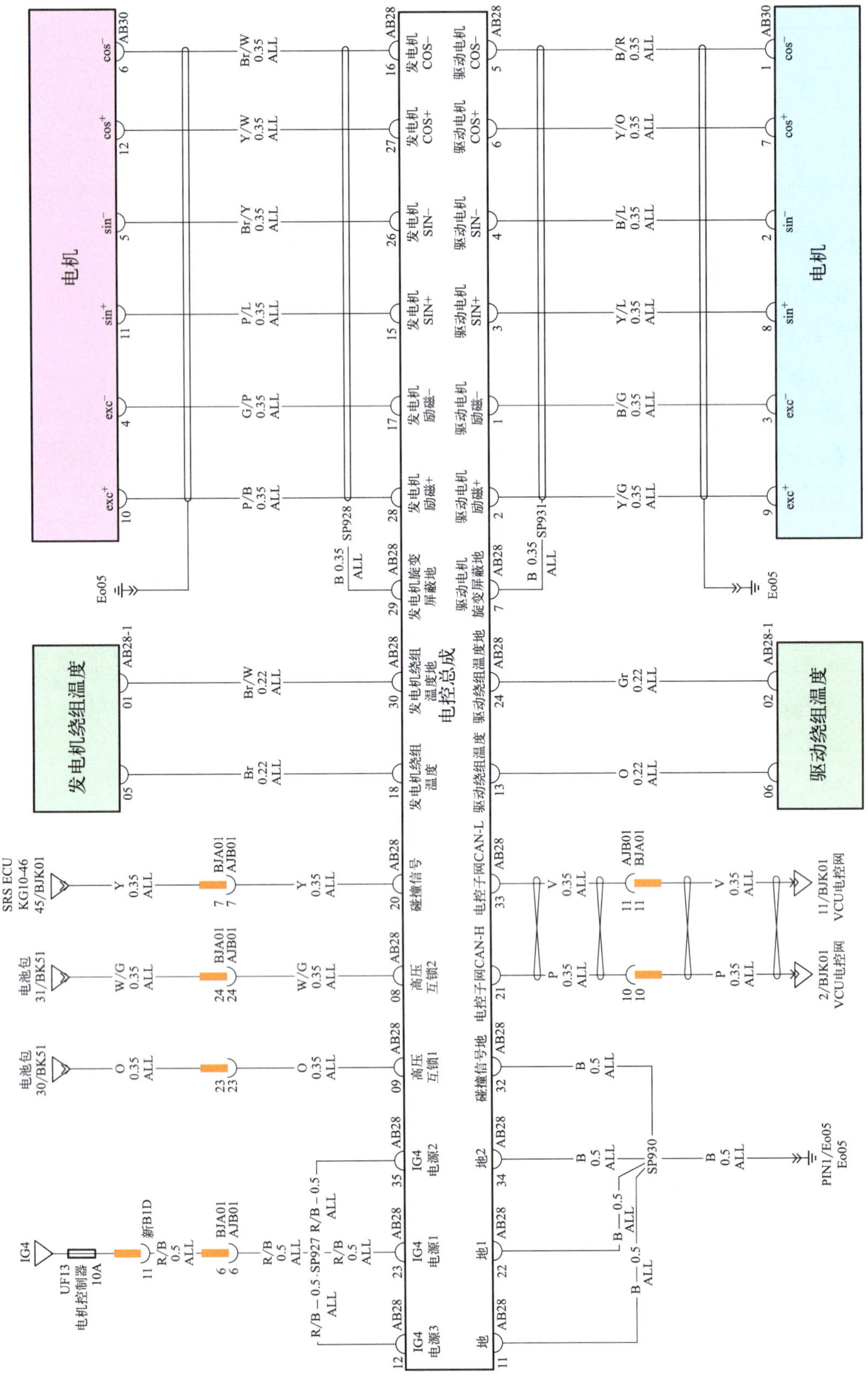

电机

发电机绕组温度

驱动绕组温度

电机

电控总成

| 6 AB30 cos⁻ | Br/W 0.35 ALL | 16 AB28 发电机 COS⁻ | 驱动电机 COS⁻ | 5 AB28 | B/R 0.35 ALL | 1 AB30 cos⁻ |

| 12 cos⁺ | Y/W 0.35 ALL | 27 发电机 COS⁺ | 驱动电机 COS⁺ | 6 | Y/O 0.35 ALL | 7 cos⁺ |

| 5 sin⁻ | Br/Y 0.35 ALL | 26 发电机 SIN⁻ | 驱动电机 SIN⁻ | 4 | B/L 0.35 ALL | 2 sin⁻ |

| 11 sin⁺ | P/L 0.35 ALL | 15 发电机 SIN⁺ | 驱动电机 SIN⁺ | 3 | Y/L 0.35 ALL | 8 sin⁺ |

| 4 exc⁻ | G/P 0.35 ALL | 17 发电机 励磁⁻ | 驱动电机 励磁⁻ | 1 | B/G 0.35 ALL | 3 exc⁻ |

| 10 exc⁺ | P/B 0.35 ALL SP928 | 28 发电机 励磁⁺ | 驱动电机 励磁⁺ | 2 | Y/G 0.35 ALL SP931 | 9 exc⁺ |

E005

B 0.35 ALL | 29 AB28 发电机旋变 屏蔽地 | 驱动电机 旋变屏蔽地 | 7 AB28 | B 0.35 ALL

E005

| 01 AB28-1 | Br/W 0.22 ALL | 30 AB28 发电机绕组 温度地 | 驱动绕组温度地 | 24 AB28 | Gr 0.22 ALL | 02 AB28-1 |

| 05 | Br 0.22 ALL | 18 发电机绕组 温度 | 驱动绕组温度 | 13 | O 0.22 ALL | 06 |

SRS ECU KG10-46 45/BJK01 — Y 0.35 ALL — BJA01 AJB01 7 / 7 — Y 0.35 ALL — 20 AB28 碰撞信号

电池包 31/BKS1 — W/G 0.35 ALL — BJA01 AJB01 24/24 — W/G 0.35 ALL — 08 AB28 高压 互锁2

电池包 30/BKS1 — O 0.35 ALL — 23/23 — O 0.35 ALL — 09 AB28 高压 互锁1

电控子网CAN-L — 33 AB28 — V 0.35 ALL — AJB01 BJA01 11/11 — V 0.35 ALL — 11/BJK01 VCU电控网
电控子网CAN-H — 21 — P 0.35 ALL — 10/10 — P 0.35 ALL — 2/BJK01 VCU电控网

碰撞信号地 — 32 AB28 — B 0.5 ALL

IG4 — UF13 电机控制器 10A — 新B1D R/B 0.5 ALL — 11 — R/B 0.5 ALL — BJA01 AJB01 6/6 — R/B 0.5 ALL — 23 AB28 IG4 电源1

35 AB28 IG4 电源2
22 AB28 地1 — B 0.5 ALL — 34 AB28 地2 — B 0.5 ALL SP930 — B 0.5 ALL — PIN1/E005 E005

12 AB28 IG4 电源3
11 地 — B 0.5 ALL

R/B 0.5 SP927 R/B 0.5 ALL

图 3-2-6 驱动电机温度传感器电路

检查冷却系统：冷却液液位处于MIN与MAX之间，液位高度正常；检查冷却软管及接头，未发现软管老化、开裂、冷却液渗漏现象，如图3-2-8所示。

检查驱动电机温度传感器：检查电机控制器低压连接器，确认无松动、连接牢固，如图3-2-9所示。

根据电路图（图3-2-10），从电机控制器低压连接器AB28 13号与24号针脚测量驱动电机温度传感器，电阻为无限大，异常，如图3-2-11所示。查阅维修手册与相关资料，驱动电机温度传感器在冷车（10～40℃）时，阻值应为50.01～212.5kΩ。经检测，确认驱动电机温度传感器故障。

图3-2-7 电机温度数据流

① 扭矩应写作转矩；② rpm 应写作 r/min；
③ N·M 应写作 N·m；④ kw 应写作 kW

(a)冷却液液位正常　　　　(b)冷却软管正常

图3-2-8 检查冷却系统

图3-2-9 检查电机控制器低压连接器

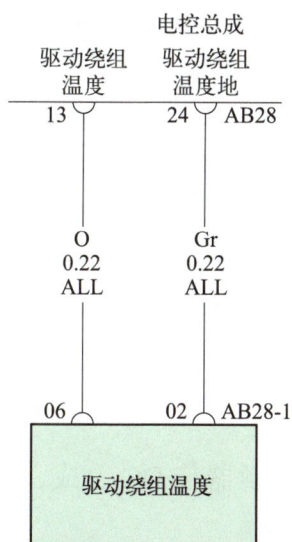

图3-2-10 驱动电机温度传感器电路

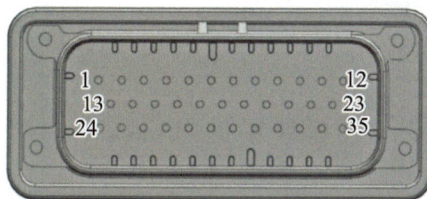

电控总成AB28插接器端子

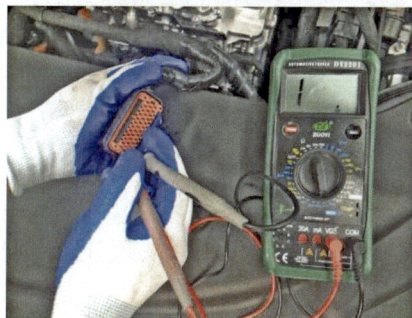

图3-2-11 测量驱动电机温度传感器

由于驱动电机温度传感器与绕组集成在一起，没有零件单独更换，根据维修手册要求需更换电机总成。

更换电机总成后再次测量驱动电机温度传感器，测量值为126.9kΩ，在正常范围内，如图3-2-12所示。

试车，车辆正常运行，故障排除。

5.清洁整理

❶ 收起车辆防护用品，收纳万用表及个人防护装置。

❷ 清洁场地，锁好车辆。

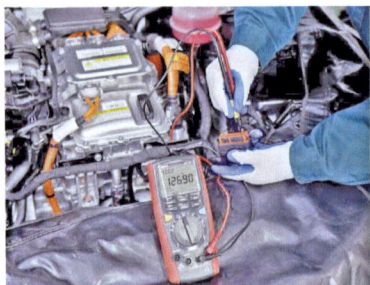

图 3-2-12　再次测量驱动电机温度传感器

五、"岗课赛证"融通

※ 岗位任务：对接新能源汽车机电维修岗位典型工作任务"电机冷却系统故障排除"。

※ 职业证书：对接技能等级证书"新能源汽车动力驱动电机电池技术（中级）"模块技能要求"动力电机控制检测维修"。

※ 技能竞赛：对接竞赛技能要点的前期准备，安全检查，仪器连接，故障症状确认，目视检查，读取故障码与数据流，高压断电，非带电状态检测验证，电机冷却系统的元器件测量与机械拆装，故障点确认和排除。

六、课后习题

（一）判断题

1.冷却系统可以保证驱动电机和电机控制器在合适的温度范围内工作。（　　）

2.变频器模块根据电机内的温度传感器和供给的电流计算电机的温度。（　　）

3.热敏电阻的阻值根据电机温度的变化而变化，电机温度越高，热敏电阻的阻值越大；相反，电机温度越低，热敏电阻的阻值越小。（　　）

4.电机旋变传感器是一种检测转子磁极位置的传感器。（　　）

5.变频器内包含一个三相桥电路，它由12个功率晶体管组成。（　　）

（二）单选题

1.混合动力汽车驱动系统主要由电机、电机控制器与DC总成、（　　）、冷却系统等组成。

A.减速器　　　　B.发动机　　　　C.转向器　　　　D.底盘

2. 属于电动机不转的原因是（　　　　）。

A. 电源电压过低　　　　　　　　　B. 电源未接通、熔丝烧断

C. 转子与定子相摩擦　　　　　　　D. 搭铁不良

3. 属于电动机过热的原因是（　　　　）。

A. 电源电压不对称　　　　　　　　B. 控制设备、轴承损坏

C. 定转子铁芯松动　　　　　　　　D. 搭铁不良

4. 诊断仪显示电机温度传感器数据为 -50℃，说明（　　　　）。

A. 电路开路或 +B 短路　　　　　　B. GND 短路

C. 信号线短路　　　　　　　　　　D. 控制模块损坏

5. 旋变传感器的定子包括一个（　　　）和两个检测线圈。

A. 磁极线圈　　　　B. 余弦线圈　　　　C. 正弦线圈　　　　D. 励磁线圈

任务三　混合动力汽车整车动力控制系统检测与维修

一、任务引入

一辆 2022 年款比亚迪秦 PLUS DM-i 混合动力汽车（尊贵型），客户反映：车辆行驶一段时间后，电机过热警告灯亮起，加速时电机功效受限。根据客户描述的故障现象，维修顾问将车辆交给技师对其进行故障诊断与维修。

整车控制器

二、学习目标

（一）知识目标

1. 熟悉混合动力汽车整车动力控制系统故障诊断与排除方法。

2. 熟悉混合动力汽车整车动力控制系统检测的流程。

3. 熟悉混合动力汽车整车动力控制系统故障分类。

（二）技能目标

1. 熟练使用故障诊断仪，读取并分析整车动力控制系统故障码及数据。

2. 学会查阅维修手册、电路图，规范检测与排除整车动力控制系统故障。

（三）素养目标

具备分析和解决问题时查阅资料、处理信息、独立思考的能力。

三、知识储备

比亚迪秦 PLUS DM-i 整车控制系统（图 3-3-1）主要由整车控制单元 VCU、

混合动力控制单元 HV ECU、发动机控制单元 PCU、电机控制器、车载充电机、电池管理器、高压电缆、驾驶员操纵传感器、数据总线、漏电监测装置、高压互锁系统、低压辅助电源、DC/DC 转换器以及电器辅助系统等组成。整车控制系统常见故障如下。

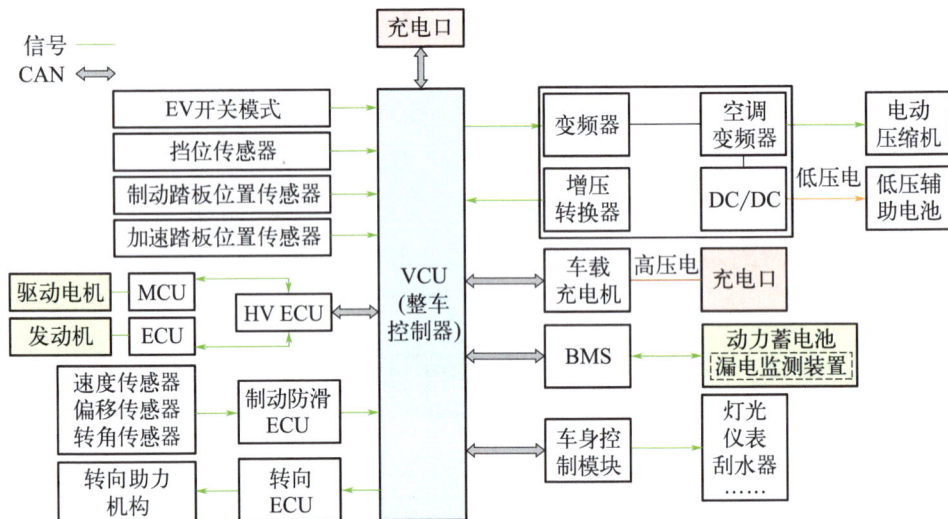

图 3-3-1　比亚迪秦 PLUS DM-i 整车控制系统组成

1. 提速变慢故障

提速变慢故障常见故障类型及排除方法如表 3-3-1 所示。

表 3-3-1　提速变慢故障常见故障类型及排除方法

故障类型	故障排除方法
加速踏板位置传感器故障	（1）先读取高压电控总成（电机控制器）故障码，再读取加速踏板位置传感器深度数据流，若所测深度与实际踩踏深度数值不符合维修手册要求，则需要更换加速踏板位置传感器 （2）测量加速踏板位置传感器信号电压是否正常，若异常，则更换加速踏板位置传感器
制动踏板位置传感器故障	（1）先读取高压电控总成（电机控制器）故障码，再读取制动踏板位置传感器深度数据流，若所测深度与实际踩踏深度数值不符合维修手册要求，则需要更换制动踏板位置传感器 （2）测量制动踏板位置传感器信号电压是否正常，若异常，则更换制动踏板位置传感器
电流传感器故障	先读取高压电控总成（电机控制器）故障码，再读取电流传感器数据流，然后使用钳形电流表测量直流正极线束电流并与数据流对比，若两者数值相差较大，则需要更换电流传感器
车辆底盘故障	检查车辆传动系统、制动系统是否出现抱死现象，若有则修复对应部件或更换

（1）故障现象　在纯电模式驱动时提速慢，下坡制动时车辆减速慢，仪表显示能量回收电量极少。车辆充电时充电指示灯正常，仪表显示屏上提示

如图 3-3-2 所示。

（2）故障原因

❶ 充电桩故障。

❷ 随车充电器故障。

❸ 电流传感器故障。

（3）故障检查方法

视频精讲

图 3-3-2　仪表提示信息

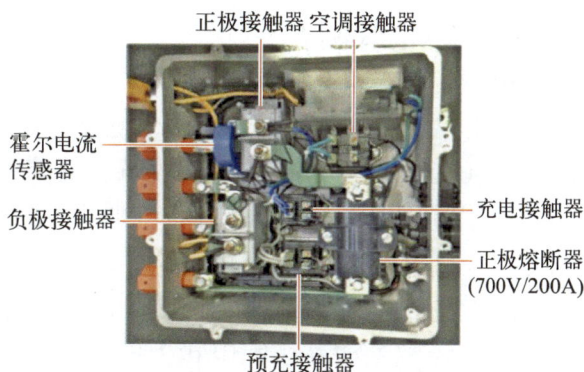

更换充电桩进行充电，发现充电功率仍然很小，证明不是充电桩引起的故障。

检查随车充电器外观和接线，发现没有任何异常，利用正常同类车的随车充电器更换后充电，该车充电功率极小的状况仍然没有改变。

检测的充电功率只为 0.4kW，而正常充电的功率应为 3.3kW。检测随车充电器的输出电压为 508V，与该车动力电池的基础电压 500 ～ 550V 十分接近。但检测到的动态输出电流仅为 0.9A，正常充电电流应在 15A 左右，两者相差过大。

发现无论是放电、充电或回收电能，高压电的正极电流均要经过电流传感器，初步判断电流传感器故障。

电流传感器装在高压配电箱内（图 3-3-3），更换霍尔电流传感器后经试车检测，车辆故障现象消失，该车加速性能恢复，充电功率也恢复到 3.3kW。

图 3-3-3　比亚迪秦 DM-i
高压配电箱内部结构

2.高压互锁故障

高压互锁常见故障类型及排除方法如表 3-3-2 所示。

（1）故障现象　上 OK 电后发动机可以启动，但无法使用 EV 模式，同时仪表报故障（EV 功能受限），经初步检查发现高压没上电，同时高压故障报警灯点亮。

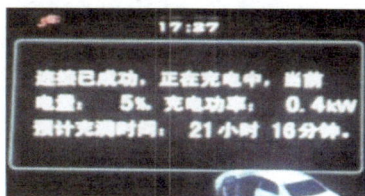

表 3-3-2　高压互锁常见故障类型及排除方法

故障类型	故障排除方法
电机控制器与 DC 故障	（1）确认低压、高压线束接插是否存在异常 （2）测量电机控制器与 DC 低压接插件高压互锁线路是否导通，若不导通，则修复对应元件、线路或进行更换
电池管理器故障	（1）确认低压线束接插是否存在异常 （2）测量电池管理器接插件高压互锁线路是否导通，若不导通，则修复对应元件、线路或进行更换
高压配电箱故障	（1）确认低压、高压线束接插是否存在异常 （2）测量高压配电箱接插件高压互锁线路是否导通，若不导通，则修复对应元件、线路或进行更换

续表

故障类型	故障排除方法
维修开关故障	（1）确认紧急维修开关接插是否存在异常 （2）测量紧急维修开关接插件高压互锁线路是否导通，若不导通，则修复对应元件、线路或进行更换
高压互锁线路插头虚接故障	先测量低压蓄电池电压是否为 12 ~ 14V，再检查高压互锁回路线束是否接插良好
高压互锁线路对地 / 电源短路故障	测量整个高压互锁回路线路是否对地 / 电源短路，如短路，则依次测量（电机控制器与 DC、电池管理器、高压配电箱、紧急维修开关）低压接插件高压互锁线路，确定最终对地 / 电源短路位置，最后修复对应元件、线路或进行更换

（2）故障原因

❶ 整车控制单元故障。

❷ BMS 故障。

❸ 高压电缆故障。

❹ 高压互锁系统故障。

（3）故障检查方法　使用诊断仪进入系统读取故障码，读到 BMS 报故障码 P1A6000，内容为高压互锁故障，故障码无法清除。

使用万用表测量动力电池控制模块高压互锁端子之间的电阻，测得阻值为无穷大，确认互锁回路存在开路。

测量高压配电箱高压互锁端子之间的电阻，电阻小于 1Ω，正常。

逐个轻微晃动高压配电箱上的高压互锁插头，测量没有开路现象，说明高压配电箱互锁端子没有开路或者偶发性开路情况。

电机控制器与 DC 总成无法直接测量，可以采用排除法，先测量维修开关高压互锁端子之间的电阻，电阻小于 1Ω，正常。

拔下动力电池高压线束，检查互锁针脚，确认存在退针现象，重新处理互锁插头，故障排除。

3.因 HV ECU 模块供电异常导致失去通信的故障

（1）故障现象　HV ECU 不通信，混合动力故障指示灯点亮，且车辆不能正常启动。

（2）故障原因

❶ 熔丝熔断。

❷ 线束断路。

（3）诊断关键步骤

比亚迪秦 DM-i HV ECU 控制电路如图 3-3-4 所示。

❶ 检查 HV ECU 连接器是否有松动、损坏。

❷ 检查 20A 熔丝。

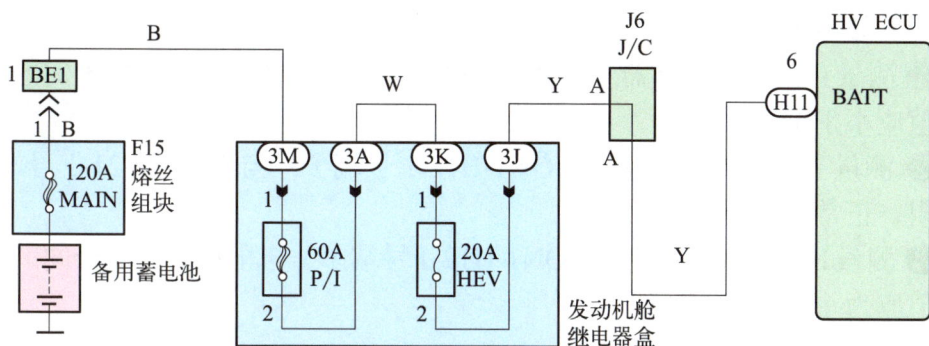

图 3-3-4　比亚迪秦 DM-i HV ECU 控制电路

❸ 检查 HV ECU（H11-6 号端子）- 蓄电池的连接器及线束导通情况，正常值应小于 1Ω。

❹ 检查线束侧连接器间的电阻，正常值应小于 1Ω。

❺ 检查 HV ECU（H11-6 号端子）-HEV 熔丝的连接器及线束，正常值应为 10kΩ 或更大。

如以上检查均正常，则需要更换 HV ECU 模块。

4.混合动力接触器断开的故障

（1）故障现象　仪表提示 HV 蓄电池故障，车辆不能启动。

（2）故障原因　SMR（系统主继电器）根据 HV

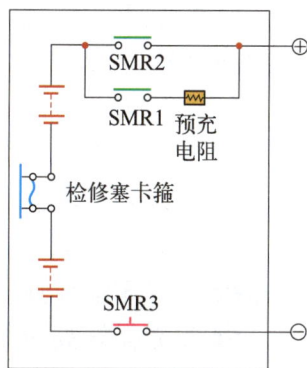

图 3-3-5　比亚迪秦 DM-i SMR 原理

ECU 发出的请求连接或断开高压电源供电电路，为确保可靠的操作，它们由三个继电器组成（负极侧一个，正极侧两个），如图 3-3-5 所示。

连接时，SMR1 和 SMR3 先打开开关，接着 SMR2 打开及 SMR1 关闭，这个过程通过限制所允许流过电阻的额定电流值使电路免受高压大电流的冲击，断开时，SMR2 和 SMR3 依次关闭，HV ECU 检查继电器是否关闭，如图 3-3-6 所示。

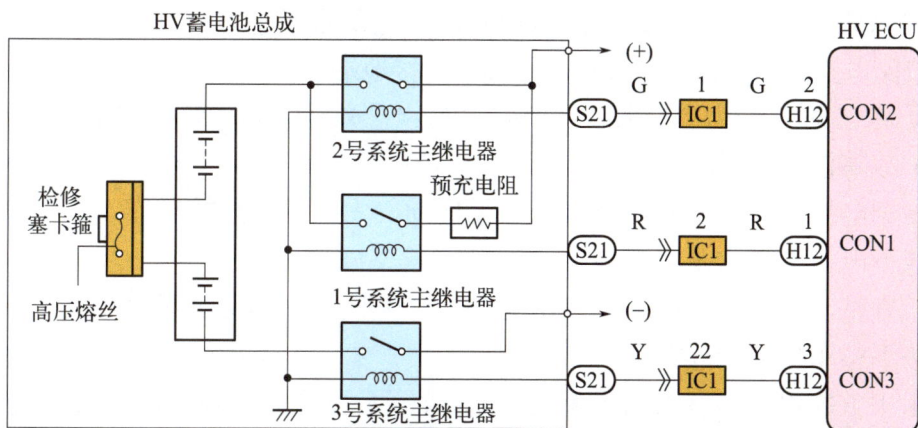

图 3-3-6　比亚迪秦 DM-i SMR 控制电路

（3）诊断关键步骤

❶ 测量 HV ECU 连接器（CON1-H12-1 号端子）与车身搭铁端子间的电压，正常值应小于 1V。

❷ 测量 HV ECU 连接器（CON1-H12-1 号端子）与 CON1-S21-1 号端子间的电阻，正常值应小于 1Ω。

❸ 测量 HV ECU 连接器（CON1-H12-1 号端子）与车身搭铁端子间的电阻，正常值应为 10kΩ 或更大。

四、任务实施

以 2022 年款比亚迪秦 PLUS DM-i 混合动力汽车（尊贵型）整车控制器水泵驱动故障为例。

1.操作准备

❶ 做好新能源汽车维修场地安全隔离防护措施。

❷ 备好新能源汽车检测维修所需工量具及仪器设备。

❸ 做好高压电安全个人防护。

❹ 做好车辆作业防护。

❺ 按需做好高压维修断电操作。

扫一扫

视频精讲

2.故障现象

车辆正常上电，挂挡行驶一段时间后，组合仪表上的"电机过热警告灯"点亮，电机功效受限。

3.故障检查及分析

（1）故障检查　使用诊断仪读取故障码为 P1D6300，含义为整车控制器水泵驱动故障。

读取冷却液温度为 110℃，对电控冷却水泵使用动作测试，电控冷却水泵不能正常工作，说明电控冷却水泵或线路存在故障。

（2）故障分析　通过动作测试可知电控冷却水泵正常。

查阅电路图，电控冷却水泵 1 号端子为接地端子，2 号端子为冷却水泵 PWM 信号反馈，3 号端子为冷却水泵 PWM 控制，4 号端子为电源线，如图 3-3-7 所示。

4.故障诊断与排除

检查电控冷却水泵连接器，确认无松动、无损坏，连接牢靠。

拔下电控冷却水泵连接器。

检查整车控制器连接器，确认无松动、无损坏，连接牢靠。

拔下整车控制器连接器。

由于 IG3 继电器集成在机舱熔断器内，无法单独检查，可通过检查 UF24（10A）电控冷却水泵熔丝电源电压来确定 IG3 继电器是否正常。

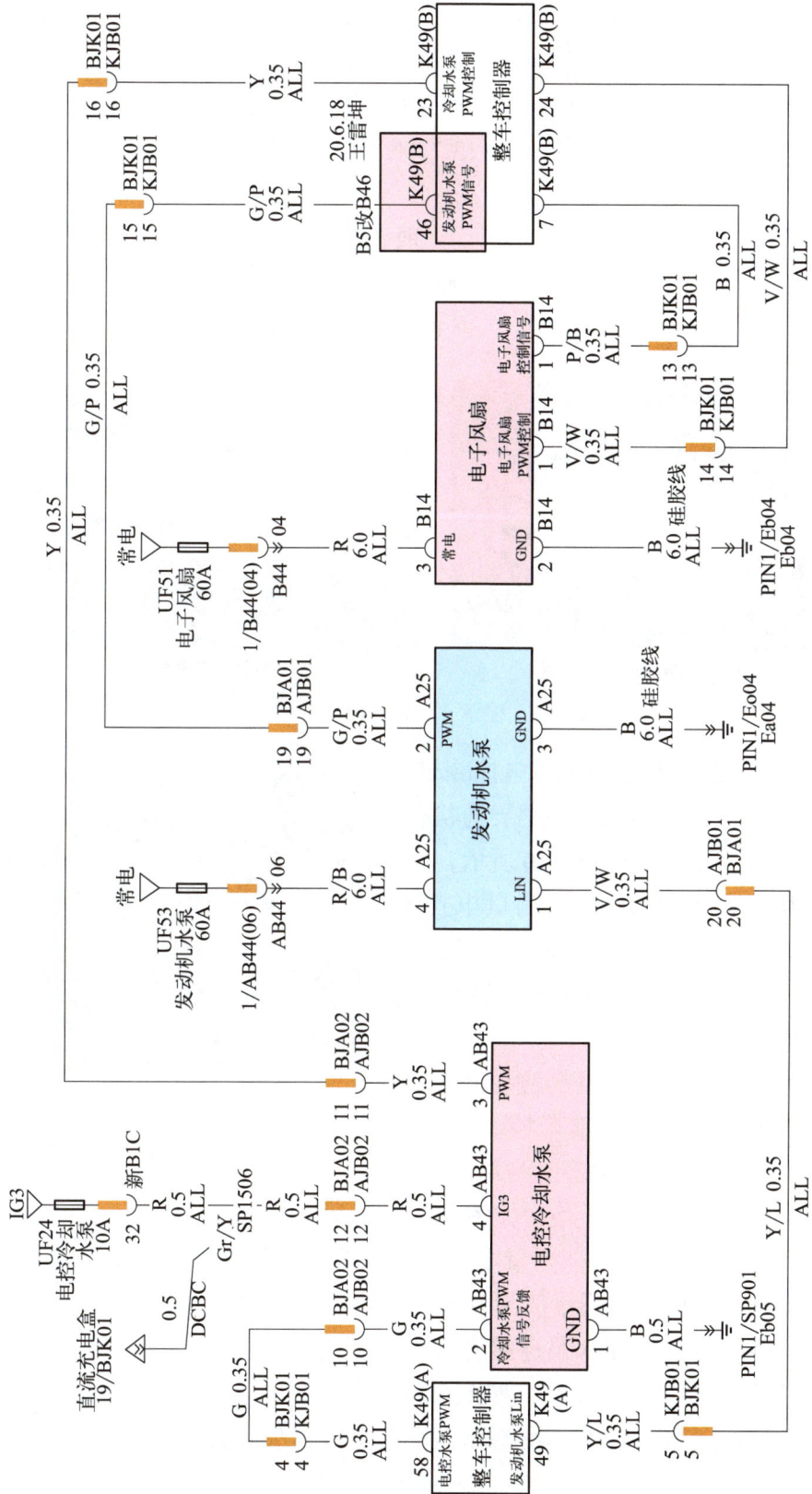

图 3-3-7 电控冷却水泵电路

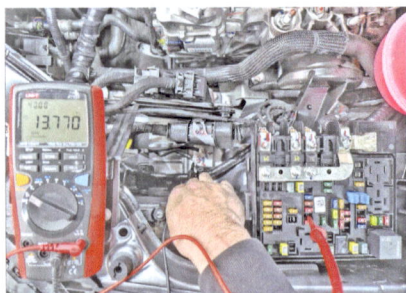

图 3-3-8　检查 UF24（10A）
电控冷却水泵熔丝

车辆上 IG 电，将万用表旋至电压挡，红表笔连接 UF24（10A）电控冷却水泵熔丝端子，黑表笔连接车身搭铁，测量值为 13.77V，说明 IG3 继电器正常，如图 3-3-8 所示。

取下 UF24（10A）熔丝，使用万用表 200Ω 电阻挡测量，结果为导通，正常。经检查 UF24（10A）熔丝正常，如图 3-3-9 所示。

(a) UF24(10A)熔丝位置

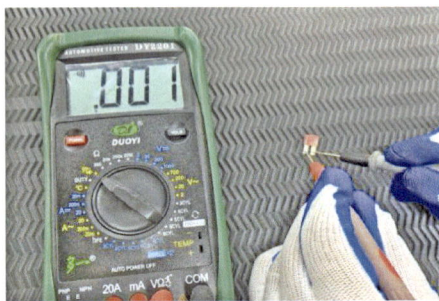

(b) 熔丝测量值

图 3-3-9　检查 UF24（10A）熔丝

使用万用表 200Ω 电阻挡测量电控冷却水泵连接器 1 号端子至车身搭铁线路导通状态，测量值为 0.3Ω，正常，如图 3-3-10 所示。

使用万用表 200Ω 电阻挡测量电控冷却水泵连接器 2 号端子至整车控制器 K49（A）58 号端子线路导通状态，测量值为 0.9Ω，正常。如图 3-3-11 所示。

使用万用表 200Ω 电阻挡测量电控冷却水泵连接器 3 号端子至整车控制器 K49（B）23 号端子线路导通状态，测量值为无

图 3-3-10　测量电控冷却水泵连接器
1 号端子至车身搭铁线路

限大，异常，该线路存在断路，如图 3-3-12 所示。

使用万用表 200Ω 电阻挡测量电控冷却水泵连接器 4 号端子至 UF24（10A）熔丝端子线路导通状态，测量值为 0.4Ω，正常，图 3-3-13 所示。

找到并修复电控冷却水泵连接器 3 号端子至整车控制器 K49（B）23 号端子线路，测量值为 0.2Ω，正常，如图 3-3-14 所示。

复原车辆，试车，车辆行驶 5km，一切正常，故障排除。

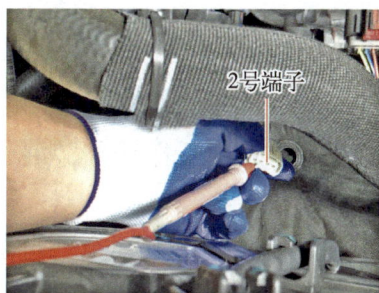

(a) 电控冷却水泵连接器2号端子　　　　(b) 整车控制器K49(A)58号端子

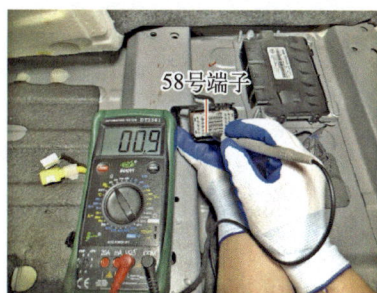

图 3-3-11　测量电控冷却水泵连接器 2 号端子至整车控制器 K49（A）58 号端子

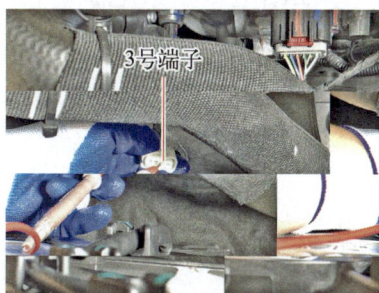

(a) 电控冷却水泵连接器3号端子　　　　(b) 整车控制器K49(B)23号端子

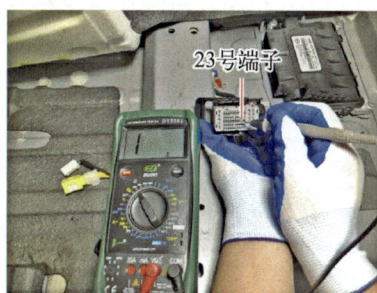

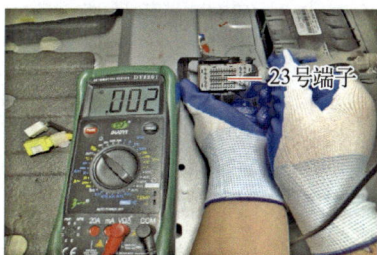

图 3-3-12　测量电控冷却水泵连接器 3 号端子至整车控制器 K49（B）23 号端子

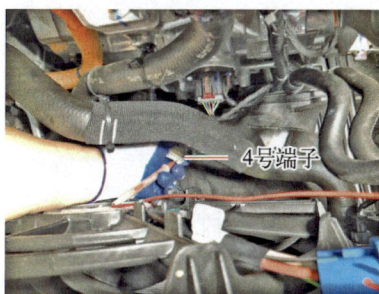

(a) 电控冷却水泵连接器4号端子　　　　(b) UF24(10A)熔丝端子

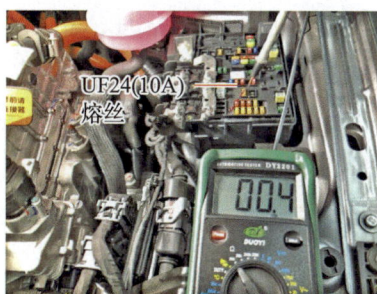

图 3-3-13　测量电控冷却水泵连接器 4 号端子至 UF24（10A）熔丝端子

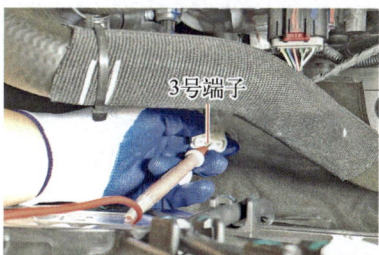

(a) 电控冷却水泵连接器3号端子　　　　(b) 整车控制器K49(B)23号端子

图 3-3-14　测量电控冷却水泵连接器 3 号端子至整车控制器 K49（B）23 号端子

5.清洁整理

❶ 收起车辆防护用品、收纳万用表及个人防护装置。

❷ 清洁场地，锁好车辆。

五、"岗课赛证"融通

※ 岗位任务：对接新能源汽车机电维修岗位典型工作任务"混合动力汽车整车动力控制系统故障排除"。

※ 职业证书：对接技能等级证书"新能源汽车电子电气空调舒适技术（中级）"模块技能要求"控制模块的检测维修""新能源汽车电路诊断分析"。

※ 技能竞赛：对接竞赛技能要点的前期准备，安全检查，仪器连接，故障症状确认，目视检查，读取故障码与数据流，高压断电，非带电状态检测验证，混合动力汽车整车动力控制系统的元器件测量与机械拆装，故障点确认和排除。

六、课后习题

（一）判断题

1. 测量加速踏板位置传感器信号电压正常，可更换加速踏板位置传感器。（　　）

2. 测量制动踏板位置传感器信号电压是否正常，若异常则更换制动踏板位置传感器。（　　）

3. 怀疑充电桩出现故障时，可尝试更换充电桩验证。（　　）

4. 电流传感器装在高压配电箱内。（　　）

5. 高压互锁设置在低压线束连接器内。（　　）

（二）单选题

1. 以下哪个不属于比亚迪秦 PLUS DM-i 整车控制系统？（　　）

A. 整车控制单元 VCU　　　　　　B. 混合动力控制单元 HV ECU

C. 数据总线　　　　　　　　　　D. 车身控制单元

2. 以下不属于混合动力汽车提速慢故障的是（　　）。

A. 加速踏板位置传感器故障　　　B. 制动踏板位置传感器故障

C. 电流传感器故障　　　　　　　D. 动力电池故障

3. 以下哪个会引起高压互锁故障？（　　）

A. 电机控制器与 DC 故障　　　　B. 高压配电箱故障

C. 电动水泵故障　　　　　　　　D. 维修开关故障

4. 混合动力汽车 HV ECU 模块供电异常不需要检查的是（　　）。

A. 动力电池　　　B. 熔丝　　　C. 线束　　　D. HV ECU 模块

5. 比亚迪秦 PLUS DM-i 电控冷却水泵 1 号端子是（　　）。

A. PWM 信号反馈线　　　　　　B. 接地线

C. 电源线　　　　　　　　　　D. PWM 控制线

项目四
新能源汽车底盘电控系统检测与维修

项目引入

新能源汽车销量

2025 年 1 月份，研究机构 EVTank 联合伊维经济研究院共同发布了《中国新能源汽车行业发展白皮书（2025 年）》。EVTank 数据显示，2024 年全球新能源汽车销量达到 1823.6 万辆，同比增长 24.4%。2024 年中国新能源汽车销量达到 1286.6 万辆，同比增长 35.5%，占全球销量比重由 64.8% 提升至 70.5%。欧洲和美国 2024 年全年新能源汽车销量分别为 289.0 万辆和 157.3 万辆，同比增速分别为 2.0% 和 7.2%。展望未来，EVTank 预计 2025 年全球新能源汽车销量将达到 2239.7 万辆，其中中国将达到 1649.7 万辆，2030 年全球新能源汽车销量有望达到 4405.0 万辆。

讨论交流 中国的新能源汽车在国际上占有较大的优势，离不开国内车企潜心研发的核心技术与创新能力，请列举你所知的国内新能源汽车品牌。

任务一　新能源汽车电控制动系统检测与维修

一、任务引入

　　一辆 2022 年款比亚迪秦 PLUS DM-i 混合动力汽车（尊贵型），据客户反映，在行车制动时，出现制动踏板没有助力、踩不动的故障。根据客户描述的故障现象，维修顾问将车辆交给技师对其进行故障诊断与维修。

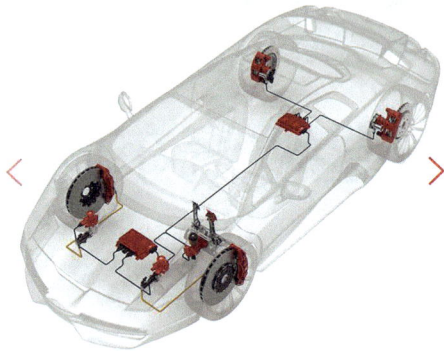

二、学习目标

（一）知识目标

　　1. 熟悉新能源汽车电控制动系统故障诊断与排除方法。

　　2. 熟悉新能源汽车电控制动系统检测的流程。

（二）技能目标

　　1. 熟练使用故障诊断仪，读取并分析电控制动系统故障码及数据。

　　2. 学会查阅维修手册、电路图，规范检测与排除电控制动系统故障。

（三）素养目标

　　1. 具备良好的沟通能力、团结协作能力和创新能力。

　　2. 具备爱岗敬业、诚实守信的职业素养，以及精益求精的工匠精神。

三、知识储备

　　比亚迪集成制动控制系统（IPB）是一种先进的解耦式电液制动系统，集成了真空助力器、电子真空泵及 ABS/EPS 等功能。IPB 可以按照驾驶员的制动需求，"按需"为车辆制动提供助力，并能提供 ABS（防抱死制动系统）、EBD（电子制动力分配）、TCS（牵引力控制系统）、VDC（车身动态控制）、CCST（连续可调悬挂系统技术）、HHC（坡道起步辅助）、HBA（液压制动辅助）、CDP（针对驻车制动的减速度控制）等高级控制功能，提高车辆稳定性和舒适性，增强制动能量回收效率，如图 4-1-1 所示。

（一）电动真空助力系统故障分析

　　电动真空助力系统是新能源汽车，特别是纯电动汽车制动系统的重要组成部分。

　　电动真空助力系统中某个真空管路发生空气泄漏，真空罐压力传感器检测到真空度不足，就会发送信号给控制器，控制真空泵工作。如果真空度一直不足，理论上真空泵会一直工作，但设计人员一般设置成持续工作 5s 之后即自动停止，防止真空泵过热。此时如果踩下制动踏板，VCU（整车控制器）检测到真空罐压力不足 55kPa，就会发出报警信号，若 8s 后真空度仍未恢复到 55kPa 以上，则给 MCU（驱动电机控制器）发送信号，将车速限制在 9km/h。

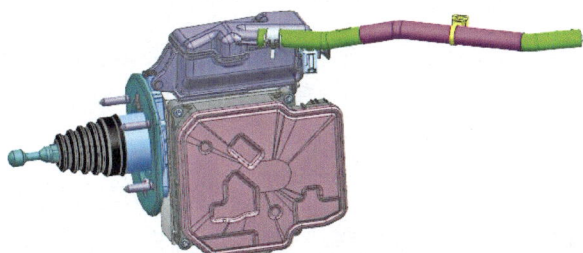

(a) 制动控制系统(IPB)

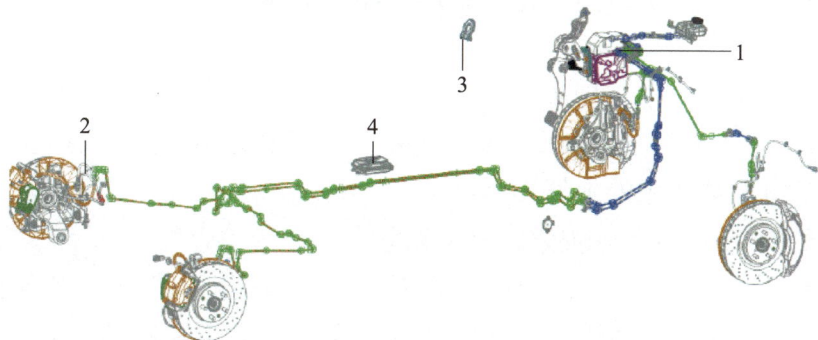

扫一扫

视频精讲

(b) 结构

1—带电控单元的 IPB 总成；2—轮速传感器；3—方向盘转角传感器（集成到 EPS 模块，已取消独立传感器）；4—偏航率传感器

图 4-1-1　制动控制系统（IPB）系统构成

12V 直流常电接通后，真空泵控制器发送信号让真空泵开始工作，真空罐压力达到 55kPa 以上时，真空罐压力传感器闭合，发出高电平信号到真空泵控制器和 VCU，真空泵控制器的时间模块延时 10s，真空泵停止工作。等真空度下降到 55kPa 以下，真空罐压力传感器断开，发出低电平信号给真空泵控制器和 VCU，真空泵控制器收到信号后，控制真空泵再次开始工作，如此循环，如图 4-1-2 所示。

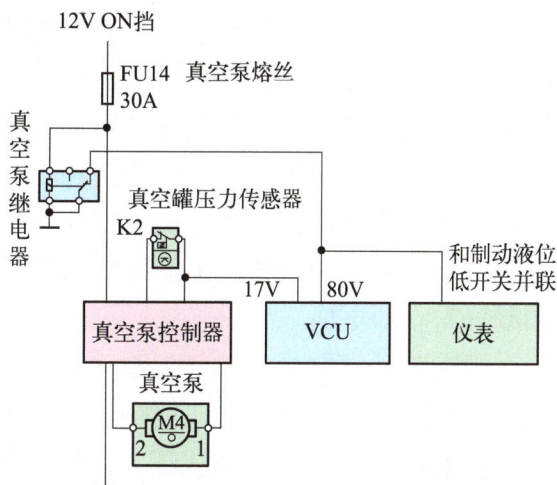

图 4-1-2　电动真空助力系统电路

1.真空泵电机不转

连接电源后真空泵电机不转，应检查熔丝是否熔断。若熔断，则检查线路是否短路、控制器是否损坏、电机是否烧毁短路；若没熔断，则检查蓄电池是否亏电、线路是否断路、控制器是否损坏。

2.真空泵电机不停转

真空度抽至上限设定值时真空泵电机不停转的故障，应检查开关触点是否短路常开，若开关正常，则表明电子延时模块损坏，应更换。

3.压力开关不能正常开启和断开

压力开关不能正常开启和断开的故障，首先检查压力开关触点是否污损、锈蚀，或者接触不良，如有上述现象，则清洁触点或更换压力开关；其次检查连接线是否折断或插头连接处是否脱焊。如有上述现象，应更换连接线。

4.真空泵机壳带电

真空泵的机壳带电，应检查电源线是否接错，将壳体与电源的正极连接在一起，若是应立即纠正此错误连接。此外，检查电源插座的地线是否真实与地连接，应把电源插座中的地线连接好。

5.电动真空助力系统的故障诊断流程

（1）制动真空泵、控制器的功能检测　车辆静止状态下打开钥匙开关（ON挡），完全踩下制动踏板，踩踏3次。真空泵应正常启动，当真空度到达设定值时，电机应停止工作。

制动真空泵运转5min后（反复踩踏制动踏板至真空泵连续运转几次），观察真空泵有无异响、异味及真空泵控制器接插件和连接线有无变形发热。如果真空泵出现异响、异味，有可能是真空泵内部严重磨损造成的。

制动系统正常工作时，制动踏板踩下后会造成真空管路的真空度降低（绝对压力提高）。由于真空泵会保持真空度在50～70kPa，当整车控制器接收到真空压力传感器信号时，判断此时压力不在保持压力范围内，则会自动启动真空泵运转。如果可听到真空泵运转的"嗡嗡"声，并在3～4s停止运转，可判断系统一切正常；反之，初步判断系统工作不正常。

（2）管路接头检测　在制动真空泵工作时，检查连接软管有无漏气现象，如漏气需立即更换。

检查制动真空泵与软管、制动真空罐与软管等各气管连接处有无破损或泄漏，如有破损或泄漏需立即更换。

注意：不能扭曲制动软管，在最大转向角度时制动软管不得接触到其他汽车零部件。

需要注意的是，如果制动管路存在泄漏或损坏的情况，可能导致制动效果不明显，甚至制动失灵，所以务必排除发现的故障。

（3）读取故障码及数据流　通过故障诊断仪读取故障码和系统的数据流，根据具体数值判断系统可能出现的故障原因（图4-1-3和图4-1-4）。如真空泵的使能状态、真空泵的工作电流或真空系统压力值等。

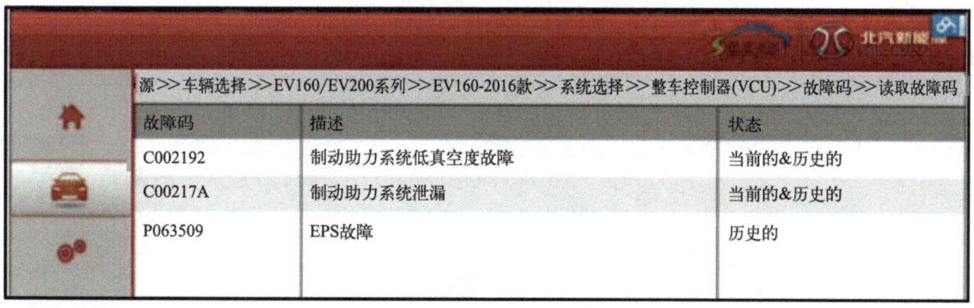

故障码	描述	状态
C002192	制动助力系统低真空度故障	当前的&历史的
C00217A	制动助力系统泄漏	当前的&历史的
P063509	EPS故障	历史的

源>>车辆选择>>EV160/EV200系列>>EV160-2016款>>系统选择>>整车控制器(VCU)>>故障码>>读取故障码

图 4-1-3　故障码

名称	当前值	单位
真空泵使能状态	未使能	
真空泵工作电流	0	A
真空压力	69	kPa

北汽新能源>>车辆选择>>EV160/EV200系列>>EV160-2016款>>系统选择>>整车控制器(VCU)>>数据流

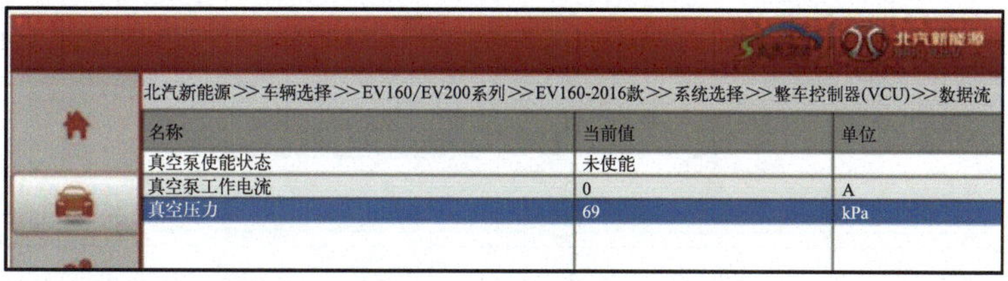

图 4-1-4　数据流

（4）检查电路　检查真空泵主电源熔丝是否熔断。

测量 VCU 控制器与真空压力传感器连接的信号端子，判断真空压力传感器的电源、接地及数据线的通断情况。

测量电动真空泵的接线端子，判断真空泵电源及接地是否正常。需要特别注意的是，真空泵电机的电源电压为 14V 左右，而不是传统燃油车的 12V。此外需要对真空泵接地点的接地性能进行测量。

电气系统或真空泵等故障排除后，一定要进行常规的制动系统检查。除对制动盘和制动摩擦片等进行检查外，还需要对真空助力制动管路及连接插头进行重点检查。最后在车辆故障排除后，仪表显示"READY"，表示车辆完全恢复正常。

（二）集成制动控制系统（IPB）故障分析

1. IPB故障车辆处理流程

检查流程如图 4-1-5 所示。

车辆进入维修店后应收集以下几方面的信息。

❶ 故障发生前后是如何操作的。

❷ 故障时是否有文字提示或故障灯点亮。

❸ 故障的发生频率如何，是否在重新上电点火后恢复。

建立诊断并分析诊断结果。

❶ VDS 连接 OBD 诊断口。

❷ 车辆上电自检结束。

❸ 建立通信，读取并存储故障码。

❹ 分析故障码是当前故障还是历史故障。

❺ 根据故障码查询解决措施。

进入维修厂 → 收集问题反馈 → 连接OBD接口建立诊断 → 读取历史故障和当前故障 → 分析并排除故障

图 4-1-5　检查流程

2. IPB故障处理措施

当 IPB 系统发生故障时，使用诊断仪读取故障码，如表 4-1-1 所示。

表 4-1-1　IPB 故障处理措施

故障描述	故障设置条件	故障分析	故障排除流程
IPB 非正常工作	IPB 接收到持续工作的指令（大于10s）	（1）轮速差过大 （2）传感器信号有误 （3）方向盘转角传感器、横摆角速度传感器信号异常	（1）检查轮速传感器与齿圈间隙是否正常，有无异物，电气连接是否正常。之后检查故障是否排除，若未排除则进入第（2）步 （2）检查方向盘转角传感器与偏航率传感器的安装，故障是否排除（由于方向盘转角传感器已经集成到 EPS 里，标定方向盘转角传感器需要进入 EPS 模块标定），若未排除则进入第（3）步 （3）对 IPB 做交叉验证，如确认 ECU 损坏，则更换 IPB
偏航率传感器（外置传感器）故障	（1）偏航率传感器未标定 （2）偏航率传感器信号异常 （3）偏航率传感器故障	（1）传感器未标定 （2）传感器线路短路或断路 （3）传感器安装误差过大 （4）传感器损坏	（1）对偏航率传感器（集成传感器）进行标定，检查故障是否排除，若未排除则进入第（2）步 （2）检查偏航率传感器线束（集成传感器忽略此步），检查故障是否排除，若未排除则进入第（3）步 （3）重新安装偏航率传感器模块，并进行标定，检查故障是否排除，若未排除则进入第（4）步 （4）对偏航率传感器 /IPB 进行交叉验证（需要重新标定），如确认 ECU 损坏，则更换 IPB
IPB 未退出运输模式	IPB 未退出运输模式	IPB 未退出运输模式	使用诊断仪退出运输模式

故障描述	故障设置条件	故障分析	故障排除流程
IPB 液压单元错误	车辆实际压力数值与设定压力偏离超出设定范围	（1）制动管路里混入空气 （2）IPB 内部压力传感器故障 （3）CAN 总线线路故障	（1）诊断 CAN 总线硬件与软件，检查是否发现故障并排除，若未发现则进入第（2）步 （2）对 IPB 做下线排气操作，确保刹车管路与 IPB 内无残留空气。下线排气后重新点火
CAN 总线故障	车辆 CAN 总线通信、配置信息、线路故障	（1）CAN 控制器故障 （2）CAN 配置信息不匹配 （3）CAN 总线线路故障	（1）诊断 CAN 总线硬件与软件，检查是否发现故障并排除，若未发现则进入第（2）步 （2）对 IPB 做交叉验证，如确认 ECU 损坏，则更换 IPB
ADAS 节点通信故障	（1）ADAS 报文超时 （2）ADAS 报文出错	（1）CAN 总线线路故障 （2）ADAS 软件版本不匹配 （3）ADAS 模块损坏	（1）诊断 CAN 总线硬件与软件，检查是否发现故障并排除，若未发现则进入第（2）步 （2）诊断 ADAS 版本信息，检查是否发现故障并排除，若未发现则进入第（3）步 （3）对 ADAS 做交叉验证，如确认 ADAS 模块损坏，则更换 ADAS 模块
EMS 通信故障	（1）EMS 报文超时 （2）EMS 报文出错	（1）CAN 总线线路故障 （2）EMS 软件版本不匹配 （3）EMS 损坏	（1）诊断 CAN 总线硬件与软件，检查是否发现故障并排除，若未发现则进入第（2）步 （2）诊断 EMS 版本信息，检查是否发现故障并排除，若未发现则进入第（3）步 （3）对 EMS 做交叉验证，如确认 EMS 损坏，则更换 EMS
EPB 通信故障	（1）EPB 报文超时 （2）EPB 报文出错	（1）CAN 总线线路故障 （2）EPB 软件版本不匹配 （3）EPB 损坏	（1）诊断 CAN 总线硬件与软件，检查是否发现故障并排除，若未发现则进入第（2）步 （2）诊断 EPB 版本信息，检查是否发现故障并排除，若未发现则进入第（3）步 （3）对 EPB 做交叉验证，如确认 EPB 损坏，则更换 EPB
前电机通信故障	（1）前电机报文超时 （2）前电机报文出错	（1）CAN 总线线路故障 （2）前电机软件版本不匹配 （3）前电机损坏	（1）诊断 CAN 总线硬件与软件，检查是否发现故障并排除，若未发现则进入第（2）步 （2）诊断前电机版本信息，检查是否发现故障并排除，若未发现则进入第（3）步 （3）对前电机做交叉验证，如确认前电机损坏，则更换前电机
车身控制器通信故障	（1）车身控制器报文超时 （2）车身控制器报文出错	（1）CAN 总线线路故障 （2）车身控制器软件版本不匹配 （3）车身控制器损坏	（1）诊断 CAN 总线硬件与软件，检查是否发现故障并排除，若未发现则进入第（2）步 （2）诊断车身控制器版本信息，检查是否发现故障并排除，若未发现则进入第（3）步 （3）对车身控制器做交叉验证，如确认车身控制器损坏，则更换车身控制器

故障描述	故障设置条件	故障分析	故障排除流程
能量回收信号错误	能量回收信号数值超出正常范围	（1）CAN 总线线路故障 （2）能量回收模块软件版本不匹配 （3）能量回收模块损坏	（1）诊断 CAN 总线硬件与软件，检查是否发现故障并排除，若未发现则进入第（2）步 （2）诊断能量回收模块版本信息，检查是否发现故障并排除，若未发现则进入第（3）步 （3）对能量回收模块做交叉验证，如确认能量回收模块损坏，则更换能量回收模块
雨刮 ECU 通信错误	（1）雨刮报文超时 （2）雨刮报文出错	（1）CAN 总线线路故障 （2）雨刮控制器软件版本不匹配 （3）雨刮控制器损坏	（1）诊断 CAN 总线硬件与软件，检查是否发现故障并排除，若未发现则进入第（2）步 （2）诊断雨刮控制器版本信息，检查是否发现故障并排除，若未发现则进入第（3）步 （3）对雨刮控制器做交叉验证，如确认雨刮控制器损坏，则更换雨刮控制器
方向盘转向角传感器通信故障	（1）方向盘转向角传感器报文超时 （2）方向盘转向角传感器报文出错	（1）CAN 总线线路故障 （2）方向盘转向角传感器软件版本不匹配 （3）方向盘转向角传感器损坏	（1）诊断 CAN 总线硬件与软件，检查是否发现故障并排除，若未发现则进入第（2）步 （2）诊断方向盘转向角传感器版本信息，检查是否发现故障并排除，若未发现则进入第（3）步 （3）对方向盘转向角传感器做交叉验证，如确认方向盘转向角传感器损坏，则更换方向盘转向角传感器
TCU 通信 /数值故障	（1）TCU 报文超时 （2）TCU 报文出错	（1）CAN 总线线路故障 （2）TCU 软件版本不匹配 （3）TCU 损坏	（1）诊断 CAN 总线硬件与软件，检查是否发现故障并排除，若未发现则进入第（2）步 （2）诊断 TCU 版本信息，检查是否发现故障并排除，若未发现则进入第（3）步 （3）对 TCU 做交叉验证，如确认 TCU 损坏，则更换 TCU 模块
ECU 故障	（1）ECU 供电故障 （2）ECU 损坏	（1）IPB 线束故障 （2）熔丝故障 （3）ECU 故障	（1）检查接插件、线束及接地线，检查是否发现故障并排除，若未发现则进入第（2）步 （2）对 IPB 做交叉验证，如确认 ECU 损坏，则更换 IPB
IPB 内部电机错误	（1）IPB 供电故障 （2）IPB 损坏	（1）IPB 线束故障 （2）熔丝故障 （3）IPB 故障	（1）检查接插件、线束及接地线，检查是否发现故障并排除，若未发现则进入第（2）步 （2）对 IPB 做交叉验证，如确认 IPB 损坏，则更换 IPB
IPB 液位传感器故障	（1）IPB 制动液壶液位过低 （2）IPB 制动液壶液位过高 （3）IPB 制动液壶液位传感器故障	（1）IPB 制动液壶液位错误 （2）IPB 制动液壶液位传感器故障	（1）检查接插件、线束及接地线，检查是否发现故障并排除，若未发现则进入第（2）步 （2）检查 IPB 制动液壶液位高度，检查是否在正常范围内，若不在则进入第（3）步 （3）对 IPB 制动液壶液位传感器做交叉验证，如确认液位传感器损坏，则更换液位传感器

故障描述	故障设置条件	故障分析	故障排除流程
IPB 内部硬件故障	（1）IPB 供电故障 （2）IPB 损坏	（1）IPB 线束故障 （2）熔丝故障 （3）ECU 故障	（1）检查接插件、线束及接地线，检查是否发现故障并排除，若未发现则进入第（2）步 （2）对 IPB 做交叉验证，如确认 ECU 损坏，则更换 IPB
IPB 内部压力传感器故障	（1）IPB 供电故障 （2）IPB 损坏	（1）IPB 线束故障 （2）熔丝故障 （3）ECU 故障	（1）检查接插件、线束及接地线，检查是否发现故障并排除，若未发现则进入第（2）步 （2）对 IPB 做交叉验证，如确认 ECU 损坏，则更换 IPB
电磁阀与阀组继电器故障	（1）阀供电故障（电源对地短路或地线开路） （2）电磁阀温度过高（过热保护） （3）5 个以上电磁阀短路（熔丝） （4）作动响应的电磁阀没有反馈 （5）电磁阀自身故障 （6）阀组继电器故障	（1）电磁阀对电源或地短路、线路开路 （2）熔丝故障 （3）系统过热保护 （4）IPB 损坏	（1）冷车 5min，看故障是否排除，若未排除则进入第（2）步 （2）测量接插件中电磁阀供电针脚电压，检查接插件、线束及接地线，检查是否发现故障并排除，若未发现则进入第（3）步 （3）对 IPB 做交叉验证，如确认 IPB 损坏，则更换 IPB。将车辆加速到 15km/h 后停车，再次诊断，确认故障不再现
轮速传感器线路故障	（1）ECU 检测到轮速传感器信号线对地短路 （2）轮速传感器线路断路	（1）轮速传感器线路断开，接插件松动、断裂 （2）轮速传感器信号线与电源线接反 （3）信号线对地短路 （4）空气间隙超出规范	（1）检查轮速传感器的接插是否完好，检查线束中轮速传感器线路是否开路、短路。检查是否发现故障并排除，若未发现则进入第（2）步 （2）对 IPB 做交叉验证，如确认 IPB 损坏，则更换 IPB。将车辆加速到 15km/h 后停车，再次诊断，确认故障不再现
IPB 供电故障	当 ECU 的供电电压满足以下条件之一，则产生此故障 （1）车辆刚开始上电时电压低于 4.5V （2）点火开关处于 ON 挡位置，电压低于 7.7V 或高于 16.8V （3）车速高于 6km/h，电压处于 7.7～9.2V 之间	（1）蓄电池电压过高或过低 （2）ECU 损坏	（1）测量接插件中 ECU 供电针脚电压，检查接插件、线束及接地线。检查是否发现故障并排除，若未发现则进入第（2）步 （2）对 IPB 做交叉验证，如确认 ECU 损坏，更换 IPB

续表

故障描述	故障设置条件	故障分析	故障排除流程
方向盘转向角传感器故障	（1）方向盘转向角传感器未标定或标定失败（没有找到中点） （2）方向盘转向角传感器信号异常 （3）方向盘转向角传感器信号中断 （4）方向盘转向角传感器 CAN 通信故障	（1）传感器未标定 （2）传感器线路短路或断路 （3）传感器损坏 （4）IPB 故障	（1）对方向盘转向角传感器进行标定，检查是否发现故障并排除，若未发现则进入第（2）步 （2）检查方向盘转向角传感器线束，检查故障是否排除，若未排除则进入第（3）步 （3）对方向盘转向角传感器进行交叉验证（更换方向盘转向角，传感器需要重新标定）

（三）制动系统常见故障

1. ABS 防抱死系统警告灯长亮故障诊断

ABS 防抱死系统警告灯长亮故障诊断如表 4-1-2 所示。

表 4-1-2　ABS 防抱死系统警告灯长亮故障诊断

故障现象	（1）在发动机启动后或汽车行驶中 ABS 故障警告灯一直亮着 （2）ABS 装置失去作用，汽车紧急制动时车轮会抱死 （3）汽车制动效能较差
故障原因	（1）制动主缸储液室内的制动液太少，液面高度太低 （2）制动系统管路中有空气 （3）车轮转速传感器损坏或线路有故障 （4）车轮转速传感器感应齿圈损坏或传感器与感应齿圈间隙之间有杂物 （5）电动回液泵继电器损坏或线路有故障 （6）电动回液泵电动机损坏或线路有故障 （7）二位二通电磁阀继电器损坏或线路有故障 （8）二位二通电磁阀损坏或线路有故障 （9）ABS 的 ECU 电源线路或搭铁线路有故障
诊断与排除	（1）检查制动主缸储液室内的液面高度，若太低，应加注制动液至正常液面高度 （2）进行故障自诊断，按照读取的故障码查找故障原因 （3）如果无法读取故障码，则可按 ABS 故障警告灯点亮的规律判断故障的大致范围：若打开点火开关后或发动机启动后 ABS 故障警告灯一直不熄灭，则可能是 ABS 的 ECU、电动回液泵、二位二通电磁阀损坏或其电源线路、搭铁线路有故障；若打开点火开关后或发动机启动后 ABS 故障警告灯能正常熄灭，但汽车行驶至 40km/h 时踩制动踏板后 ABS 故障警告灯又亮起，则通常是车轮转速传感器损坏或其线路有故障 （4）检测 ABS 的 ECU 电源线路。打开点火开关，对照所检修车型的 ABS 线路图，从 ABS 的 ECU 线束插头上检测与蓄电池正极及点火开关电源线路连接的各脚的电压，其值应等于蓄电池电压，否则说明熔丝或电源线路有故障，应予以修复 （5）检测 ABS 的 ECU 搭铁情况。对照线路图，从 ABS 的 ECU 线束插头上检测各搭铁端子与蓄电池负极之间的电阻，其值应为 0，否则说明搭铁不良，应予以修复 （6）检测电动回液泵继电器及其线路，若继电器有故障，应予以更换；若继电器的电源线路或与 ECU 连接的控制线路有故障，应予以修复

诊断与排除	（7）检测电动回液泵电动机及其线路。拆开制动压力调节器上盖，拔下电动回液泵继电器，打开点火开关，将继电器插座上连接继电器开关触点的2个端子用一根导线短接，使蓄电池电源直接施加在电动机上，此时应能听到电动回液泵电动机转动的声音，否则说明电动机或其线路有故障，应检修线路或更换制动压力调节器总成 （8）检测二位二通电磁阀继电器及其线路，如继电器有故障，应更换；如线路有故障，应予以修复 （9）检测二位二通电磁阀。拔下制动压力调节器线束连接器，对照所修车型的ABS线路图，在制动压力调节器线束插座上分别测量各个二位二通电磁阀的线圈电阻，其阻值应符合标准（一般为$0.8 \sim 1.5\Omega$）。如有异常，应更换制动压力调节器总成 （10）测量制动灯开关，在踩下制动踏板时，制动灯开关应闭合；未踩制动踏板时，制动灯开关应断开。如有异常，应更换制动灯开关 （11）检查各个车轮转速传感器，检查感应齿圈有无缺齿、齿圈与传感器之间有无杂物、齿圈与传感器之间的气隙是否正常。拔下传感器线束连接器，检测传感器电阻，其阻值应符合标准；转动车轮，同时用万用表测量传感器输出电压信号，如无信号输出，说明传感器有故障，应予以更换

2.制动效能不良故障诊断

制动效能不良故障诊断如表4-1-3所示。

表 4-1-3 制动效能不良故障诊断

故障现象	汽车行驶中制动时，制动减速度小，制动距离长
故障原因	（1）制动总泵有故障 （2）制动分泵有故障 （3）制动器有故障 （4）制动管路中渗入空气
诊断与排除	液压制动系统产生制动效能不良的原因，一般可根据制动踏板行程（俗称高、低）、踩制动踏板时的软硬感觉、踩下制动踏板后的稳定性以及踏板增高度来判断 （1）一般制动踏板高度太低，易导致制动效能不良。如连续两脚或几脚踩下制动踏板，制动踏板高度随之增高且制动效能好转，说明制动鼓与摩擦片或总泵活塞与推杆的间隙过大 （2）维持制动时，制动踏板的高度若缓慢或迅速下降，说明制动管路某处破裂、接头密闭不良或分泵皮碗密封不良，其回位弹簧过软或折断，或总泵皮碗、皮圈密封不良，回油阀及出油阀不良。可首先踩下制动踏板，观察有无制动液渗漏部位。若外部正常，则应检查分泵或总泵故障 （3）连续几脚踩下制动踏板时，制动踏板高度仍过低，且在第二脚踩下制动踏板后，感到总泵活塞未回位，踩下制动踏板即有总泵推杆与活塞碰击响声，是总泵皮碗破裂、回位弹簧太软 （4）连续几脚踩下制动踏板时，制动踏板高度稍有增高，并有弹性感，说明制动管路中渗入了空气 （5）连续几脚踩下制动踏板，制动踏板均被踩到底，并感到制动踏板毫无反力，说明总泵储液室内制动液严重亏损 （6）连续几脚踩下制动踏板时，制动踏板高度低而软，是总进油孔中储液室螺塞通气孔堵塞

3.制动突然失效故障诊断

制动突然失效故障诊断如表4-1-4所示。

表 4-1-4　制动突然失效故障诊断

故障现象	汽车在行驶中，一脚或连续几脚踩下制动踏板制动，制动踏板均被踩到底，制动突然失灵
故障原因	（1）总泵内无制动液 （2）总泵皮碗破损或踏翻 （3）分泵皮碗破损或踏翻 （4）制动管路严重破裂或接头脱节
诊断与排除	首先观察有无泄漏制动液处。如制动总泵推杆防尘套处制动液漏油严重，多属总泵皮碗踏翻或严重损坏。如某车轮制动鼓边缘有大量制动液，说明该轮分泵皮碗踏翻或严重损坏。管路渗漏制动液一般明显可见。若无渗漏制动液现象，则应检查总泵储液室内制动液是否充足

四、任务实施

以 2022 年款比亚迪秦 PLUS DM-i 混合动力汽车（尊贵型）IPB 电源故障为例。

1.操作准备

❶ 做好新能源汽车维修场地安全隔离防护措施。

❷ 备好新能源汽车检测维修所需工量具及仪器设备。

❸ 做好高压电安全个人防护。

❹ 做好车辆作业防护。

❺ 按需做好高压维修断电操作。

扫一扫

视频精讲

2.故障现象

比亚迪秦 PLUS DM-i，正常启动车辆时，出现制动踏板踩不动、无制动助力现象，仪表报制动系统故障。

3.故障检查及分析

（1）故障检查　使用诊断仪读取故障码为 P25C700，内容为"IPB 内部硬件故障"，如图 4-1-6 所示。

（2）故障分析　查阅维修手册得知，引起该故障的原因为 IPB 供电故障、IPB 损坏。

4.故障诊断与排除

根据电路图，查阅该车辆 IPB 的

图 4-1-6　读取故障码

电源线路，UR17 继电器控制多个模块的电源，如果出现故障会导致多个模块电源故障，所以排除 UR17 继电器故障，如图 4-1-7 和图 4-1-8 所示。

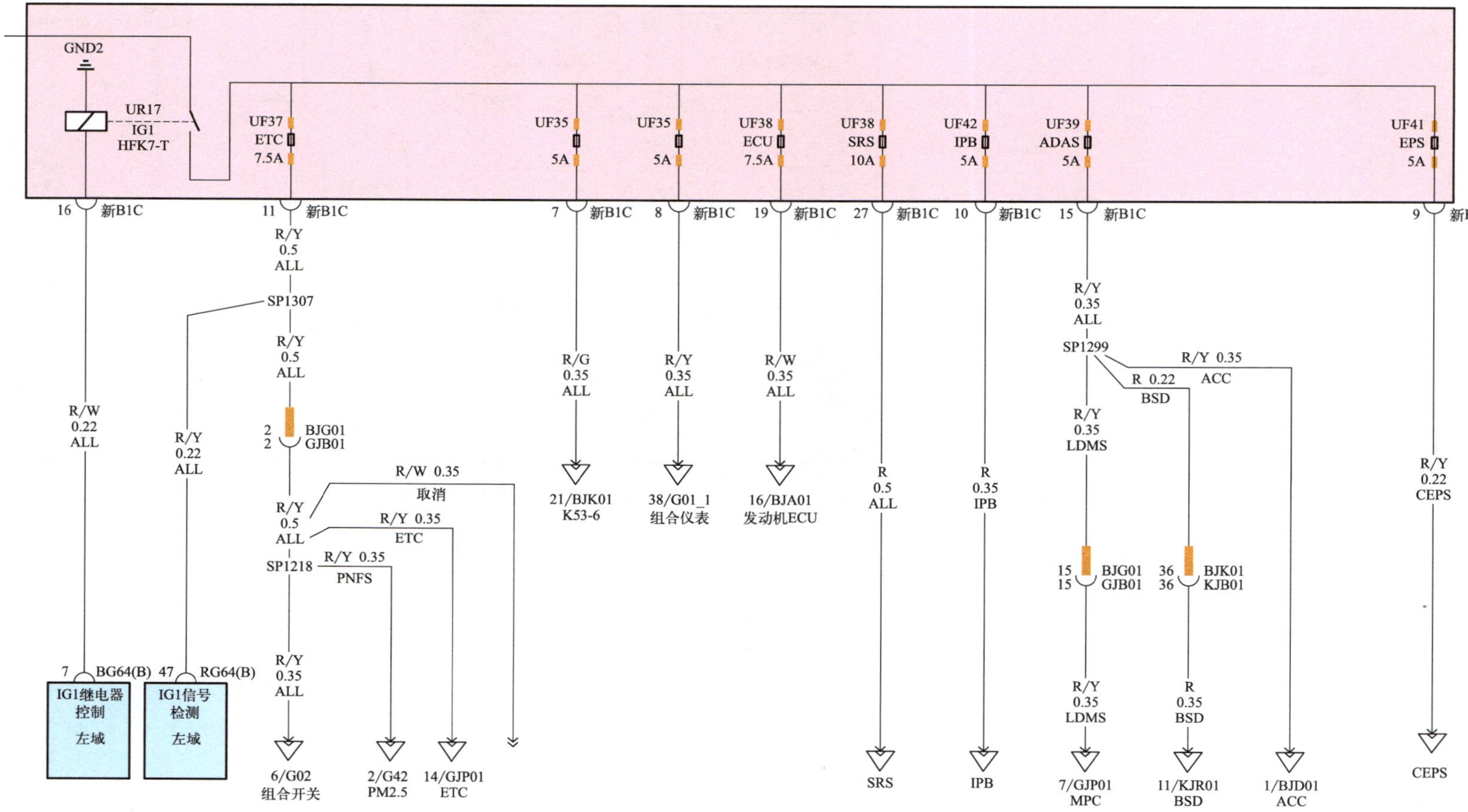
GND2
UR17
IG1
HFK7-T
UF37
ETC
7.5A
UF35
5A
UF35
5A
UF38
ECU
7.5A
UF38
SRS
10A
UF42
IPB
5A
UF39
ADAS
5A
UF41
EPS
5A
16 新B1C
11 新B1C
7 新B1C
8 新B1C
19 新B1C
27 新B1C
10 新B1C
15 新B1C
9 新B1C
R/W 0.22 ALL
R/Y 0.22 ALL
R/Y 0.5 ALL
SP1307
R/Y 0.5 ALL
2 BJG01
2 GJB01
R/W 0.35
取消
R/Y 0.5 ALL
R/Y 0.35
ETC
R/Y 0.35
PNFS
SP1218
R/Y 0.35 ALL
7 BG64(B)
47 RG64(B)
IG1继电器控制
左域
IG1信号检测
左域
6/G02
组合开关
2/G42
PM2.5
14/GJP01
ETC
R/G 0.35 ALL
R/Y 0.35 ALL
R/W 0.35 ALL
21/BJK01
K53-6
38/G01_1
组合仪表
16/BJA01
发动机ECU
R 0.5 ALL
SRS
R 0.35 IPB
IPB
R/Y 0.35 ALL
SP1299
R/Y 0.35
ACC
R 0.22
BSD
R/Y 0.35 LDMS
15 BJG01
15 GJB01
36 BJK01
36 KJB01
R/Y 0.35 LDMS
R 0.35 BSD
7/GJP01
MPC
11/KJR01
BSD
1/BJD01
ACC
R/Y 0.22 CEPS
CEPS

图 4-1-7 熔丝电路

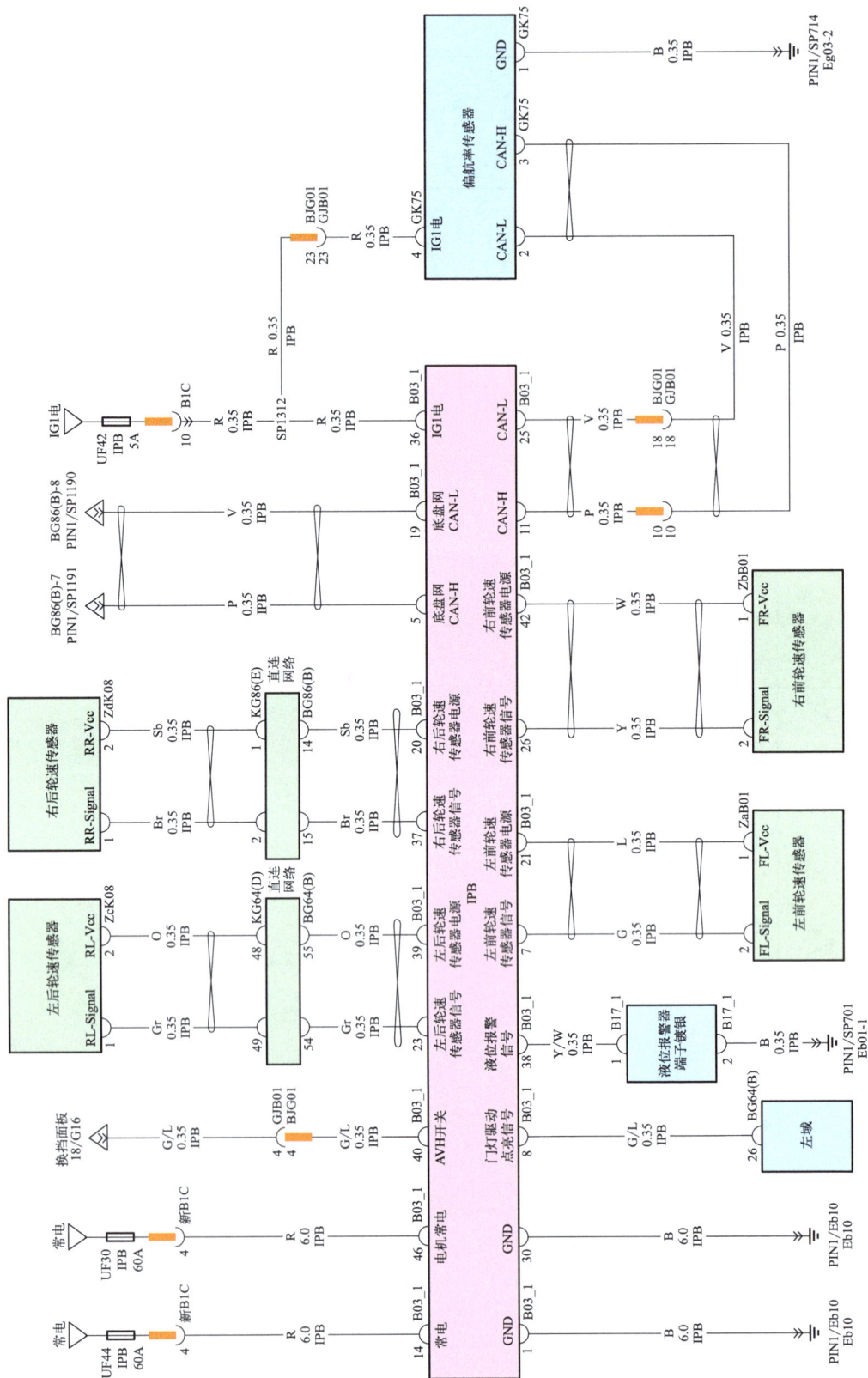

图 4-1-8 IPB 电路

检查 IPB 线束连接器，确认无松动、无损坏，连接牢固。

接下来检查 UF42（5A）熔丝：拔下熔丝，使用万用表 200Ω 电阻挡测量，测量值为 0.4Ω，正常（正常值应小于 1Ω），如图 4-1-9 所示。

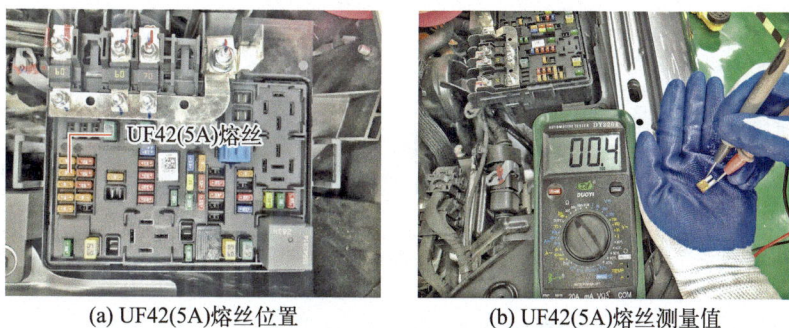

(a) UF42(5A)熔丝位置　　　　　(b) UF42(5A)熔丝测量值

图 4-1-9　检查 UF42（5A）熔丝

检查 UF30（60A）电机常电熔丝：拔下熔丝，使用万用表 200Ω 电阻挡测量，测量值为 0.3Ω，正常（正常值应小于 1Ω），如图 4-1-10 所示。

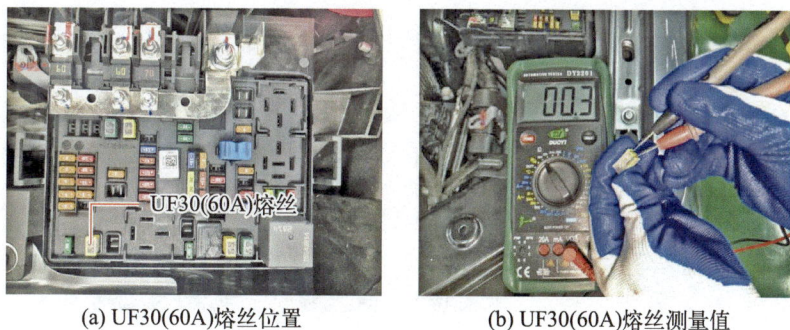

(a) UF30(60A)熔丝位置　　　　　(b) UF30(60A)熔丝测量值

图 4-1-10　检查 UF30（60A）电机常电熔丝

检查 UF44（60A）常电熔丝：拔下熔丝，使用万用表 200Ω 电阻挡测量，测量值为 0.4Ω，正常（正常值应小于 1Ω），如图 4-1-11 所示。

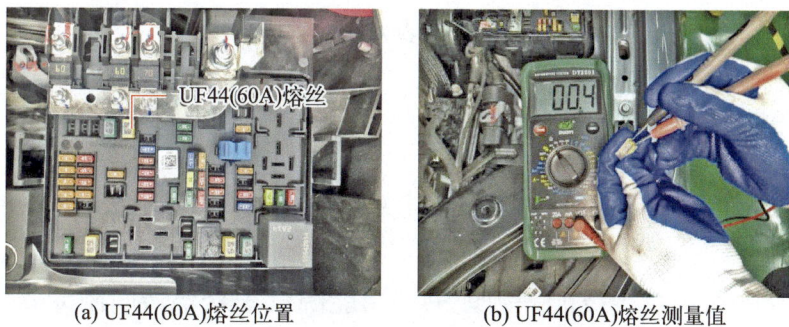

(a) UF44(60A)熔丝位置　　　　　(b) UF44(60A)熔丝测量值

图 4-1-11　检查 UF44（60A）常电熔丝

根据电路图（图 4-1-8），检查 UF42（5A）熔丝至 IPB 控制器 B03_1（36 号端子）线路的导通状态：使用万用表 200Ω 电阻挡测量，测量值为无穷大，不导通（正常值应小于 1Ω）。初步发现该线路存在断路，如图 4-1-12 所示。

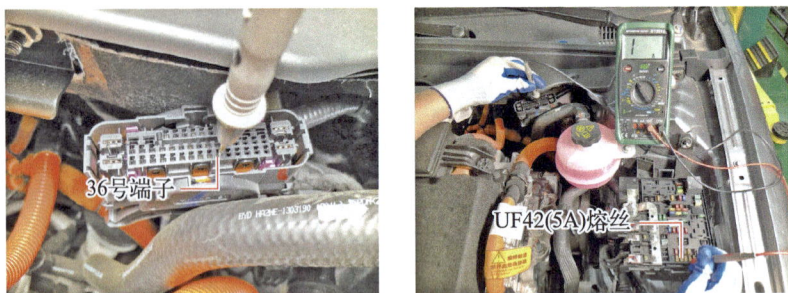

图 4-1-12　检查 IPB 控制器 B03_1（36 号端子）线路的导通状态

根据电路图（图 4-1-8），检查 UF44（60A）熔丝至 IPB 控制器 B03_1（14 号端子）线路的导通状态：使用万用表 200Ω 电阻挡测量，测量值为 0.2Ω，正常导通（正常值应小于 1Ω），如图 4-1-13 所示。

图 4-1-13　检查 IPB 控制器 B03_1（14 号端子）线路导通状态

修复 UF42（5A）熔丝至 IPB 控制器 B03_1（36 号端子）断开的线路。复原车辆，试车，车辆制动正常。

5.清洁整理

❶ 收起车辆防护用品，收纳万用表及个人防护装置。

❷ 清洁场地，锁好车辆。

五、"岗课赛证"融通

※ 岗位任务：对接新能源汽车机电维修岗位典型工作任务"电控制动系统故障排除"。

※ 职业证书：对接技能等级证书"新能源汽车悬架转向制动安全技术（高级）"模块技能要求"防抱死制动（ABS）系统故障诊断分析，盘式制动器诊

断分析"。

※技能竞赛：对接竞赛技能要点的前期准备，安全检查，仪器连接，故障症状确认，目视检查，读取故障码与数据流，高压断电，非带电状态检测验证，电控制动系统的元器件测量与机械拆装，故障点确认和排除。

六、课后习题

（一）判断题

1. 集成制动控制系统（IPB）集成了真空助力器、电子真空泵及 ABS/EPS 等功能。（　　）

2. 电动真空助力系统中某个真空管路发生空气泄漏，真空罐压力传感器检测到真空度不足，就会发送信号给控制器，控制真空泵工作。（　　）

3. 电动真空助力系统真空罐压力不足 45kPa，就会发出报警信号。（　　）

4. 12V 交流常电接通后，真空泵控制器发送信号让真空泵开始工作。（　　）

5. 连接电源后真空泵电机不转，应检查熔丝是否熔断。若熔断，则检查线路是否短路、控制器是否损坏、电机是否烧毁短路；若没熔断，则检查蓄电池是否亏电、线路是否断路、控制器是否损坏。（　　）

（二）单选题

1. 制动真空泵工作时有异味，可能的原因是（　　）。
A. 真空泵内部严重磨损　　　　　　B. 线路老化
C. 熔丝熔断　　　　　　　　　　　D. 继电器烧蚀

2. 车辆进入维修店后应收集故障发生前后是如何操作的、（　　）的信息。
A. 故障发生时间
B. 故障发生地点
C. 故障发生时是否有文字提示或故障灯点亮
D. 故障发生时的天气

3. 以下（　　）不会导致偏航率传感器故障。
A. 传感器未标定　　　　　　　　　B. 传感器线路短路或断路
C. 传感器安装误差过大　　　　　　D. 控制单元故障

4. 以下（　　）不会导致 CAN 总线故障。
A. CAN 控制器故障　　　　　　　　B. 车身控制单元故障
C. CAN 配置信息不匹配　　　　　　D. CAN 总线线路故障

5. 以下（　　）不会导致车身控制器通信故障。

A. CAN 总线线路故障　　　　　　　　B. 车身控制器软件版本不匹配
C. CAN 配置信息不匹配　　　　　　　D. 车身控制器损坏

任务二　新能源汽车电动助力转向系统检测与维修

一、任务引入

　　一辆 2022 年款比亚迪秦 PLUS DM-i 混合动力汽车（尊贵型），据客户反映，车辆转向时，方向盘突然变得很沉重，仪表报转向系统故障。根据客户描述的故障现象，维修顾问将车辆交给技师对其进行故障诊断与维修。

二、学习目标

扫一扫

视频精讲

（一）知识目标

　　1. 熟悉新能源汽车电动助力转向系统故障诊断与排除方法。

　　2. 熟悉新能源汽车电动助力转向系统检测的流程。

　　3. 熟悉新能源汽车电动助力转向系统的维修方法。

（二）技能目标

　　1. 熟练使用故障诊断仪，读取并分析电动助力转向系统故障码及数据。

　　2. 学会查阅维修手册、电路图，规范检测与排除电动助力转向系统故障。

（三）素养目标

　　1. 具备不断自我提升、开拓创新的能力。

　　2. 具备职业岗位必备的质量、安全和操作规范意识。

三、知识储备

　　EPS 系统是指利用 EPS 电机提供转向动力，辅助驾驶员进行转向操作的转向系统。该系统和其他控制系统一样，由传感器（转矩转角传感器、车速传感器）、控制器（EPS 电子控制单元）、执行器（EPS 电机）以及相关机械部件组成，如图 4-2-1 所示。

（一）EPS 异响故障

　　1. 故障现象

❶ 车辆在转向时 EPS 会发出异响，而直线行驶时 EPS 无异响。

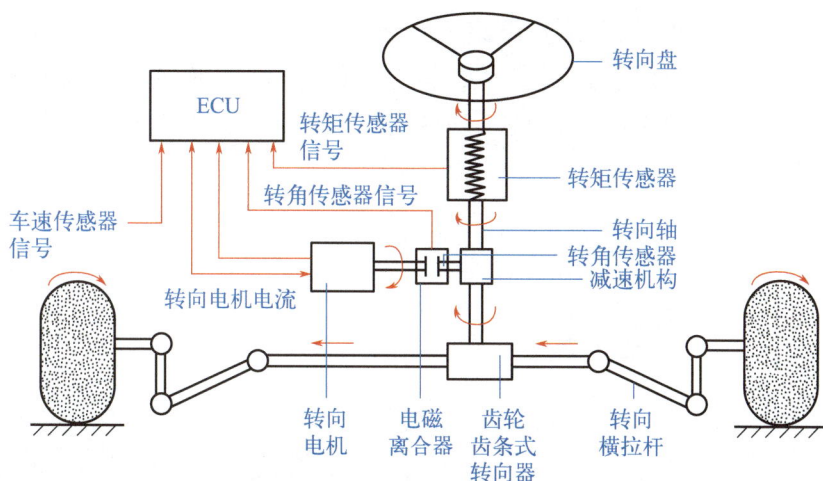

图 4-2-1　EPS 系统的组成

❷ 当转向盘处于极限位置或原地转动转向盘时，齿轮齿条式转向器会发出严重的"嘶嘶"声。

2.故障原因

EPS 机械故障。

3.故障检查

检查转向盘旷动情况：前后左右晃动转向盘，检查转向盘有无松动或异响。如果有，则应及时对其进行维修或更换。

检查齿轮齿条式转向器固定螺栓有无松动。如果有，则应对其进行紧固，紧固力矩应符合车辆维修手册的规定。

检查齿轮齿条式转向器配合齿轮间隙是否过大。如果过大，则应及时对其进行维修或更换。

检查 EPS 机械结构各个连接处是否牢固。如果不牢固，则应对其进行紧固，紧固力矩应符合车辆维修手册的规定。

举升车辆，检查 EPS 是否直接破损，以及出现异响的位置是否因变形而与其他零部件发生碰撞。如果有，则应及时对其进行维修或更换。

检查 EPS 安装固定点是否有松动。如果有，则应对其进行紧固，紧固力矩应符合车辆维修手册的规定。

检查转向横拉杆球头铰接处是否存在间隙。如果存在，则车辆在转向时会发生异响，此时应更换齿轮齿条式转向器总成。

检查转向横拉杆限位是否合理。如果不合理，则应更换齿轮齿条式转向器总成。

（二）EPS 故障指示灯常亮

EPS 模块由低压蓄电池通过前机舱熔丝继电器盒中的熔断器 AM01 直接

供电，由启动开关通过熔断器 IF23 进行控制。故障诊断仪通过诊断接口，分别与 EPS 模块、组合仪表进行通信，而且 EPS 模块还通过 CAN 总线与组合仪表进行通信。如果 EPS 出现故障，则 EPS 故障指示灯将会在组合仪表上点亮，如图 4-2-2 所示。

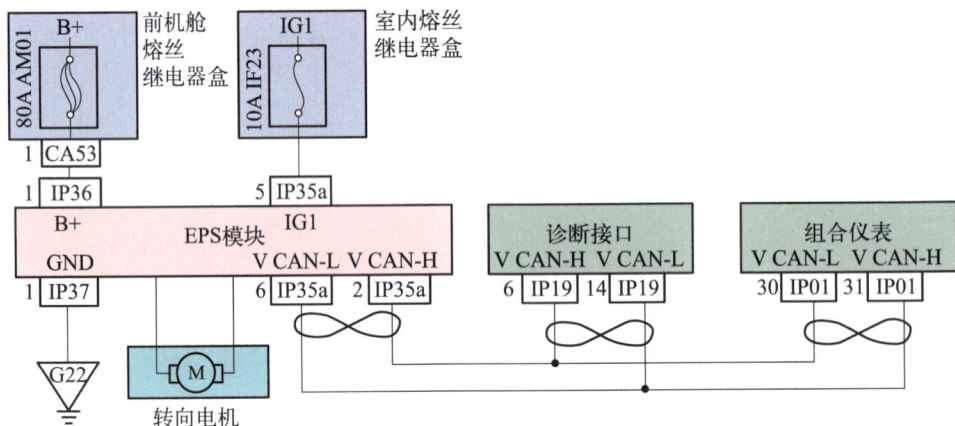

图 4-2-2　比亚迪秦 DM-i 电路

线束连接器 IP36 端子 1 通过熔断器 AM01 接低压蓄电池正极，线束连接

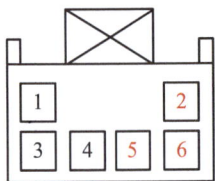

图 4-2-3　线束连接器
IP35a 的端子分布

1—KL15；2—整车 CAN-H；3，4—空；
5—IG1；6—整车 CAN-L

器 IP37 端子 1 通过搭铁点 G22 搭铁。其中，线束连接器 IP35a 常用的端子为端子 2、5、6 等，端子 2 和端子 6 分别连接整车 CAN 的 CAN-H 线和 CAN-L 线，可与诊断接口和组合仪表进行通信；端子 5 通过熔断器 IF23 接启动开关，如图 4-2-3 所示。

线束连接器 IP19 常用的端子为端子 6、14 等，端子 6 和端子 14 分别连接整车 CAN 的

CAN-H 线和 CAN-L 线，可与 EPS 模块和组合仪表进行通信，如图 4-2-4 所示。

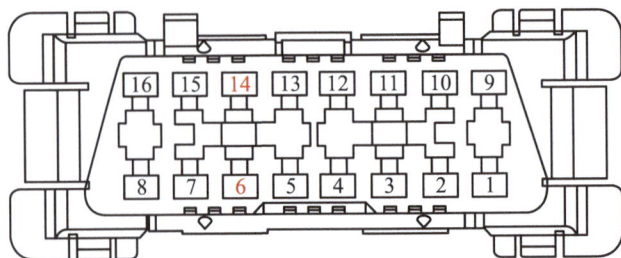

图 4-2-4　线束连接器 **IP19** 的端子分布

1—底盘控制 CAN-L；2—底盘控制 CAN-H；3—动力总成 CAN-H；4，5—GND；6—整车 CAN-H；
7—UDS CAN-1L；8—UDS CAN-1H；9，10，12，15—空；11—动力总成 CAN-L；
13—LIN；14—整车 CAN-L；16—低压蓄电池正极

1.故障现象

车辆转向盘回正能力差。

2.故障原因

❶ 熔断器 AM01、IF23 分别至线束连接器 IP36 端子 1、线束连接器 IP35a 端子 5 之间的电路存在断路、虚接、短路等故障。

❷ 熔断器 AM01、IF23 中的熔丝熔断。

❸ 熔断器 AM01、IF23 松脱或接触不良。

❹ EPS 模块或组合仪表故障。

❺ 线束连接器 IP37 端子 1 的搭铁电路存在断路、虚接等故障。

❻ 转向电机故障。

❼ EPS 模块至组合仪表之间的 CAN 总线通信故障。

3.故障诊断

❶ 检查 EPS 是否输出了故障码：如果 EPS 输出了故障码，则应根据输出的故障码维修相应的电路；如果 EPS 未输出故障码，则应检查低压蓄电池。

❷ 检查低压蓄电池的电压是否符合标准：如果电压不符合标准，则应对低压蓄电池进行充电或检查低压充电电路；如果电压符合标准，则应检查对应的熔丝。

❸ 检查熔断器 AM01、IF23 中的熔丝。

a.检查熔断器 AM01、IF23 中的熔丝是否熔断。

b.如果熔丝未熔断，则应检查 EPS 控制单元的电源电压。

c.如果熔丝熔断，则应先检查熔丝 AM01、IF23 对应的电路是否存在短路故障。如果存在短路故障，则应先排除短路故障，再更换新的熔丝。更换熔丝后试车，如果 EPS 故障指示灯显示正常，则故障诊断工作结束；如果 EPS 故障指示灯仍常亮，则应检查 EPS 控制单元电源电压。如果不存在短路故障，更换熔丝后试车，EPS 故障指示灯显示正常，则故障诊断工作结束；如果不存在短路故障，更换熔丝后试车，EPS 故障指示灯又常亮，则应检查 EPS 控制单元电源电压。

❹ 检查 EPS 控制单元电源电压：测量线束连接器 IP36 端子 1 与搭铁点之间的电压，判断其是否符合标准。如果电压不符合标准，则应检查熔丝，并维修或更换对应的线束及其连接器；如果电压符合标准，则应检查 EPS 控制单元搭铁电路。

❺ 检查 EPS 控制单元搭铁电路：测量线束连接器 IP37 端子 1 与搭铁点 G22 之间的电阻，判断其是否符合标准。如果电阻不符合标准，则应维修或更换对应的线束及其连接器；如果电阻符合标准，则应检查 EPS 控制单元

IG1 电路。

⑥ 检查 EPS 控制单元 IG1 电路：测量线束连接器 IP35a 端子 5 与搭铁点之间的电压，判断其是否符合标准。如果电压不符合标准，则应维修或更换对应的线束及其连接器；如果电压符合标准，则应检查整车 CAN 总线的完整性。

⑦ 检查整车 CAN 总线的完整性：测量线束连接器 IP19 端子 6 与 14 之间的电阻，判断其是否符合标准。如果电阻不符合标准，则应维修或更换对应的线束及其连接器；如果电阻符合标准，则应检查 EPS 控制单元 CAN 总线。

⑧ 检查 EPS 控制单元 CAN 总线：首先断开线束连接器 IP35a、IP19，然后分别测量线束连接器 IP35a 端子 2、6 与线束连接器 IP19 端子 6、14 之间的电阻，判断其是否符合标准。如果电阻不符合标准，则应维修或更换对应的线束及其连接器；如果电阻符合标准，则应检查组合仪表控制单元 CAN 总线。

⑨ 检查组合仪表控制单元 CAN 总线：首先断开线束连接器 IP01，然后分别测量线束连接器 IP01 端子 30、31 与线束连接器 IP19 端子 6、14 之间的电阻，判断其是否符合标准。如果电阻不符合标准，则应维修或更换对应的线束及其连接器；如果电阻符合标准，则应更换 EPS 模块。

⑩ 更换 EPS 模块后，试车，确认转向系统是否正常。如果转向系统正常，则故障诊断工作结束；如果转向系统不正常，则应更换组合仪表。

（三）转向系统常见故障

1. 汽车跑偏故障诊断

汽车跑偏故障诊断如表 4-2-1 所示。

表 4-2-1　汽车跑偏故障诊断

故障现象	直线行驶时汽车向一边跑偏
故障原因	（1）转向轮球头节松动或前轮定位不当 （2）转向杆系出现扭曲变形或过度磨损 （3）转向器内的齿条预紧度失调 （4）转向盘回正不良，转向盘抖动或打手
诊断与排除	（1）调整前轮定位和转向轮球头 （2）调整或维修转向器齿条预紧度 （3）按规定检查和调整转向系统中的各个连接部位

2. 低速摆头和转向不稳故障诊断

低速摆头和转向不稳故障诊断如表 4-2-2 所示。

3. 高速摆头故障诊断

高速摆头故障诊断如表 4-2-3 所示。

表 4-2-2　低速摆头和转向不稳故障诊断

故障现象	汽车低速直线行驶时前轮摇摆，感到方向不稳。转弯时大幅度转动转向盘，才能控制汽车的行驶方向
故障原因	（1）转向节臂装置松动 （2）转向器轴承过松 （3）传动副啮合间隙过大 （4）横、直拉杆球头销磨损严重 （5）转向节主销与衬套磨损严重，配合间隙过大 （6）前轮毂轴承松旷；前轴弯曲；轮毂轴承间隙过大 （7）车架轮辋变形；前束过大；轮毂轴承间隙过大 （8）转向主销与衬套磨损松旷，配合间隙增大 （9）轮毂轴承间隙过大 （10）前束过大；轮毂螺栓松动或数量不全
诊断与排除	（1）一人转动转向盘，另一人在车下查看传动机构，如转向盘转动了许多而转向臂不动，则故障在转向器；如转向臂转动了许多而前轮并不偏转，则故障在传动机构 （2）如果故障在转向器，则应检查传动副啮合间隙，必要时进行调整 （3）如果故障在传动机构，则应检查转向臂和直、横拉杆各球头是否松旷，必要时进行调整 （4）经检查上述情况良好，则应架起前轴，用手推动车轮，检查转向节主销与衬套，前轮毂轴承是否松旷，必要时进行调整或修理 （5）转向盘经过上述检查、调整后仍不稳定，应检查前轴和车架以及轮辋是否变形，前束是否符合标准规定，必要时进行调整或修理 （6）前轮低速摆头和转向盘自由空程大，一般是各部分间隙过大或有连接松动现象，诊断时应采用分段区分的方法进行检查。可支起前桥，并用手沿转向节轴轴向推拉前轮，凭感觉判断是否松旷。若松旷，说明转向节主销与衬套的配合间隙过大或前轴主销孔与主销配合间隙过大。若此处不松旷，说明前轮毂轴承松旷，应重新调整轴承的预紧度。若非上述原因，应检查前轮定位是否正确，检查前轴是否变形。如果前轮轮胎异常磨损，则应检查前束是否正确

表 4-2-3　高速摆头故障诊断

故障现象	汽车在高速行驶时前轮摆头，转向盘抖动，手有麻木感觉，方向控制非常困难
故障原因	（1）前轮胎气压过低 （2）转向器及转向传动机构松动 （3）前减振器漏油或失效 （4）悬架弹簧松动 （5）前轮偏摆或不平衡 （6）前轮定位不正确或车架变形
诊断与排除	（1）外观检查。检查前轮胎气压是否过低，若气压过低，应充气使之达到规定值。检查前桥、转向器及转向传动机构是否松动，若松动，应紧固。检查前减振器是否漏油，若漏油或失效，应更换。检查左、右悬架弹簧是否折断或弹力减弱，若折断或弹力减弱，应更换。检查悬架弹簧是否固定可靠，若松动，应紧固 （2）无负荷检查。支起车辆，使驱动轮达到车身摆振的车速，若此时车身和转向盘出现抖动，说明传动轴严重弯曲或松旷，驱动桥齿轮啮合间隙过大，应更换或调整，若此时车身和转向盘不抖动，说明故障在前桥 （3）检查前轮偏摆。支起车辆，在前轮轮辋边上放一个划针，慢慢地转动车轮，查看轮辋是否偏摆过大，若轮辋偏摆过大，应更换。拆下前轮，在车轮动平衡仪上检查前轮的动平衡情况，若不平衡量不大，应加装平衡块予以平衡 （4）经上述检查均正常，应检查车架和前轮是否正常，用前轮定位仪检查前轮是否正确，若不正确，应调整；检查车架有无变形，若有变形，应校正

4.低速行驶时转向盘摆振故障诊断

低速行驶时转向盘摆振故障诊断如表 4-2-4 所示。

表 4-2-4　低速行驶时转向盘摆振故障诊断

故障现象	低速行驶时转向盘摆振
故障原因	（1）路况不好，车轮受路面冲击较大 （2）转向系统中，各传动件之间的间隙过大 （3）轴心套磨损严重 （4）转向盘自由行程过大
诊断与排除	检查转向盘自由行程是否过大，若转向盘自由行程过大，应进行调整或更换必要零部件 　　若转向盘自由行程符合要求，则支起该车，检查前轮轴承是否松动，若是则更换新轴承，若不是则检查左右两下支臂、连杆组件、横拉杆转向减振器等部件的连接情况，看是否松动，若是由于螺栓松动引起的各连接件之间松动，则拧紧螺栓 　　若是由于各连接件连接部分磨损严重引起的松动，则需要更换必要配件 　　若各连接件之间无松动情况，则检查轴心套活动量是否符合要求，若活动量过大，则需要调整，必要时进行更换 　　若活动量符合要求，则检查前轮定位参数是否符合规定，并进行检查调整

（四）故障码故障排除方法

当比亚迪秦 PLUS DM-i EPS 系统发生故障时，使用诊断仪读取故障码，根据诊断仪读出故障类型，如表 4-2-5 所示。

表 4-2-5　故障码故障排除方法

故障码	故障类型	故障分析	故障排除流程
C1B8417	high voltage fault（高压故障）	C-EPS 供电异常、C-EPS 电子控制单元内部故障	查看整车电压是否异常，线路是否存在虚接，否则更换转向管柱总成
C1B8416	low voltage fault（低压故障）	C-EPS 供电异常、C-EPS 电子控制单元内部故障	查看整车电压是否异常，线路是否存在虚接，否则更换转向管柱总成
C1B5B00	temperature sensor failure（温度传感器故障）	温度传感器故障、C-EPS 电子控制单元内部故障	若重新上电后故障仍然为当前状态，则更换转向管柱总成
C1B9700	TAS sensor source voltage fault（TAS 传感器电源电压故障）	扭矩传感器故障、C-EPS 电子控制单元内部故障	若重新上电后故障仍然为当前状态，则更换转向管柱总成
C1B9921	torque sensor signal low（转矩传感器信号过低）	转矩传感器故障、C-EPS 电子控制单元内部故障	若重新上电后故障仍然为当前状态，则更换转向管柱总成
C1B9922	torque sensor signal high（转矩传感器信号过高）	转矩传感器故障、C-EPS 电子控制单元内部故障	若重新上电后故障仍然为当前状态，则更换转向管柱总成

故障码	故障类型	故障分析	故障排除流程
C1B9800	motor related drive circuit fault（电机驱动电路故障）	电机故障、C-EPS电子控制单元内部故障	若重新上电后故障仍然为当前状态，则更换转向管柱总成
C1B9A00	motor rotation signal error（电机旋转信号出错）	电机故障、C-EPS电子控制单元内部故障	若重新上电后故障仍然为当前状态，则更换转向管柱总成
C1B8500	BUS off error（总线关闭错误）	电机故障、C-EPS电子控制单元内部故障	检查 CAN 网络通信是否不正常。是：修理 CAN 网络。否：更换转向管柱总成
U1F0E87	"ready" signal timeout（就绪信号超时）	电机故障、C-EPS电子控制单元内部故障	（1）检查CAN网络通信是否正常。是：进入第（2）步。否：修理 CAN 网络 （2）检查 341 报文是否不正常。是：检查前驱电机控制器。否：进入第（3）步 （3）EPS 电控单元故障，更换转向管柱总成
C1B9200	TAS angle not zero set（TAS 角度不为零设置）	转角未标定、C-EPS 电子控制单元内部故障	通过数据流查看 EPS 转角是否已为标定，未标定则进行标定，已标定则更换转向管柱总成
C1B8002	TAS angle signal error（TAS 角度信号错误）	C-EPS 电子控制单元内部故障	若重新上电后故障仍然为当前状态，则更换转向管柱总成
C1B6838	TAS angle PWM duty error（TAS 角度 PWM 占空比错误）	C-EPS 电子控制单元内部故障	若重新上电后故障仍然为当前状态，则更换转向管柱总成
C1BB400	motor controller timeout（电机控制器超时）	电机故障、C-EPS电子控制单元内部故障	若重新上电后故障仍然为当前状态，则更换转向管柱总成
C1BA700	ECU flash checksum fault（ECU 闪存校验和过错）	C-EPS 电子控制单元内部故障	若重新上电后故障仍然为当前状态，则更换转向管柱总成
C1B6044	ECU RAM fault（ECU RAM 故障）	C-EPS 电子控制单元内部故障	若重新上电后故障仍然为当前状态，则更换转向管柱总成
C1B6046	ECU EEPROM fault（ECU EEPROM 故障）	C-EPS 电子控制单元内部故障	若重新上电后故障仍然为当前状态，则更换转向管柱总成
C1B7501	ECU internal power supply circuit fault（ECU 内部电源供电电路故障）	C-EPS 电子控制单元内部故障	若重新上电后故障仍然为当前状态，则更换转向管柱总成
C1BA500	ECU calculation error（ECU 计算错误）	C-EPS 电子控制单元内部故障	若重新上电后故障仍然为当前状态，则更换转向管柱总成
C1B8F00	ECU temperature high fault（ECU 温度过高过错）	C-EPS 电子控制单元内部故障	查看数据流，温度是否超过规定范围

故障码	故障类型	故障分析	故障排除流程
C1BA800	ECU relay fault（ECU 继电器故障）	C-EPS 电子控制单元内部故障	若重新上电后故障仍然为当前状态，则更换转向管柱总成
C1B2400	ECU initial fail（ECU 初始故障）	C-EPS 电子控制单元内部故障	若重新上电后故障仍然为当前状态，则更换转向管柱总成
C1B5900	MCU parameter correction fail（MCU 参数校正失败）	C-EPS 电子控制单元内部故障	更换转向管柱总成
C1BB300	vehicle version error（车辆版本错误）	C-EPS 电子控制单元内部故障	更换转向管柱总成
C1B9000	power（or IGN）ON loss of signal［电源（或 IGN）ON 丢失的信号］	整车电压 / 线路故障，C-EPS 电子控制单元内部故障	查看 IG 电压是否异常，线路是否存在虚接
U1F0887	frame 0x410 absent（帧 0x410 缺失）	C-EPS 电子控制单元内部故障	（1）检查 CAN 网络通信是否正常。是：进入第（2）步。否：修理 CAN 网络 （2）检查 410 报文是否不存在。是：检查前驱电机控制器。否：进入第（3）步 （3）EPS 电控单元故障，更换转向管柱总成
U029187	frame 0x35c absent（帧 0x35c 缺失）	通信故障、C-EPS 电子控制单元内部故障	（1）检查 CAN 网络通信是否正常。是：进入第（2）步。否：修理 CAN 网络 （2）检查 35C 报文是否不存在。是：检查挡位控制器。否：进入第（3）步 （3）EPS 电控单元故障，更换转向器总成
U024687	LKAS signal invalid（LKAS 信号无效）	通信故障、C-EPS 电子控制单元内部故障	（1）检查 CAN 网络通信是否正常。是：进入第（2）步。否：修理 CAN 网络 （2）检查 MPC 发出报文是否不存在。是：检查 MPC。否：进入第（3）步 （3）EPS 电控单元故障，更换转向管柱总成
C1B9500	LKAS active condition fail（LKAS 激活条件失败）	通信故障、C-EPS 电子控制单元内部故障	（1）检查 CAN 网络通信是否正常。是：进入第（2）步。否：修理 CAN 网络 （2）检查 MPC 发出报文是否不存在。是：检查 MPC。否：进入第（3）步 （3）EPS 电控单元故障，更换转向管柱总成
C1B9600	LKAS control timeout（LKAS 控制超时）	通信故障、C-EPS 电子控制单元内部故障	（1）检查 CAN 网络通信是否正常。是：进入第（2）步。否：修理 CAN 网络 （2）检查 MPC 发出报文是否不存在。是：检查 MPC。否：进入第（3）步 （3）EPS 电控单元故障，更换转向管柱总成

四、任务实施

以 2022 年款比亚迪秦 PLUS DM-i 混合动力汽车（尊贵型）EPS 电子控制单元电源故障为例。

1. 操作准备

❶ 做好新能源汽车维修场地安全隔离防护措施。

❷ 备好新能源汽车检测维修所需工量具及仪器设备。

❸ 做好高压电安全个人防护。

❹ 做好车辆作业防护。

❺ 按需做好高压维修断电操作。

扫一扫

视频精讲

2. 故障现象

比亚迪秦 PLUS DM-i 正常启动后，转动转向盘时无转向助力，转向变得很沉重，仪表报警（转向系统故障）。

3. 故障检查及分析

（1）故障检查　使用诊断仪读取故障码，为 C1B8416，内容为低压故障，如图 4-2-5 所示。

（2）故障分析　查阅维修手册得知，引起该故障的原因为 C-EPS 供电异常、C-EPS 电子控制单元内部故障。

4. 故障诊断与排除

检查 C-EPS 线束连接器，确认无松动、无损坏，连接牢固。

根据电路图（图 4-2-6），查阅该车辆 C-EPS 的电源线路，UR17 继电器控制多个模块的电源，如果出现故障会导致多个模块电源故障，所以排除 UR17 继电器故障。

图 4-2-5　读取故障码

根据 C-EPS 电路图（图 4-2-7），首先检查电源熔断器，其次检查相关线路。

接下来检查 UF41（5A）熔丝：拔下熔丝，使用万用表 200Ω 电阻挡测量，测量值为 0.4Ω，正常（正常值应小于 1Ω），如图 4-2-8 所示。

检查 UF50（70A）常电熔丝：使用万用表 200Ω 电阻挡测量，测量值为 0.3Ω，正常（正常值应小于 1Ω），如图 4-2-9 所示。

根据电路图（图 4-2-7），检查 UF50（70A）熔丝至 C-EPS 控制器 B23-2 号端子线路导通状态：使用万用表 200Ω 电阻挡测量，测量值为 0.2Ω，正常导通（正常值应小于 1Ω），如图 4-2-10 所示。

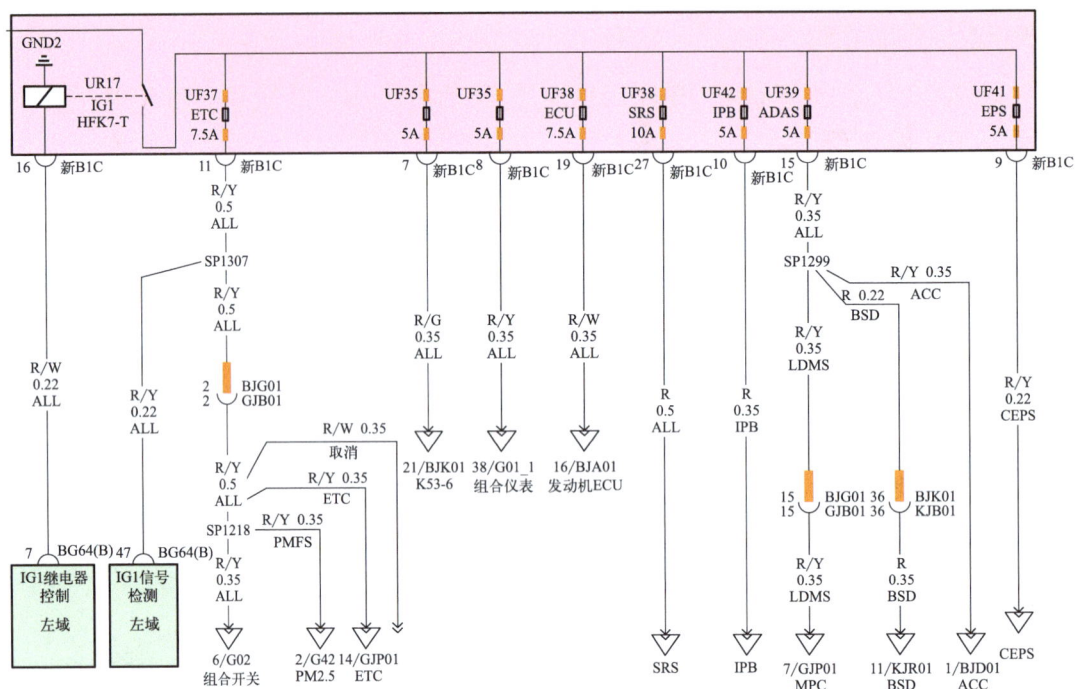

图 4-2-6 UR17 继电器控制电路

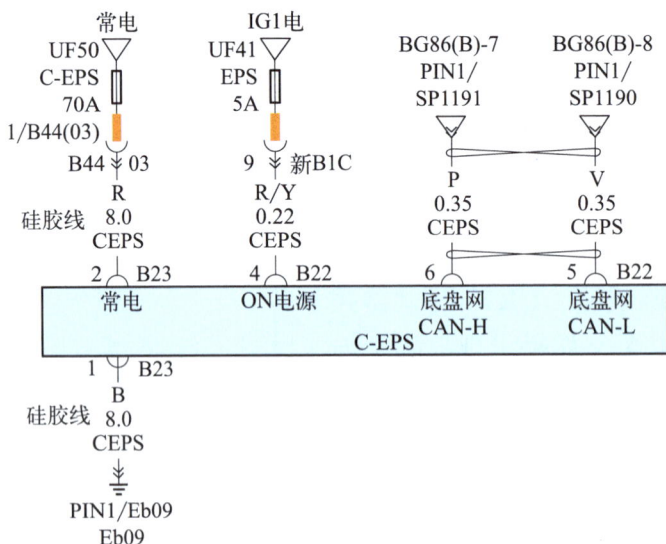

图 4-2-7 C-EPS 电路

根据电路图（图 4-2-7），检查 C-EPS 控制器 B23-1 号端子至接地线路导通状态：使用万用表 200Ω 电阻挡测量，测量值为无穷大，异常（正常值应小于1Ω），如图 4-2-11 所示。

修复 C-EPS 控制器 B23-1 号端子至接地断开的线路。

复原车辆，试车，车辆转向正常。

110

(a) UF41(5A)熔丝位置

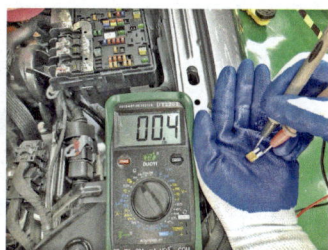

(b) UF41(5A)熔丝测量值

图 4-2-8　检查 UF41（5A）熔丝

图 4-2-9　检查 UF50（70A）
常电熔丝

(a) UF50(70A)熔丝位置

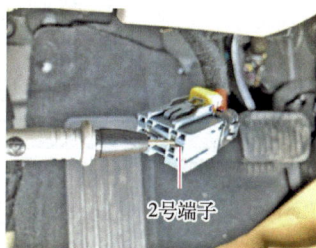

(b) C-EPS控制器B23-2号端子

图 4-2-10　检查 C-EPS 控制器 B23-2 号
端子线路导通状态

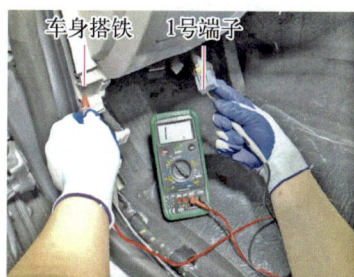

图 4-2-11　检查 C-EPS 控制器
接地线路导通状态

5.清洁整理

❶ 收起车辆防护用品，收纳万用表及个人防护装置。

❷ 清洁场地，锁好车辆。

五、"岗课赛证"融通

　　※ 岗位任务：对接新能源汽车机电维修岗位典型工作任务"转向系统故障排除"。

　　※ 职业证书：对接技能等级证书"新能源汽车悬架转向制动安全技术（高级）"模块技能要求"新能源汽车转向系统诊断分析"。

　　※ 技能竞赛：对接竞赛技能要点的前期准备，安全检查，仪器连接，故障症状确认，目视检查，读取故障码与数据流，高压断电，非带电状态检测验证，转向系统的元器件测量，故障点确认和排除。

六、课后习题

（一）判断题

　　1. EPS 系统是指利用 EPS 电机提供转向动力，辅助驾驶员进行转向操作的转向系统。（　　　）

111

2. 检查转向盘旷动情况时应前后左右晃动转向盘，检查转向盘有无松动或异响。（　　　）

3. 直线行驶时汽车向一边跑偏有可能是转向轮球头节松动或前轮定位不当。（　　　）

4. 汽车转向不稳有可能是胎压不足。（　　　）

5. 车辆高速摆头有可能是前轮定位不正确或车架变形造成的。（　　　）

（二）单选题

1. EPS系统由传感器、控制器、（　　　）、相关机械部件组成。

A. 执行器　　　　　B. 转向轴　　　　　C. 转向横拉杆　　　　D. 转向盘

2. 以下不属于EPS异响故障原因的是（　　　）。

A. 转向盘旷动

B. 转向横拉杆球头铰接处存在间隙

C. 齿轮齿条式转向器配合齿轮间隙过大

D. 减振器松动

3. 以下不属于汽车跑偏故障原因的是（　　　）。

A. 转向轮球头节松动或前轮定位不当

B. 转向杆系出现扭曲变形或过度磨损

C. 转向盘回正不良

D. 转向盘不正

4. 以下哪个故障码与故障类型是正确的？（　　　）

A. C1B8417：high voltage fault

B. C1B5B00：TAS angle PWM duty error

C. C1B6046：ECU temperature high fault

D. C1BB300：frame 0x410 absent

5. 在检查熔丝时，可用万用表（　　　）挡测量。

A. 200Ω　　　　　B. 2kΩ　　　　　C. 20kΩ　　　　　D. 200kΩ

项目五
新能源汽车电气系统检测与维修

项目引入

AI 光芯片

据人民网教育频道报道，针对大规模光电智能计算难题，清华大学电子工程系副教授方璐课题组、自动化系戴琼海院士课题组首创分布式广度光计算架构，研制大规模干涉 - 衍射异构集成芯片太极（Taichi），实现160 TOPS/s 的通用智能计算。

智能光计算作为新兴计算模态，在后摩尔时代展现出远超硅基电子计算的性能与潜力。然而，其计算任务局限于简单的字符分类、基本的图像处理等。其痛点是光的计算优势被困在不适合的电架构中，计算规模受限，无法支撑急需高算力与高能效的复杂大模型智能计算。

"太极"光芯片的计算能效超现有智能芯片 2～3 个数量级，并首次赋能光计算实现自然场景干涉对象识别、跨模态内容生成等人工智能复杂任务，有望为大模型训练推理、通用人工智能、自主智能无人系统提供有力支撑。

讨论交流 科技是国之利器，科技创新是发展新质生产力的核心要素，作为新时代青年，如何才能为科技强国做贡献？

任务一　新能源汽车照明及信号系统检测与维修

一、任务引入

　　一辆 2022 年款比亚迪秦 PLUS DM-i 混合动力汽车（尊贵型），据客户反映：出现左侧近光灯不亮的故障。根据客户描述的故障现象，维修顾问将车辆交给技师对其进行故障诊断与维修。

近光灯不亮

二、学习目标

扫一扫

视频精讲

（一）知识目标

　　1. 熟悉新能源汽车照明及信号系统故障诊断与排除方法。

　　2. 熟悉新能源汽车照明及信号系统检测的流程。

　　3. 熟悉新能源汽车照明及信号系统的维修方法。

（二）技能目标

　　1. 熟练使用故障诊断仪，读取并分析照明及信号系统故障码及数据。

　　2. 学会查阅维修手册、电路图，规范检测与排除照明及信号系统故障。

（三）素养目标

　　1. 具备独立思考问题、形成有效解决问题的能力。

　　2. 具备爱岗敬业、质量意识，以及安全意识和操作规范意识。

三、知识储备

　　照明系统为汽车夜间行驶提供照明，车外照明灯具主要有前照灯、倒车灯、牌照灯、雾灯等，车内照明灯具主要有室内灯、门灯、各开关背光灯等。照明系统同时带有信号提示功能，产生光信号，向其他车辆的驾驶员和行人发出警告，以引起注意，确保车辆行驶的安全，包括转向信号、制动信号、危险警告信号及示宽信号、倒车信号等。照明及信号灯光如图 5-1-1 所示。

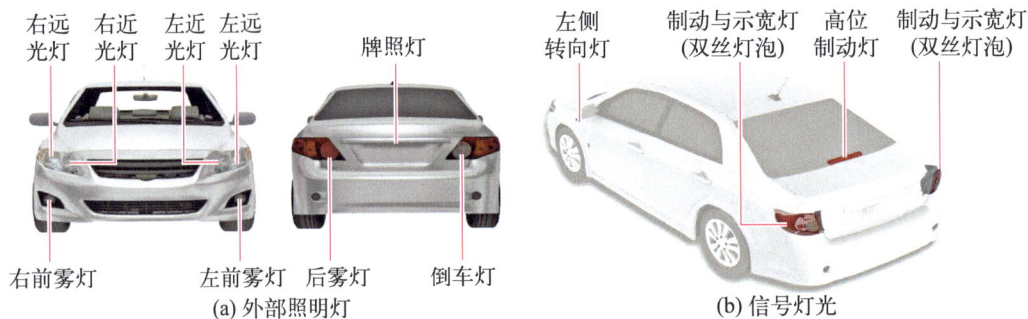

右远光灯　右近光灯　左近光灯　左远光灯　　牌照灯

右前雾灯　　　　左前雾灯　后雾灯　倒车灯
(a) 外部照明灯

左侧转向灯　制动与示宽灯（双丝灯泡）　高位制动灯　制动与示宽灯（双丝灯泡）

(b) 信号灯光

图 5-1-1　照明及信号灯光

照明及信号系统常见故障及原因如下。

1.前照灯常见故障及原因

前照灯常见故障及原因如表 5-1-1 所示。

表 5-1-1　前照灯常见故障及原因

故障描述	可能发生部位
近光灯不亮（一侧）	（1）灯泡 （2）左组合前灯 ECU 或右组合前灯 ECU
近光灯不亮（两侧都不亮）	（1）灯泡 （2）左组合前灯 ECU 和右组合前灯 ECU （3）组合开关控制电路
远光灯不亮（一侧）	（1）灯泡 （2）左组合前灯 ECU 或右组合前灯 ECU
远光灯不亮（两侧都不亮）	（1）灯泡 （2）左组合前灯 ECU 和右组合前灯 ECU （3）组合开关控制电路
前灯灯光昏暗（亮度不够）	（1）蓄电池（电压过低） （2）线束（虚接）
超车灯不工作（远光灯与近光灯正常）	（1）组合开关控制电路 （2）左组合前灯 ECU 和右组合前灯 ECU
当小灯亮或大灯亮时，前雾灯开关打开时前雾灯不亮（两侧都不亮）	（1）灯泡 （2）前雾灯线束 （3）组合开关控制电路 （4）左组合前灯 ECU 和右组合前灯 ECU
只有一个前雾灯不亮	（1）灯泡 （2）线束 （3）左组合前灯 ECU 或右组合前灯 ECU

2.转向和紧急报警系统常见故障及原因

转向和紧急报警系统常见故障及原因如表 5-1-2 所示。

表 5-1-2　转向和紧急报警系统常见故障及原因

故障描述	可能发生部位
打左右转向开关和按下紧急报警开关时转向灯都不工作	（1）转向 / 紧急报警灯熔断器 （2）闪光继电器 （3）转向灯 / 紧急报警灯电路 （4）BCM
按下紧急报警开关时不工作（转向时正常）	（1）紧急报警开关电路 （2）BCM
打左右转向时，转向灯都不工作（危险报警工作正常）	（1）组合开关控制电路 （2）BCM

续表

故障描述	可能发生部位
一侧转向灯全不亮	（1）组合开关控制电路 （2）转向灯 / 紧急报警灯电路 （3）闪光继电器 （4）BCM
只有一个或几个转向灯不亮	（1）灯泡 （2）线束

3.制动灯系统常见故障及原因
制动灯系统常见故障及原因如表 5-1-3 所示。

表 5-1-3　制动灯系统常见故障及原因

故障描述	可能发生部位
制动灯不亮（高位和左右制动灯都不亮）	（1）喇叭 / 制动灯熔断器 （2）制动灯电路
只有一个制动灯不亮	（1）LED 灯 （2）线束

4.位置灯和牌照灯系统常见故障及原因
位置灯和牌照灯系统常见故障及原因如表 5-1-4 所示。

表 5-1-4　位置灯和牌照灯系统常见故障及原因

故障描述	可能发生部位
位置灯和牌照灯都不亮	（1）前位置灯熔断器 （2）组合开关控制电路 （3）内部小灯继电器 （4）位置灯 / 牌照灯电路 （5）继电器控制模块
只有一个或几个位置灯或牌照灯不亮	（1）LED 灯或灯泡 （2）线束

5.倒车灯系统常见故障及原因
倒车灯系统常见故障及原因如表 5-1-5 所示。

表 5-1-5　倒车灯系统常见故障及原因

故障描述	可能发生部位
倒挡时倒车灯都不亮	（1）倒车灯开关电路 （2）倒车灯电路 （3）BCM

故障描述	可能发生部位
仅一个倒车灯不亮	（1）灯泡 （2）线束

6.照地灯系统常见故障及原因

照地灯系统常见故障及原因如表 5-1-6 所示。

表 5-1-6　照地灯系统常见故障及原因

故障描述	可能发生部位
车辆进入防盗状态，携带钥匙靠近车辆时照地灯都不亮	（1）照地灯电路 （2）BCM 或门控 ECU
仅一个照地灯不亮	（1）LED （2）线束

7.室内灯系统常见故障及原因

室内灯系统常见故障及原因如表 5-1-7 所示。

表 5-1-7　室内灯系统常见故障及原因

故障描述	可能发生部位
门灯不亮	（1）室内照明熔断器 （2）门灯电路 （3）BCM
所有背光灯不亮	（1）前位灯熔断器 （2）小灯继电器 （3）继电器控制模块
室内灯不亮	（1）室内照明熔断器 （2）室内灯总成电路 （3）线束

8.手动大灯调节常见故障及原因

手动大灯调节常见故障及原因如表 5-1-8 所示。

表 5-1-8　手动大灯调节常见故障及原因

故障描述	可能发生部位
手动大灯调节不工作	（1）大灯调节开关 （2）左（右）调节电机 （3）线束

四、任务实施

以比亚迪秦 PLUS DM-i 左侧近光灯不亮故障为例。

1. 操作准备

① 做好新能源汽车维修场地安全隔离防护措施。

② 备好新能源汽车检测维修所需工量具及仪器设备。

③ 做好高压电安全个人防护。

④ 做好车辆作业防护。

⑤ 按需做好高压维修断电操作。

扫一扫

视频精讲

2. 故障现象

一辆比亚迪秦 PLUS DM-i 左侧近光灯不亮。

3. 故障检查及分析

使用故障诊断仪进入车身控制模块，能与车身控制模块正常通信，没有故障码。

查阅维修手册得知，引起该故障的原因可能为灯泡故障、左前组合灯 ECU 或相关线路故障（图 5-1-2）。

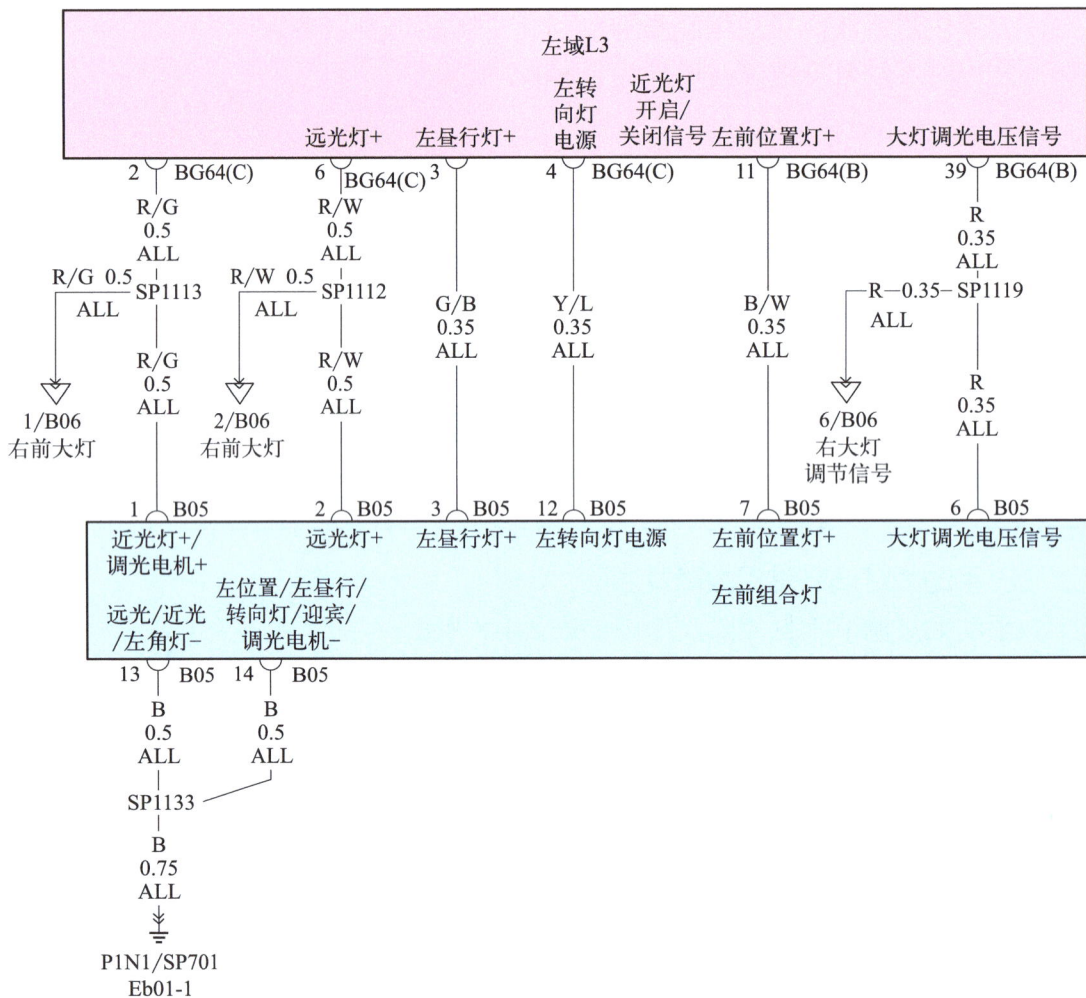

图 5-1-2　左前组合灯电路

4.故障诊断与排除

检查左侧近光灯灯泡，正常。

根据图 5-1-3，检查左侧近光灯电源：拔下左侧组合灯线束连接器，使用万用表 20V 直流电压挡测量，打开近光灯，红表笔连接 B05-1 号端子，黑表笔连接车身搭铁，测量值为 0，异常（正常值应为 11.5 ～ 13.5V）。

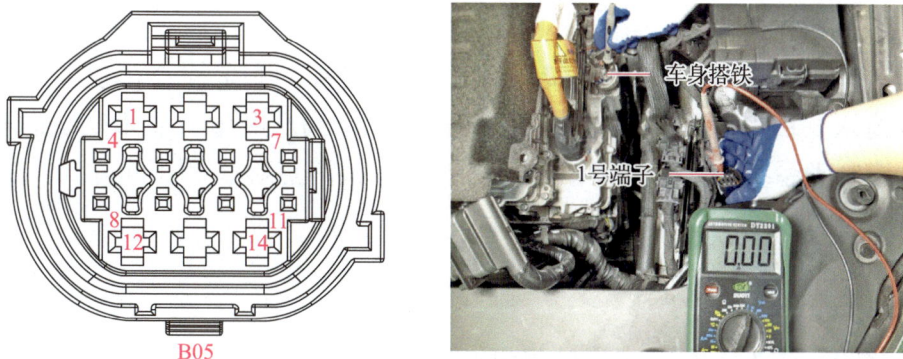

图 5-1-3　检查左侧近光灯电源

初步判定近光灯存在电源故障，可能的原因为左侧近光灯电源线断路。

根据图 5-1-4，使用万用表 200Ω 电阻挡，测量左域 L3［BG64（C）-2 号端子］至左前组合灯（B05-1 号端子）线路导通状态，测量结果为无穷大，异常（正常值应小于 1Ω），如图 5-1-4 所示，说明该线路存在断路情况。

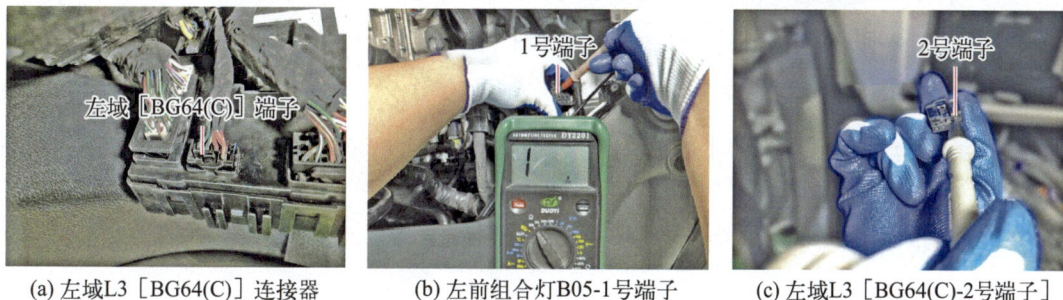

(a) 左域L3［BG64(C)］连接器　　(b) 左前组合灯B05-1号端子　　(c) 左域L3［BG64(C)-2号端子］

图 5-1-4　检查线路导通状态

修复左域 L3［BG64（C）-2 号端子］至左前组合灯（B05-1 号端子）线路，试车，近光灯恢复正常使用，如图 5-1-5 所示。

5.清洁整理

❶ 收起车辆防护用品，收纳万用表及个人防护装置。

❷ 清洁场地，锁好车辆。

图 5-1-5　近光灯正常

五、"岗课赛证"融通

※岗位任务：对接新能源汽车机电维修岗位典型工作任务"照明及信号系统故障排除"。

※职业证书：对接技能等级证书"新能源汽车电子电气空调舒适技术（高级）"模块技能要求"电路图判读、电路诊断分析、前照灯诊断分析、新能源汽车电路诊断分析"。

※技能竞赛：对接竞赛技能要点的前期准备，安全检查，仪器连接，故障症状确认，目视检查，读取故障码与数据流，高压断电，非带电状态检测验证，电控制动系统的元器件测量与机械拆装，故障点确认和排除。

六、课后习题

（一）判断题

1. 照明系统为汽车夜间行驶提供照明，车外照明灯具主要有前照灯、倒车灯、牌照灯、雾灯等，车内照明灯具主要有室内灯、门灯、各开关背光灯等。（　　）

2. 左侧近光灯不亮，如果灯泡没问题，就是左组合前灯ECU存在故障。（　　）

3. 当左侧转向灯全不亮时，有可能是闪光继电器出现故障。（　　）

4. 当制动灯一侧不亮时，首先检查灯泡。（　　）

5. 位置灯和牌照灯不是同一电路控制。（　　）

（二）单选题

1. 当超车灯不工作时（远光灯与近光灯正常），故障原因有组合开关控制电路、（　　）异常。

A. 左前组合灯ECU和右前组合灯ECU

B. 熔丝

C. 电源线

D. 接地线

2. 打左右转向时，转向灯都不工作（危险报警灯工作正常），导致故障的原因有（　　）异常。

A. 组合开关控制电路和前组合灯ECU

B. 组合开关控制电路和BCM

C. 紧急报警开关电路和BCM

D. 组合开关控制电路和闪光继电器

3.导致位置灯和牌照灯都不亮故障的原因有前位置灯熔断器、组合开关控制电路、内部小灯继电器、位置灯 / 牌照灯电路、（　　　）异常。

A.灯泡
B. BCM
C. 紧急报警开关电路
D. 继电器控制模块

4.导致门灯不亮故障的原因有室内照明熔断器、门灯电路、（　　　）异常。

A.灯泡
B. 紧急报警开关电路
C. BCM
D. 继电器控制模块

5.以下（　　　）不是导致手动大灯调节不工作的原因。

A.大灯调节开关
B. 紧急报警开关电路
C.左（右）调节电机
D. 线束

任务二　新能源汽车仪表检测与维修

一、任务引入

一辆 2022 年款比亚迪秦 PLUS DM-i 混合动力汽车（尊贵型），据客户反映：车辆上电后，组合仪表不亮，多功能显示屏正常。根据客户描述的故障现象，维修顾问将车辆交给技师对其进行故障诊断与维修。

二、学习目标

（一）知识目标

1.熟悉新能源汽车仪表故障诊断与排除方法。
2.熟悉新能源汽车仪表故障检测的流程。
3.熟悉新能源汽车仪表的维修方法。

（二）技能目标

1.熟练使用故障诊断仪，读取并分析汽车仪表故障码及数据。
2.学会查阅维修手册、电路图，规范检测与排除汽车仪表故障。

（三）素养目标

1.具备良好的安全意识，能规范进行部件检测与维修相关的安全作业。
2.具备良好的团队合作、刻苦钻研能力。

三、知识储备

组合仪表位于驾驶员正前方、转向管柱上部，是一种多功能显示屏（图 5-2-1）。

车速表：基于轮速传感器，ABS 将轮速信号转化为车速信号，通过 CAN 将数据传给组合仪表。

功率表：组合仪表通过采集 CAN 上动力电池管理模块发送的总电压、总电流计算功率，同时判断正、负。

电量表：组合仪表采集动力电池管理模块的 CAN 信息，显示电池容量。

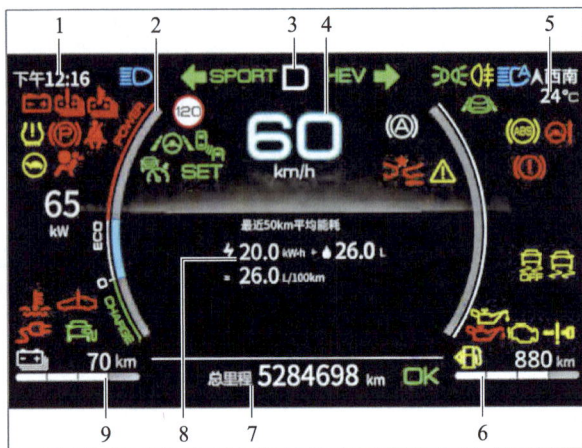

图 5-2-1　比亚迪秦 PLUS DM-i 组合仪表

1—时间；2—功率表；3—挡位；4—车速表；5—车外温度；6—燃油表；
7—续航里程；8—行车信息；9—电量表

新能源汽车仪表故障现象及原因如表 5-2-1 所示。

表 5-2-1　新能源汽车仪表故障现象及原因

故障现象	故障部位	故障现象	故障部位
整个仪表不工作	电源电路	仪表转向指示灯不亮	组合开关
	组合仪表		组合仪表
长短里程调节失效	组合仪表		线束或连接器
仪表背光调节不起作用	组合仪表	远光灯指示灯不亮	CAN 通信
整车背光不可调节	组合仪表		组合开关
	线束		组合仪表
	其他模块	驻车制动指示灯异常	驻车制动开关
车速表异常	轮速传感器		组合仪表
	ABS		线束或连接器
	网关	近光灯指示灯不亮	CAN 通信
	组合仪表		组合开关
	CAN 通信		组合仪表

故障现象	故障部位	故障现象	故障部位
驻车制动指示灯异常	驻车制动开关	小灯指示灯异常	组合开关
	组合仪表		组合仪表
	线束或连接器		CAN 通信
安全系统指示灯异常	左域（BCM）	充电系统指示灯异常	DC/DC
	组合仪表		组合仪表
	CAN 通信		线束或连接器
驾驶员座椅安全带指示灯异常	主驾安全带锁扣开关	防抱死制动装置指示灯异常	ABS 系统故障
	左域（BCM）		组合仪表
	组合仪表		CAN 通信
	CAN 通信	智能钥匙系统钥匙位置指示灯异常	I-KEY ECU
	线束或连接器		左域（BCM）
安全气囊故障指示灯异常	SRS 系统		组合仪表
	组合仪表		CAN 通信
	CAN 通信	里程信息显示异常	轮速传感器
车门和后备厢开启指示灯异常	左域（BCM）		组合仪表
	组合仪表		网关
	CAN 通信		CAN 通信
后雾灯指示灯异常	组合开关		
	组合仪表		
	CAN 通信		

四、任务实施

以比亚迪秦 PLUS DM-i 整个仪表不工作故障为例。

1.操作准备

❶ 做好新能源汽车维修场地安全隔离防护措施。

❷ 备好新能源汽车检测维修所需工量具及仪器设备。

❸ 做好高压电安全个人防护。

❹ 做好车辆作业防护。

❺ 按需做好高压维修断电操作。

2.故障现象

一辆比亚迪秦 PLUS DM-i 出现仪表不工作、黑屏的故障，如图 5-2-2 所示。

扫一扫

视频精讲

图 5-2-2　仪表不工作、黑屏

3. 故障检查及分析

(1) 故障检查　使用诊断仪读取故障码，未发现故障码。

(2) 故障分析　查阅维修手册，导致整个仪表不工作的原因有电源电路故障和组合仪表故障，如图 5-2-3 所示。

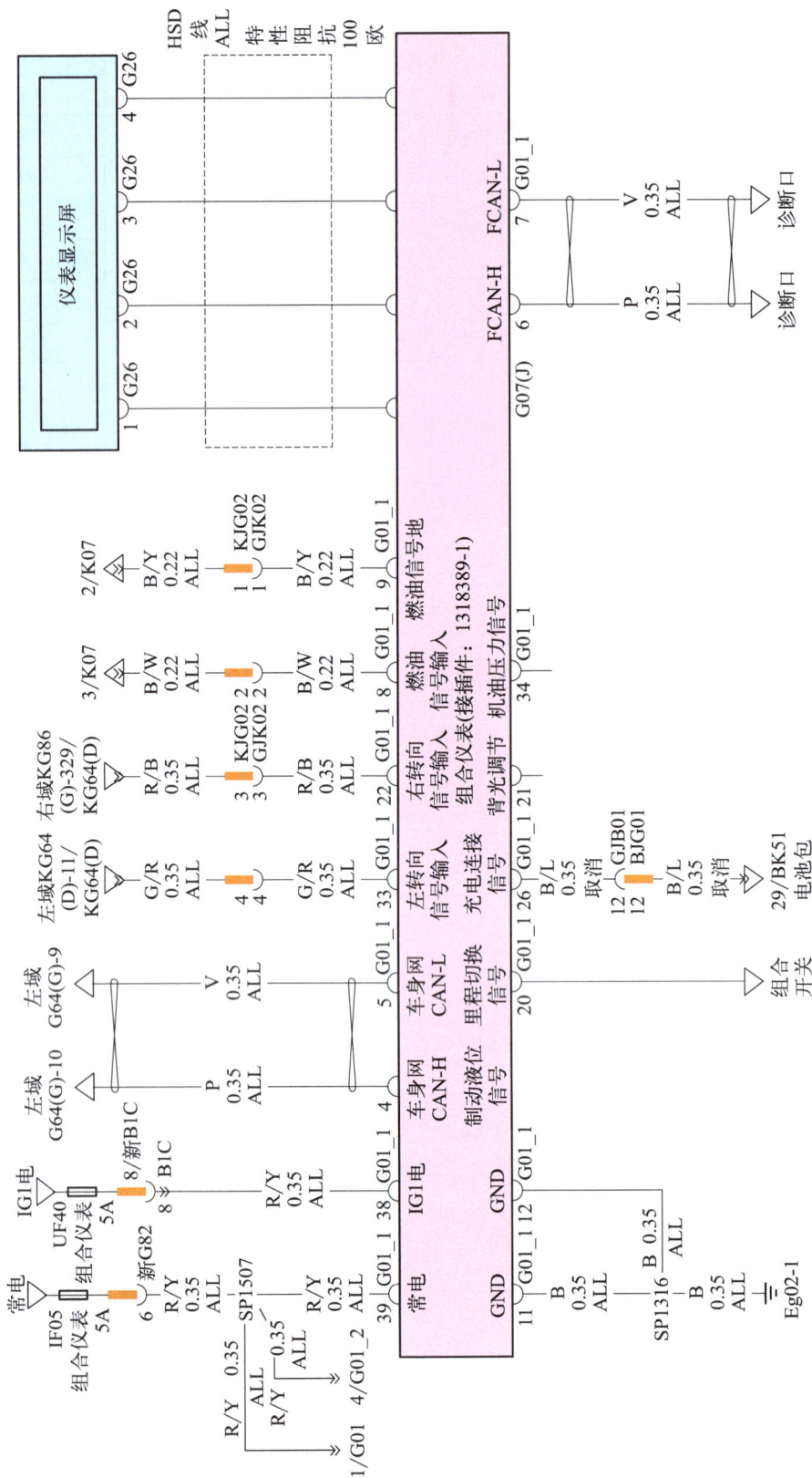

图 5-2-3　组合仪表电路

本着先易后难的原则，首先检查组合仪表的电源电路。

4.故障诊断与排除

（1）检查熔丝　根据图5-2-3，找到IF05（5A）熔丝，使用万用表蜂鸣挡检查导通状态，测量结果为无穷大，异常，如图5-2-4所示。

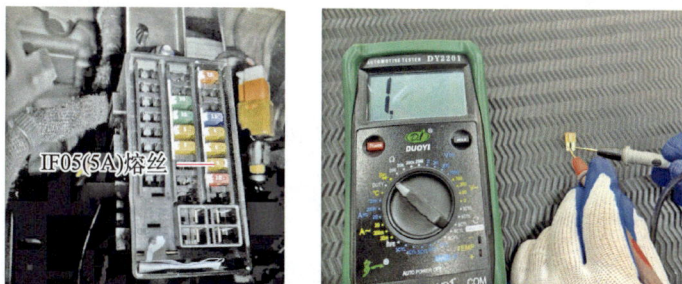

图 5-2-4　检查 IF05（5A）熔丝

根据图5-2-3，找到UF40（5A）熔丝，使用万用表蜂鸣挡检查导通状态，测量结果为导通，正常，如图5-2-5所示。

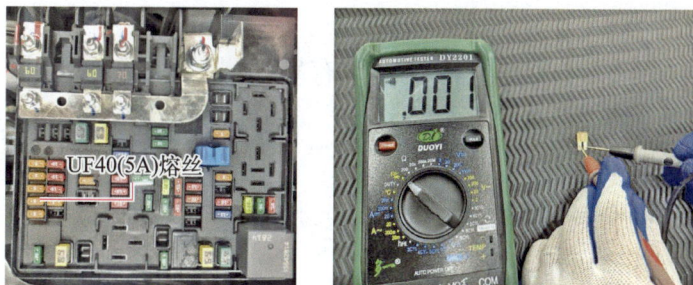

图 5-2-5　检查 UF40（5A）熔丝

（2）检查电源电压　如图5-2-6所示，使用万用表20V电压挡测量IF05（5A）熔丝电源电压，红表笔连接熔丝端子，黑表笔连接车身搭铁，测量值为13.77V，正常。

更换IF05（5A）熔丝后，车辆上电，组合仪表显示正常，如图5-2-7所示。

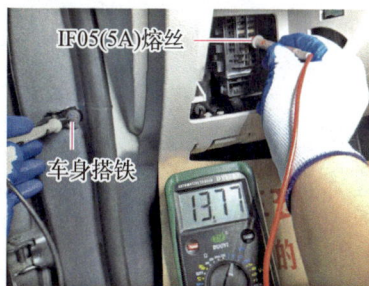

图 5-2-6　检查 IF05（5A）熔丝电源电压

图 5-2-7　组合仪表显示正常

5.清洁整理

❶ 收起车辆防护用品，收纳万用表及个人防护装置。

❷ 清洁场地，锁好车辆。

五、"岗课赛证"融通

※ 岗位任务：对接新能源汽车机电维修岗位典型工作任务"汽车组合仪表故障排除"。

※ 职业证书：对接技能等级证书"新能源汽车电子电气空调舒适技术（高级）"模块技能要求"仪表灯诊断分析、仪表警示灯和驾驶员信息系统诊断分析、新能源汽车电路诊断分析"。

※ 技能竞赛：对接竞赛技能要点的前期准备，安全检查，仪器连接，故障症状确认，目视检查，读取故障码，非带电状态检测验证，汽车组合仪表的元器件测量，故障点确认和排除。

六、课后习题

（一）判断题

1. 比亚迪秦 PLUS DM-i 组合仪表上有发动机转速表。（　　）

2. 车速表是基于轮速传感器，ABS 将轮速信号转化为车速信号，通过CAN 将数据传给组合仪表。（　　）

3. 组合仪表功率表通过采集 CAN 上动力电池管理模块发送的总电压、总电流计算功率，同时判断正、负。（　　）

4. 组合仪表采集发动机模块的 CAN 信息，显示电池容量表。（　　）

5. 比亚迪秦 PLUS DM-i 组合仪表常电熔丝规格为 5A。（　　）

（二）单选题

1. 当远光灯指示灯不亮时，导致其故障的原因有 CAN 通信、组合仪表、（　　）异常。

A.组合开关　　　B.线束或连接器　　C.左域（BCM）　　D.电源电路

2. 当车速表异常时，可对轮速传感器、网关、组合仪表、CAN 通信、（　　）进行检查。

A.组合开关　　　B.ABS　　　　C.线束　　　　　D.电源电路

3. 当安全气囊故障指示灯异常时，需对 SRS 系统、组合仪表、（　　）进行检查。

A.线束或连接器　　B.ABS　　　　C.线束　　　　D.CAN 通信

4. 当充电系统指示灯异常时，导致其故障的原因有组合仪表、线束或连接器、（　　　）。

A. DC/DC　　　　　　B. ABS　　　　　　C. 线束　　　　　　D. CAN 通信

5. 当里程信息显示异常时，需对轮速传感器、组合仪表、（　　　）、网关进行检查。

A. 左域（BCM）　　B. ABS　　　　　　C. 线束　　　　　　D. CAN 通信

任务三　新能源汽车防盗及报警装置检测与维修

一、任务引入

　　一辆 2022 年款比亚迪秦 PLUS DM-i 混合动力汽车（尊贵型），据客户反映：按下智能钥匙的开锁或闭锁开关时车辆无响应，钥匙指示灯亮起。根据客户描述的故障现象，维修顾问将车辆交给技师对其进行故障诊断与维修。

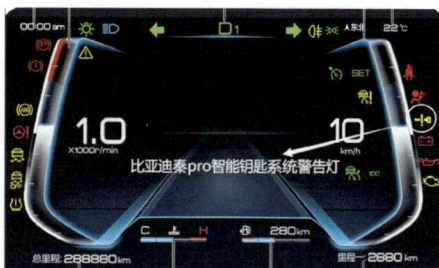

扫一扫

视频精讲

二、学习目标

（一）知识目标

　　1. 熟悉新能源汽车智能钥匙系统常见故障诊断与排除方法。
　　2. 熟悉新能源汽车智能钥匙系统故障检测流程。

（二）技能目标

　　1. 熟练使用故障诊断仪，读取并分析智能钥匙系统故障码及数据。
　　2. 学会查阅维修手册、电路图，规范检测与排除智能钥匙系统故障。

（三）素养目标

　　1. 具备良好的安全意识，能规范进行部件检测与维修相关的安全作业。
　　2. 具备爱岗敬业、诚实守信的职业素养，以及精益求精的工匠精神。

三、知识储备

　　通过智能钥匙系统（集成进左域），驾驶员可实现远程解锁车门、上电和启动等操作。

　　智能进入系统的功能包含电子钥匙功能、NFC 钥匙功能、云服务功能及蓝牙钥匙功能，分别通过不同的通信方式以及不同的钥匙形式来进行车辆使用（图 5-3-1）。

图 5-3-1　智能钥匙系统

智能进入系统需满足 AES 算法和 Hitag2 算法兼容。当 VCU/ECM 为 Hitag2 算法（20A 的 2.4 位为 0，默认为 0）时，智能进入系统与 VCU/ECM 进行的防盗校验需为 Hitag2 算法，和之前量产状态一致；若为 AES 加密算法（20A 的 2.4 位为 1，默认为 0），则执行新定义的防盗校验。

（一）智能钥匙系统故障现象及原因

智能钥匙系统故障现象及原因如表 5-3-1 所示。

表 5-3-1　智能钥匙系统故障现象及原因

故障现象	检查部件
电子智能钥匙的所有遥控功能都不工作（持有合法钥匙，且在遥控区域）	电子智能钥匙
	左域（高频接收器、I-KEY ECU、BCM）
	线束或连接器
遥控功能正常，但操作左前门微动开关无动作（持有合法钥匙，且在探测区域）	左前门把手微动开关
	左前门把手探测天线
	左域（高频接收器、I-KEY ECU、BCM）
	线束或连接器
遥控功能正常，但操作右前门微动开关无动作（持有合法钥匙，且在探测区域）	右前门把手微动开关
	右前门把手探测天线
	左域（高频接收器、I-KEY ECU、BCM）
	线束或连接器
遥控功能正常，但操作车后微动开关无动作（持有合法钥匙，且在探测区域）	车后微动开关
	车后探测天线
	左域（高频接收器、I-KEY ECU、BCM）
	线束或连接器
车内探测天线无法识别钥匙（持有合法钥匙，且在探测区域）	车内探测天线（前、中、后）
	左域（高频接收器、I-KEY ECU、BCM）
	线束或连接器
无电模式下启动不能正常工作	启动按钮
	智能钥匙
	线束或连接器

（二）报警器故障现象及原因

报警器故障现象及原因如表 5-3-2 所示。

（三）钥匙系统故障码及检查范围

智能钥匙系统故障码及检查范围如表 5-3-3 所示。

表 5-3-2　报警器故障现象及原因

故障现象	检查部件
报警器不工作	报警器
	继电器控制模块
	BCM
	线束或连接器

表 5-3-3　智能钥匙系统故障码及检查范围

故障码	故障描述	故障范围
B229D-16	高频接收器模块供电过低故障	左域（高频接收器、I-KEY ECU、BCM）
		线束或连接器
B229D-17	高频接收器模块供电过高故障	左域（高频接收器、I-KEY ECU、BCM）
		线束或连接器
B2298-96	读卡器模块内部天线故障	左域（高频接收器、I-KEY ECU、BCM）
B227C13	车内前部探测天线开路故障	车内前部探测天线
		线束或连接器
B227D13	车内中部探测天线开路故障	车内中部探测天线
		线束或连接器
B227E13	车内后部探测天线开路故障	车内后部探测天线
		线束或连接器
B22A713	车外左前探测天线开路故障	车外左前探测天线
		线束或连接器
		I-KEY ECU
B22A613	车外右前探测天线开路故障	车外右前探测天线
		线束或连接器
B22A813	车外后备厢探测天线开路故障	车外后备厢探测天线
		线束或连接器
B22A016	低频天线驱动供电过低故障	低频天线
		线束或连接器
B22A017	低频天线驱动供电过高故障	低频天线
		线束或连接器
B229B13	高频接收器模块 DATA 线路开路故障	左域（高频接收器、I-KEY ECU、BCM）
B229B11	高频接收器模块 DATA 线路对地短路故障	左域（高频接收器、I-KEY ECU、BCM）
B229C11	高频接收器模块 RSSI 对地短路故障	左域（高频接收器、I-KEY ECU、BCM）
B229801	读卡器模块通信线路故障	读卡器模块
		线束或连接器
B229816	读卡器模块供电过低故障	左域（高频接收器、I-KEY ECU、BCM）
		线束或连接器
B229817	读卡器模块供电过高故障	左域（高频接收器、I-KEY ECU、BCM）
		线束或连接器

四、任务实施

以 2022 年款比亚迪秦 PLUS DM-i 混合动力汽车（尊贵型）智能钥匙系统控制器电源电路故障为例。

1. 操作准备

❶ 做好新能源汽车维修场地安全隔离防护措施。

❷ 备好新能源汽车检测维修所需工量具及仪器设备。

❸ 做好高压电安全个人防护。

❹ 做好车辆作业防护。

❺ 按需做好高压维修断电操作。

扫一扫

视频精讲

2. 故障现象

一辆比亚迪秦 PLUS DM-i 智能钥匙失效，使用备用钥匙操作时，车辆依旧无响应，如图 5-3-2 所示。

3. 故障检查及分析

（1）故障检查　使用诊断仪读取故障码为 B229D-16，内容为高频接收器模块供电过低故障，如图 5-3-3 所示。

图 5-3-2　汽车智能钥匙失效

图 5-3-3　读取故障码

（2）故障分析　经检查，低压 12V 蓄电池电量充足，初步排除了智能钥匙本身，以及低压蓄电池电量不足而产生故障，查阅维修手册得知，引起该故障的原因为左域（高频接收器、I-KEY ECU、BCM）故障、线束或连接器故障，如图 5-3-4 所示。

4. 故障诊断与排除

检查左域线束连接器，确认无松动、无损坏，连接牢固。

检查高频接收器模块线束连接器，确认无松动、无损坏，连接牢固，如图 5-3-5 所示。

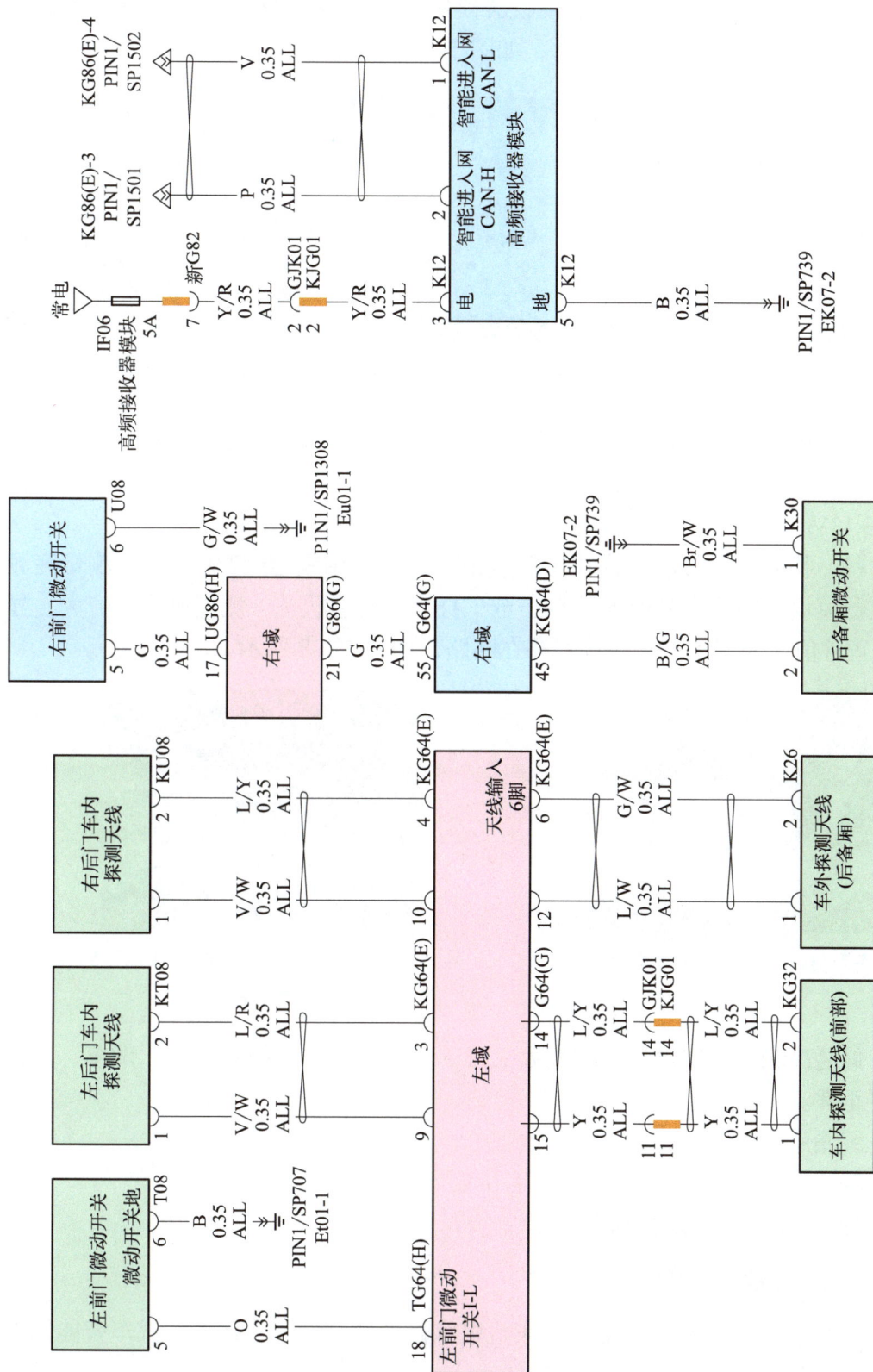

图 5-3-4 智能钥匙电路

131

（1）检查熔丝　拔下高频接收器模块 IF06（5A）熔丝，使用万用表蜂鸣挡测量，测量结果为导通，正常，如图 5-3-6 所示。

图 5-3-5　高频接收器模块线束连接器

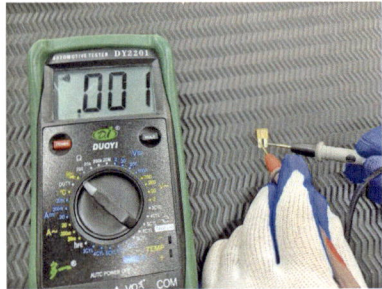

图 5-3-6　检查 IF06（5A）熔丝

（2）检查高频接收器模块电源　断开高频接收器模块 K12 连接器。

使用万用表 20V 电压挡，测量高频接收器模块 K12-3 号端子电压，测量值为 13.13V，正常（正常范围应为 11 ～ 14V），如图 5-3-7 所示。

（3）检查高频接收器模块搭铁线束　使用万用表 200Ω 电阻挡，测量高频接收器模块搭铁线束 K12-5 号端子至车身搭铁导通状态，测量值为无穷大，异常（正常值应小于 1Ω）。该线路存在断路，如图 5-3-8 所示。

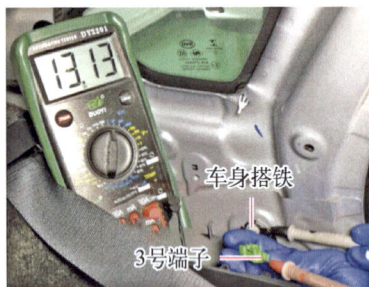

图 5-3-7　检查高频接收器模块电源

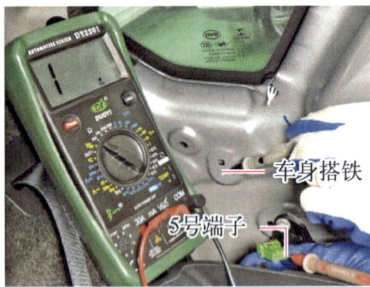

图 5-3-8　测量高频接收器模块搭铁线束
导通状态

修复高频接收器模块搭铁线束 K12-5 号端子至车身搭铁线路，试车，车辆恢复正常。

5.清洁整理

❶ 收起车辆防护用品、收纳万用表及个人防护装置。

❷ 清洁场地，锁好车辆。

五、"岗课赛证"融通

※ 岗位任务：对接新能源汽车机电维修岗位典型工作任务"汽车智能钥匙故障排除"。

※职业证书：对接技能等级证书"新能源汽车电子电气空调舒适技术（高级）"模块技能要求"其他附件诊断分析、新能源汽车电路诊断分析"。

※技能竞赛：对接竞赛技能要点的前期准备，安全检查，仪器连接，故障症状确认，目视检查，读取故障码，非带电状态检测验证，汽车智能钥匙系统的元器件测量，故障点确认和排除。

六、课后习题

（一）判断题

1.智能进入系统的功能包含电子钥匙功能、NFC 钥匙功能、云服务功能及蓝牙钥匙功能。（　　）

2.电子智能钥匙的所有遥控功能不工作时，有可能是电子智能钥匙故障。（　　）

3.遥控功能正常，但操作左前门微动开关无动作时，有可能是车后探测天线故障。（　　）

4.车内探测天线无法识别钥匙时，有可能是车内探测天线故障。（　　）

5.当出现高频接收器模块供电过低故障时，应重点检查车内前部探测天线。（　　）

（二）单选题

1.当出现车外左前探测天线开路故障时，应重点检查线束或连接器、I-KEY ECU、（　　）。

A. 车外左前探测天线　　　　　　B. 车外右前探测天线

C. 低频天线　　　　　　　　　　D. 读卡器模块

2.在探测区域内，遥控功能正常，但操作车后微动开关无动作，有可能是（　　）故障。

A. 车外左前探测天线　　　　　　B. 车后微动开关

C. 低频天线　　　　　　　　　　D. 智能钥匙

3.在探测区域内，出现无法识别钥匙的情况，应重点检查车内探测天线（前、中、后）、线束或连接器、（　　）。

A. 智能钥匙

B. 启动按钮

C. I-KEY ECU

D. 左域（高频接收器、I-KEY ECU、BCM）

4.当出现低频天线驱动供电过高故障时，应重点检查低频天线和（　　）。

A. 车外左前探测天线　　　　　　B. I-KEY ECU

C. 线束或连接器　　　　　　　　D. 智能钥匙

5. 当出现读卡器模块供电过高故障时，除线束、连接器会导致故障外，还有哪个？（　　　）

A. 读卡器模块　　　　　　　　　B. 低频天线

C. I-KEY ECU　　　　　　　　　D. 左域（高频接收器、I-KEY ECU、BCM）

任务四　新能源汽车暖风和空调系统检测与维修

一、任务引入

一辆 2022 年款比亚迪秦 PLUS DM-i 混合动力汽车（尊贵型），据客户反映：车辆正常运行时，打开空调没有冷气。根据客户描述的故障现象，维修顾问将车辆交给技师对其进行故障诊断与维修。

二、学习目标

扫一扫

视频精讲

（一）知识目标

1. 熟悉新能源汽车暖风和空调系统故障诊断与排除方法。

2. 熟悉新能源汽车暖风和空调系统检测的流程。

3. 熟悉新能源汽车暖风和空调系统的维修方法。

（二）技能目标

1. 熟练使用故障诊断仪，读取并分析暖风和空调系统故障码及数据。

2. 学会查阅维修手册、电路图，规范检测与排除暖风和空调系统故障。

（三）素养目标

1. 具备良好的安全意识，能规范进行部件检测与维修相关的安全作业。

2. 具备爱岗敬业、诚实守信的职业素养，以及精益求精的大国工匠精神。

三、知识储备

新能源汽车暖风和空调系统主要由压缩机、冷凝器、HVAC 总成、制冷管路、暖风水管、风道、空调控制器等零部件组成，具有制冷、采暖、除霜、除雾、通风换气等功能。该系统利用发动机冷却液余热采暖，利用蒸气压缩式制冷和循环制冷，制冷剂为 R134a，控制方式为按键操纵式。自动空调箱体的模式风门、冷暖混合风门和内外循环风门都由电机控制。

制冷是通过电动压缩机、冷凝器、电子膨胀阀、蒸发器、鼓风机、空调控制器和空调制冷管路等组件组合成的系统来实现的。

采暖是通过水加热 PTC、暖风水泵、暖风芯体、鼓风机、空调控制器（左域）和空调采暖管路等组件组合成的系统来实现的。

汽车暖风和空调系统故障现象及检查部件，如表 5-4-1。

表 5-4-1 汽车暖风和空调系统故障现象及检查部件

故障现象	检查部件	故障现象	检查部件
空调系统所有功能失效	左域（空调控制器）/面板电源电路	出风模式调节不正常	出风模式控制电机
	左域（空调控制器）		左域（空调控制器）
	线束或连接器		线束和连接器
仅制冷系统失效（鼓风机工作正常）	压力传感器	温度调节不正常	冷暖混合控制电机
	请求允许回路		左域（空调控制器）
	压缩机熔断器		线束和连接器
	压缩机继电器	内外循环调节失效	循环控制电机
	压缩机		左域（空调控制器）
	线束或连接器		线束和连接器
制冷系统工作不正常（实际温度与设定温度有偏差）	各传感器（车内、车外温度传感器、通道温度传感器）	电除霜失效	电除霜电加热丝熔断器
			电除霜电加热继电器
	左域（空调控制器）		电除霜电加热丝
	线束和连接器		继电器控制模块
			线束和连接器
鼓风机不工作	前鼓风机熔断器	冷凝、散热风扇故障	熔断器
	前鼓风机继电器		继电器
	前鼓风机		风扇
	前调速模块		线束
	左域（空调控制器）		
	线束或连接器		
鼓风机风速不可调（鼓风机工作正常）	前/后鼓风机调速模块		
	左域（空调控制器）		
	线束或连接器		

当车辆出现绝缘故障时，动力电池无法输出电能，车辆无法行驶，制热和制冷功能无法实现。分别检查动力电池及其高压电缆绝缘状况、快充线束绝缘状况、慢充线束绝缘状况、电机及其高压电缆绝缘状况、UVW 高压电缆绝缘

135

状况、压缩机及其高压电缆绝缘状况、PTC 及其高压线束绝缘状况。若出现压缩机高压电缆或 PTC 高压电缆绝缘故障，则更换电缆。若出现压缩机及 PTC 元件绝缘故障，则更换元件。

（三）高压互锁故障

当车辆出现互锁故障时，动力电池无法输出电能，车辆无法行驶，制热和制冷功能无法实现。因此断开 12V 蓄电池负极，做好负极线的相关保护措施。用万用表分段检测压缩机和 PTC 以及其他互锁线路，若为互锁故障，则更换线束或更换接插件恢复互锁故障。

四、任务实施

以比亚迪秦 PLUS DM-i 空调不制冷故障为例。

1.操作准备

① 做好新能源汽车维修场地安全隔离防护措施。

② 备好新能源汽车检测维修所需工量具及仪器设备。

③ 做好高压电安全个人防护。

④ 做好车辆作业防护。

⑤ 按需做好高压维修断电操作。

扫一扫

视频精讲

2.故障现象

一辆比亚迪秦 PLUS DM-i 空调没有冷气，如图 5-4-1 所示。

3.故障检查及分析

（1）故障检查　使用诊断仪读取故障码，为 B2A2213，内容为车外温度传感器开路，如图 5-4-2 所示；读取空调系统数据流时，车外温度传感器显示"断路"，无温度显示。

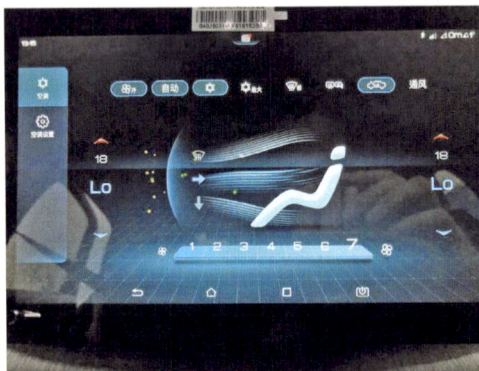

图 5-4-1　空调没有冷气

图 5-4-2　读取故障码

（2）故障分析　查阅维修手册得知，引起该故障的原因为车外温度传感器故障、车外温度传感器线束故障，电路图如图 5-4-3 所示。

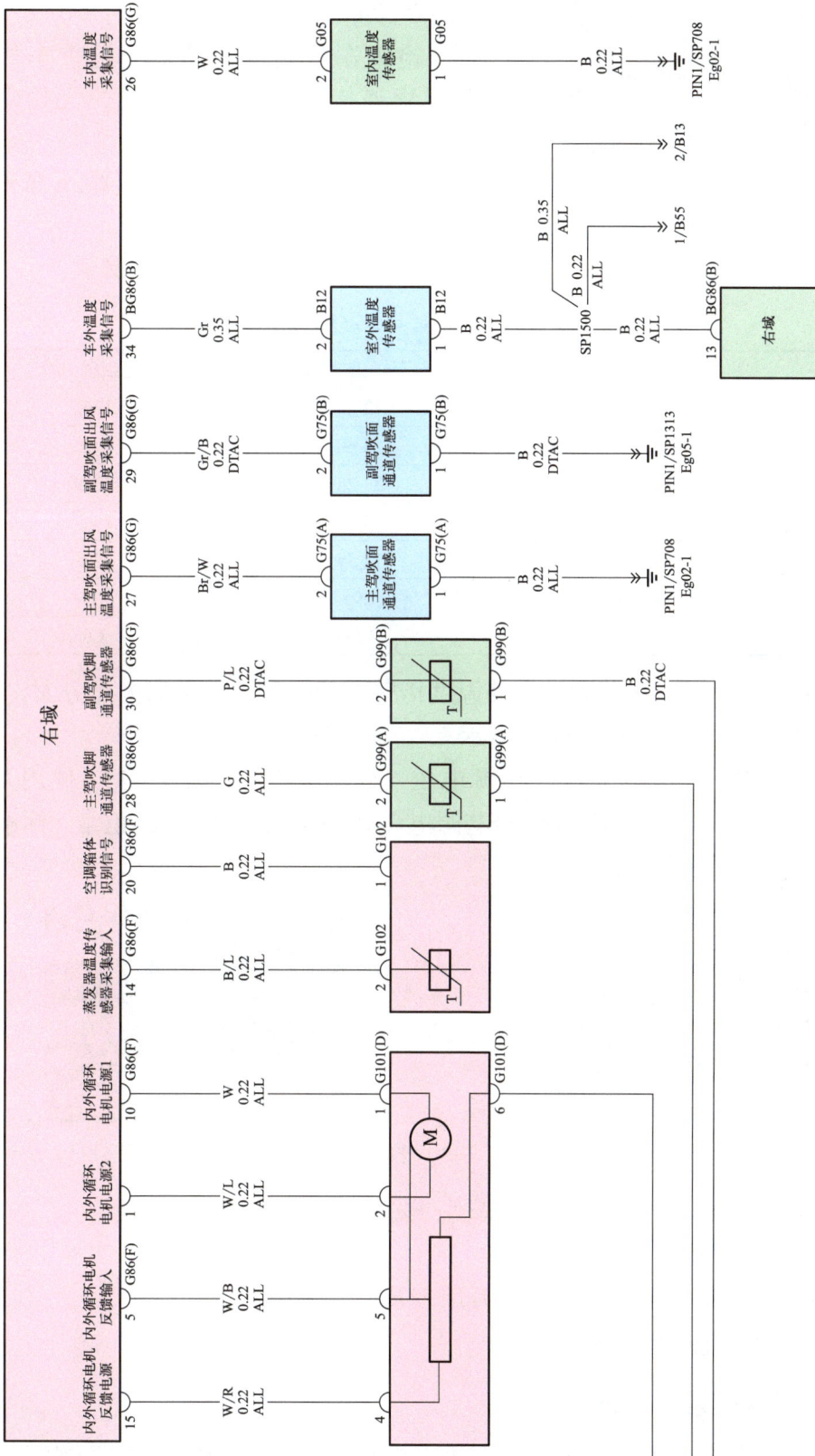

图 5-4-3 车外温度传感器电路

图 5-4-4　车外温度传感器

4.故障诊断与排除

（1）检查车外温度传感器　检查车外温度传感器线束连接器，确认无损坏、无松动，如图 5-4-4 所示。

断开车外温度传感器连接器，取下车外温度传感器。

按表 5-4-2 使用万用表电阻挡测量。

表 5-4-2　车外温度传感器标准值

端子	条件 /℃	下限值 /kΩ	上限值 /kΩ
1-2	−25	126.4	134.7
	−10	54.60	57.65
	0	32.25	33.69
	10	19.68	20.35
	20	12.37	12.67
	30	7.95	8.14
	50	3.51	3.66

使用万用表 20kΩ 挡测量车外温度传感器的电阻，测量值为无穷大，异常。该传感器存在故障，如图 5-4-5 所示。

（2）检查车外温度传感器电源电压　根据电路图（图 5-4-3），使用万用表 20V 电压挡测量车外温度传感器电源电压，测量值约为 5V，正常（标准值为 0 ~ 5V），如图 5-4-6 所示。

图 5-4-5　检查车外温度传感器

图 5-4-6　检查车外温度传感器电源电压

更换车外温度传感器，复原车辆，试车，车辆空调制冷正常。

5.清洁整理

❶ 收起车辆防护用品，收纳万用表及个人防护装置。

❷ 清洁场地，锁好车辆。

五、"岗课赛证" 融通

※ 岗位任务：对接新能源汽车机电维修岗位典型工作任务"新能源汽车空

调故障排除"。

※职业证书：对接技能等级证书"新能源汽车电子电气空调舒适技术（高级）"模块技能要求"电气系统诊断分析、新能源汽车电路诊断分析"。

※技能竞赛：对接竞赛技能要点的前期准备，安全检查，仪器连接，故障症状确认，目视检查，读取故障码和数据流，非带电状态检测验证，新能源汽车空调系统的元器件测量，故障点确认和排除。

六、课后习题

（一）判断题

1.新能源汽车空调制冷是通过电动压缩机、冷凝器、电子膨胀阀、蒸发器、鼓风机、空调控制器和空调制冷管路等组件组合成的系统来实现的。（　　　）

2.新能源汽车采暖是通过水加热 PTC、暖风水泵、暖风芯体、鼓风机、空调控制器（左域）和空调采暖管路等组件组合成的系统来实现的。（　　　）

3.当空调系统所有功能都失效时，只需要检查线束。（　　　）

4.当出现高压绝缘故障时，应该重点检查低压线束及零部件。（　　　）

5.当出现高压互锁故障时，汽车空调也能正常使用。（　　　）

（二）选择题

1.新能源汽车暖风和空调系统主要由压缩机、冷凝器、HVAC 总成、制冷管路、暖风水管、风道、（　　　）等零部件组成。

A.散热水箱　　　B.空调控制器　　　C.点火开关　　　　　　D.仪表台

2.当空调制冷系统失效时，应检查压力传感器、请求允许回路、压缩机继电器、压缩机、线束或连接器、（　　　）。

A.压缩机熔断器　　　　　　　　B.空调控制器

C.冷暖混合控制电机　　　　　　D.散热水箱

3.当温度调节不正常时，应检查左域（空调控制器）、线束和连接器、（　　　）。

A.压缩机熔断器　　　　　　　　B.空调控制器

C.冷暖混合控制电机　　　　　　D.散热水箱

4.当内外循环调节失效时，应检查左域（空调控制器）、线束和连接器、（　　　）。

A.压缩机熔断器　　　　　　　　B.空调控制器

C.冷暖混合控制电机　　　　　　D.循环控制电机

5.检查车外温度传感器时，以下正确的是（　　　）。

A.10℃，19.68kΩ　　　　　　　B.20℃，32.25kΩ

C.30℃，54.60kΩ　　　　　　　D.50℃，126.4kΩ

项目六
新能源汽车控制网络系统检测与维修

项目引入

中国北斗

据《人民日报》报道，第九届国际室内定位导航比赛上，中国电子科技集团有限公司首席科学家蔚保国率队实现对室内目标的实时连续定位，斩获单项冠军，实现北斗室内定位导航服务"从零到一"的突破。

自1995年起，蔚保国扎根北斗科研一线。北斗一号项目启动时，29岁的他投身地面系统研发领域。在老专家的指导下，蔚保国与同事们通宵达旦、斩关夺隘，研制出全新数字化信号收发系统，助力我国成为世界上第三个拥有卫星导航系统的国家。

北斗二号系统建设接力展开，组网卫星数量显著增多。若用老办法，每颗卫星对应一套地面天线，地面站将变成"天线农场"，带来一系列隐患。蔚保国团队创新提出"数字多波束多星测控技术体制"，即一个地面站系统同时产生多个波束，跟踪管理多颗卫星。面对这项复杂的技术，蔚保国团队从头干起，历经三年预研、五年型研、上千次试验，最终研制出北斗二号地面运控系统的关键设备——世界首套数字多波束卫星导航测量系统，保障了北斗二号系统的成功建设和装备应用，让世界记住了"中国北斗"这个名字。

北斗不仅要天上好用，更要地上用好。造好北斗系统相当于建起了毛坯房，做好应用才能实现"精装修"。2016年起，室内精准定位成为蔚保国团队专攻的"精装修"工程之一。他们的前沿实践，为北斗室内外无缝导航定位奠定了坚实基础。

伴随北斗三号全球卫星导航系统正式开通，中国北斗走上了服务全球、造福人类的时代舞台。蔚保国依然不敢松懈，每次出差，他总背着一个双肩包，里面装满专业书籍。"不学习就要落后，我从事的是国家的事业，有责任挑好这个担子。"蔚保国说。

讨论交流 纵观汽车工业的发展历程，从内燃机的发明现世至今新能源汽车的高速发展，以及智能网联汽车、飞行汽车技术的突破与应用，作为一位新时代的汽修人，如何才能跟得上时代的发展，更好地服务汽车后市场？

任务一　新能源汽车车载网络系统检测与维修

一、任务引入

一辆 2022 年款比亚迪秦 PLUS EV 纯电动汽车（标准版），据客户反映：无法使用随车交流充电器充电，车辆上电后，仪表显示低压供电系统故障。根据客户描述的故障现象，维修顾问将车辆交给技师对其进行故障诊断与维修。

二、学习目标

扫一扫

视频精讲

（一）知识目标

1. 熟悉车载网络系统常见故障。

2. 熟悉车载网络系统常见故障的诊断与排除方法。

3. 熟悉新能源汽车车载网络系统故障排除流程。

（二）技能目标

1. 熟练使用故障诊断仪，读取并分析车载网络系统故障码及数据。

2. 学会查阅维修手册、电路图，规范检测与排除车载网络系统故障。

（三）素养目标

1. 具备独立思考、获取有效资源，分析问题、解决问题的能力。

2. 具备良好的职业道德、职业操守和严谨求实的精益精神。

三、知识储备

汽车车载网络系统是用于汽车内部传感器、电控单元和执行器之间的通信，以点对点的连线方式连成的复杂网状结构，是汽车的控制中心。随着电子技术的发展及其在汽车上的广泛应用，汽车车载网络系统变得越来越复杂，其检修的难度也越来越大。

（一）汽车车载网络系统的常见故障

汽车车载网络系统常见故障类型如图 6-1-1 所示。

1. 电源故障

在汽车车载网络系统中，电控单元的正常工作电压一般为 10.5 ～ 15V，如果汽车电源发生故障，其工作电压超出以上范围，一些对工作电压要求较高的电控单元将停止工作，进而整个汽车车载网络系统将无法正常通信（图 6-1-2）。

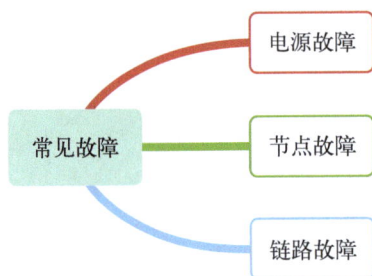

图 6-1-1　汽车车载网络系统常见故障类型

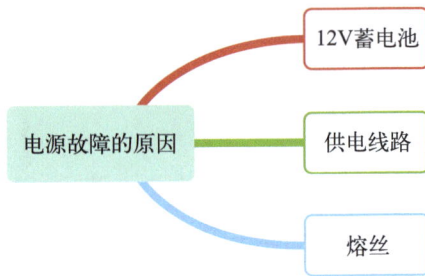

图 6-1-2　电源故障的原因

2.节点故障

硬件故障：一般是指电控单元内通信芯片或集成电路损坏导致电控单元无法工作，这种故障一般单独出现。一旦发生硬件故障，整个汽车车载网络系统将无法工作。

软件故障：一般是指汽车车载网络系统的通信协议和软件程序有缺陷或冲突，导致该系统出现通信混乱而无法工作。例如，新更换的电控单元因为没有激活或匹配软件，而使汽车车载网络系统不能正常工作。软件故障一般成批出现，且发生软件故障的汽车车载网络系统无法修复。

3.链路故障

链路故障是指汽车车载网络信息传输的媒体出现故障，如短路、断路及线路因物理性质改变而引起的通信信号衰减或失真等。链路故障往往会使汽车车载网络系统出错或使多个电控单元无法正常工作。

（二）汽车车载网络系统的常见故障检查方法

1.电源故障的检查方法（图6-1-3）

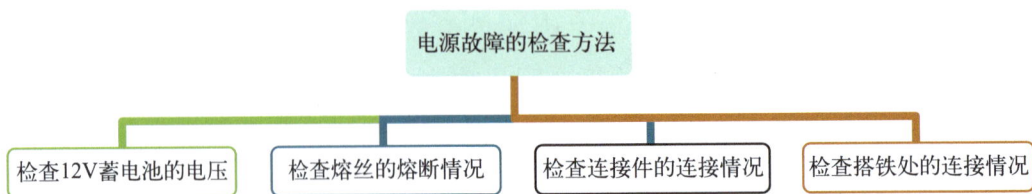

图 6-1-3　电源故障的检查方法

2.节点故障的检查方法

当发生节点故障时，汽车车载网络系统中的某些信号会消失，一般需要检测发送这些信号的电控单元是否有故障，若有故障，则对其进行检修。

硬件故障的检查方法主要有替换法和跨线法。替换法是将可能出现故障的电控单元进行替换，若汽车车载网络系统恢复正常，则表明替换的电控单元有问题，应对其进行检修。跨线法是用线将可能出现故障的电控单元跨接来检测其是否有故障。跨接后，若故障消失，则说明该电控单元有问题，需要维修；若故障依旧，则需要检修数据传输总线等。

当发生软件故障时，电控单元通常无法修复，需要直接更换。更换新的电控单元后，检修人员必须对其进行重新编码。电控单元的编码工作需要用专用的汽车检测仪，并按照菜单提示进行操作即可。

3.发生链路故障的检查方法

一般采用示波器或汽车检测仪等检测当前数据信号是否与标准数据信号相符，来判定是否发生故障。

当数据总线的两根导线短路时，将导致整个网络失效。

若两根导线中的某一根接地短路，则接上故障诊断仪诊断时无模块响应。

若两根导线中的某一根对电源短路，将导致整个网络失效。

当一根导线断路时，仍可进行故障诊断仪诊断。

若两根导线在靠近数据链接接头（诊断接头）处发生断路，故障诊断仪和网络之间将无法通信。不过在网络的一个分支上两根导线都断路时，只有断点后面的模块无法与故障诊断仪通信。

若两根导线都对地短路，将导致整个网络失效，各控制单元将按"故障模式"工作。汽车可以启动或行驶，但模块将只能使用与其直接连接的传感器。

若网关彻底损坏，将导致整个网络失效。当初步判断为某两个控制单元之间的数据总线出现故障时，可以用万用表对这两个模块之间的数据总线进行检查，并注意检查线束连接器端口和接头是否损坏、弯曲和松脱（接头侧和线束侧）。

四、任务实施

以比亚迪秦 EV 低压供电系统故障为例。

1.操作准备

❶ 做好新能源汽车维修场地安全隔离防护措施。

❷ 备好新能源汽车检测维修所需工量具及仪器设备。

❸ 做好高压电安全个人防护。

❹ 做好车辆作业防护。

❺ 按需做好高压维修断电操作。

2.故障现象

一辆比亚迪秦 EV，使用随车充电器充电时，充电枪照明灯不亮，仪表内亮起充电指示灯、主报警灯，显示"请检查车载充电系统"信息，无法进行交

扫一扫

视频精讲

流充电,如图 6-1-4 所示。

(a) 充电枪照明灯不亮

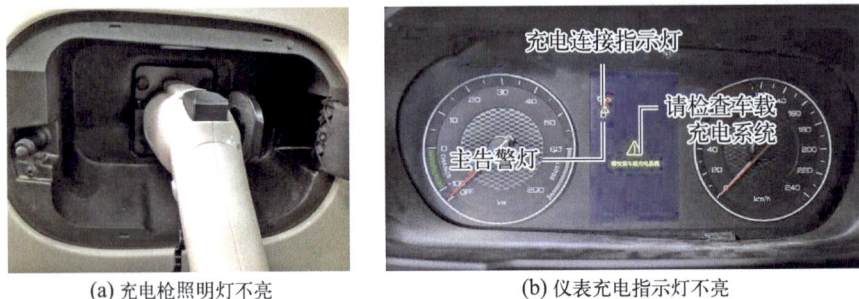

(b) 仪表充电指示灯不亮

图 6-1-4　车辆交流充电异常

3.故障检查及分析

(1) 故障检查　使用诊断仪读取整车控制器故障码,为 U029887[内容为与 DC(直流)通信故障]和 U029F87[内容为与 OBC(车载充电机)通信故障](图 6-1-5)。

图 6-1-5　读取故障码

(①通讯应写作通信)

(2) 故障分析　根据故障码得知该故障为充电系统通信故障,整车控制器与充配电总成无法进行数据通信,从而无法进行交流充电。查阅并分析电路图、维修手册,由于充电配电总成属于动力网的节点,与多合一(网关控制器)通过 CAN-H、CAN-L 线进行通信,因此首先检查 CAN-H、CAN-L 通信线路,如图 6-1-6 所示。

4.故障诊断与排除

断开充配电总成线束连接器 BK46、集成式车身控制模块 G64K 连接器,检查线束端连接器各端子间的电阻,参考数据如表 6-1-1 所示。

表 6-1-1　参考数据

序号	端子	正常情况
1	BK46-16 - G64K-9	小于 1Ω
2	BK46-17 - G64K-10	小于 1Ω
3	BK46-16 - BK46-17	大于 10kΩ

使用万用表 200Ω 电阻挡,测量充配电总成线束连接器 BK46-16 号端子至多合一 G64K-9 号端子导通情况,测量值为 0.97Ω,正常,如图 6-1-7 所示。

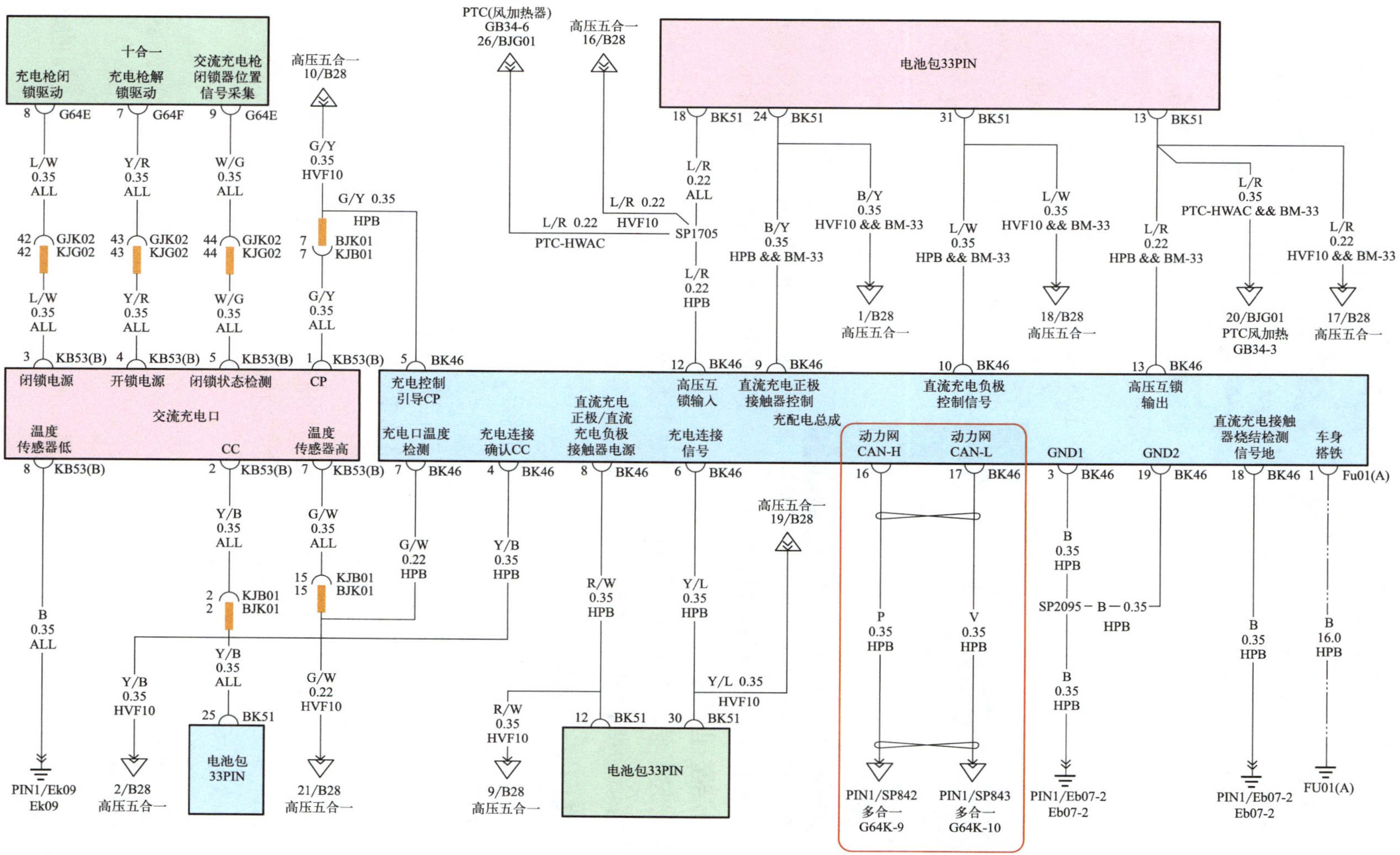

图 6-1-6 充配电总成 CAN-H、CAN-L 通信电路

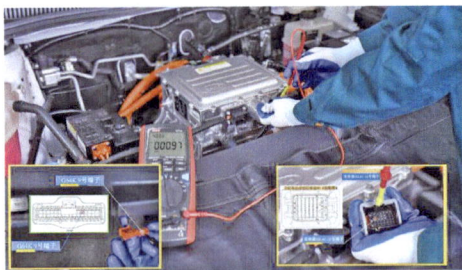

图 6-1-7　BK46-16 - G64K-9 端子电阻

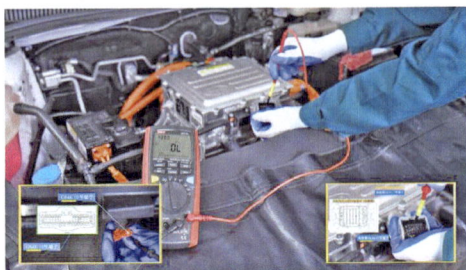

图 6-1-8　BK46-17 - G64K-10 端子电阻

(a) 充电枪照明灯点亮　　(b) 仪表充电指示灯正常

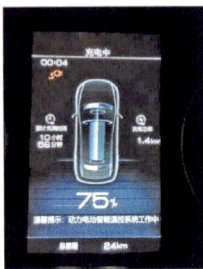

图 6-1-9　车辆恢复正常

使用万用表 200Ω 电阻挡，测量充配电总成线束连接器 BK46-17 号端子至多合一 G64K-10 号端子导通情况，测量值为无限大，异常（正常值应小于 1Ω），如图 6-1-8 所示。

找到线束断路的位置，修复线路，车辆复原后重新上电，清除故障码，车辆正常，故障排除，使用随车交流充电器能正常充电，如图 6-1-9 所示。

5.清洁整理

❶ 收起车辆防护用品，收纳万用表及个人防护装置。

❷ 清洁场地，锁好车辆。

五、"岗课赛证" 融通

※ 岗位任务：对接新能源汽车机电维修岗位典型工作任务"车载网络系统故障排除"。

※ 职业证书：对接技能等级证书"新能源汽车网关控制娱乐系统技术（中级）"模块技能要求"电路图判读、电路诊断分析、电子制动控制模块检测维修、新能源汽车电路诊断分析"。

※ 技能竞赛：对接竞赛技能要点的前期准备，安全检查，仪器连接，故障症状确认，目视检查，读取故障码，非带电状态检测验证，车载网络系统测量和拆装，故障点确认和排除。

六、课后习题

（一）判断题

1.汽车车载网络系统是用于汽车内部传感器、电控单元和执行器之间的通信。（　　　）

2.当汽车车载网络出现电源故障时，车载网络仍可正常工作。（　　）

3.当出现硬件故障时，整个汽车车载网络系统将无法工作。（　　）

4.当导线对电源短路时，若两根导线中的某一根对电源短路，将导致整个网络失效。（　　）

5.当一根导线断路时，仍可进行故障诊断仪诊断。（　　）

（二）单选题

1.汽车车载网络系统的常见故障有电源故障、节点故障、（　　）。

A.链路故障　　　　　　　　　　　　　　B.12V 蓄电池故障

C.车身控制单元故障　　　　　　　　　　D.仪表故障

2.当出现电源电障时，首先对（　　）进行检查。

A.动力电池　　　　B.车身控制单元　　　C.12V 蓄电池　　　D.线路

3.节点故障主要有硬件故障和（　　）。

A.动力电池　　　　　B.软件故障　　　　C.12V 蓄电池　　　D.线路

4.链路故障常见的有导线断路和（　　）。

A.导线短路　　　　B.软件故障　　　　　C.硬件故障　　　　D.仪表故障

任务二　新能源汽车车载移动互联网的认识

一、任务引入

一辆新能源汽车到店做常规检查，经检查需要使用车载移动互联网对系统进行升级，对于车载移动互联网，你了解多少呢？

二、学习目标

（一）知识目标

1.熟悉新能源汽车车载移动互联网的定义。

2.熟悉新能源汽车车载移动互联网的组成。

3.熟悉新能源汽车车载移动互联网 V2X、DSRC、C-V2X 功能。

（二）技能目标

学会使用新能源汽车智能急救功能。

（三）素养目标

1.具备积极主动的新知探究、乐于学习的能力。

2.养成随时关注汽车科技创新的习惯，发扬笃信好学精神。

三、知识储备

（一）车载移动互联网的认识

1.车载移动互联网的定义

车载移动互联网系统也称"汽车物联网"，简称"车联网"（图 6-2-1），是以车内网、车际网和车载移动互联网为基础，按照约定的体系架构及其通信协议和数据交互标准，实现 V2X（V 代汽车，X 代表车、路、行人及应用平台等）无线通信和信息交换，以实现智能化交通管理、智能动态信息服务和车辆智能化控制的一体化网络，是物联网技术在智能交通系统领域的延伸。

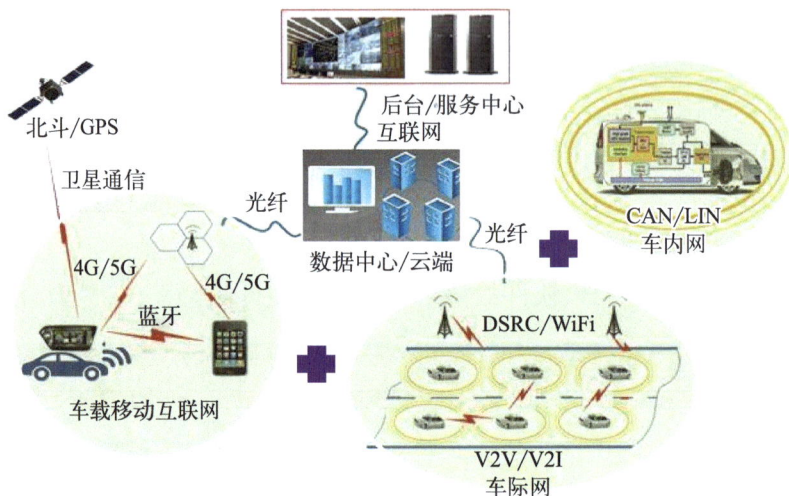

图 6-2-1 车联网

2.车联网系统的意义

车联网通过无线通信技术、GPS 技术及传感技术的相互配合实现解决智能交通的管理和信息服务，如智能公交定位管理和信号优先、智能停车场管理、车辆类型及流量信息采集、路桥电子不停车收费及车辆速度计算分析等。

智能的车联网让汽车可以与城市交通信息网络、智能电网以及社区信息网络全部连接，帮助驾驶员获得即时资讯，并做出与出行有关的明智决定；借助车联网的帮助，车辆将可以实现智能停靠，可以帮助驾驶员订票、寻找停车场，甚至车辆自己就能找到充电站完成充电。

3.车联网的要素（图6-2-2）

车：车联网核心，主要涉及车

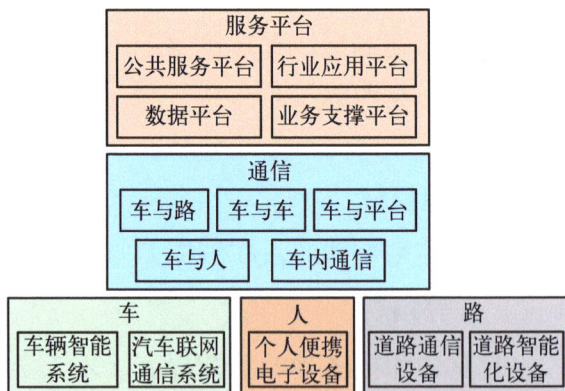

图 6-2-2 车联网要素

辆联网和智能系统。

人：道路环境参与者和车联网使用者。

路：车联网业务重要外部环境，涉及交通信息化相关设备。

通信：信息交互的载体，打通车内、车际、车路、车云信息流。

服务平台：实现车联网服务能力的业务载体、数据载体。

4.车联网的功能

车联网基于电子识别、定位和无线通信技术，打破了人车之间不能通信的壁垒，建立了人车之间通信的渠道，使得车辆运营监控、车辆实时参数获取与分析、远程协助与诊断等成为可能（图6-2-3）。

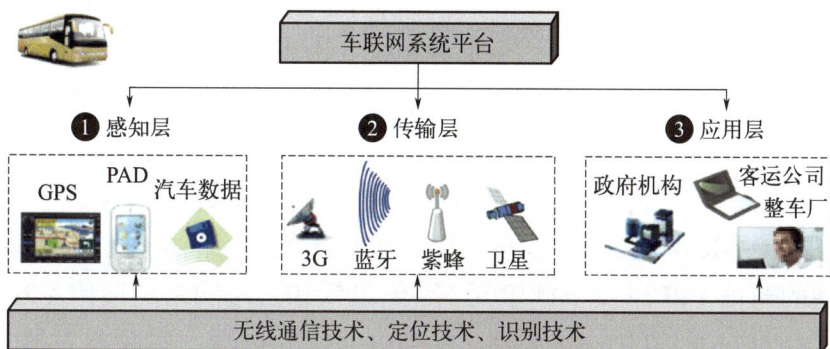

图 6-2-3　车联网的功能

扫一扫

视频精讲

车联网的主要服务内容如表 6-2-1 所示。

表 6-2-1　车联网的主要服务内容

序号	服务内容
1	车辆管理：车辆定位及运营监控；流量监测及分析；道路使用及收费；车队管理、线路优化；安全管理，成本管理
2	导航服务及咨讯服务：车辆智能导航系统；车辆定位服务系统；车辆停车引导系统；互联网及网上社区服务；气象资讯服务；即时路况服务；商旅信息服务；金融信息服务；乘客影音娱乐系统
3	道路收费：节能环保分析及管控；车辆调度；车辆燃油补贴；智能交通系统规划
4	预警及维护：运行数据采集与分析；车辆定位及追踪；车辆故障诊断；车辆紧急救援；车辆远程控制；车辆防撞防盗；车辆安全运营报告；车辆紧急通信系统
5	流量管控
6	数据采集及分析
7	娱乐服务
8	紧急告知及救援

5. V2X 的定义及组成

（1）V2X 的定义　V2X（vehicle to everything）技术又称为车用无线通信技术，本质上是一种物联网技术，V 代表的是车辆，X 代表的是道路、人、车、设备等一切可以连接的设备。具体来说，V2X 是指车对外界的信息交换。V2X 包含 V2V（vehicle to vehicle，车辆与车辆互联）、V2N（vehicle to network，车辆与网络互联）、V2I（vehicle to infrastructure，车辆与路侧基础设施互联）、

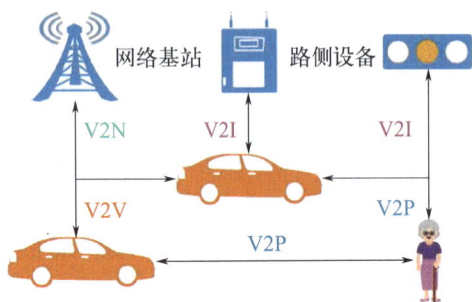

图 6-2-4　V2X 的应用

V2P（vehicle to pedestrian，车辆与行人互联）等多层含义，通过信息交换形成完善的交互系统（图 6-2-4）。

（2）V2X 的组成　V2X 系统一般由车载单元（on-board unit，OBU）、路侧单元（road-side unit，RSU）以及专用短程通信协议三部分组成。汽车通信主要包括车载单元 OBU 之间的通信 V2V、车载单元 OBU 与路侧单元 RSU 之间的通信 V2R、车载单元 / 路侧单元和通信基础设施接入互联网的通信 V2I 以及车载单元 / 路侧单元和云端网络的通信 V2N。

车载单元是汽车通信的车载终端。主要由通信处理器、射频收发器、GPS 接收器 / 处理器、车辆 CAN 总线、数据存储器、显示器等组成。路侧单元一般是指安装在路口交通设施旁或道路旁边的汽车通信设备，主要由通信处理器、射频收发机、数据存储器、交换处理器、通信网关（如需接入其他制式的网络）等组成。专用数据链路主要是指采用 802.11P 或 LTE 制式的用于汽车通信的无线链路，目前主要有 5.9GHz 频段（5.85 ~ 5.925GHz，共 75MHz 频宽）。

❶ V2V 的认识。V2V 是指通过车载终端进行车辆中间通信。车载终端可以及时得到附近车辆的车速、位置、安全驾驶情况等信息，车辆间还能够构成一个沟通的综合服务平台，及时交换文字、视频和照片等信息。这种场景将能够使车辆在 800m 以上的范围内识别其他车辆的速度、位置、方向和事件的异常情况，通过改善对障碍物和交叉路口的感知，帮助车辆避免事故等（图 6-2-5）。

❷ V2N 的认识。V2N 是指车载设备通过接入网 / 核心网与云平台连接，云平台与车辆之间进行数据交互，并对获取的数据进行存储和处理，提供车辆所需要的各类应用服务。V2N 通信主要应用于车辆导航、车辆远程监控紧急救援、信息娱乐服务等（图 6-2-6）。

❸ V2I 的认识。V2I 是指车载设备与路侧基础设施（如红绿灯、交通摄像头、路侧单元等）进行通信，路侧基础设施也可以获取附近区域车辆的信息并

1. OBU将车辆位置、速度、航向等信息通过PC5进行广播

2. OBU将广播解析，筛选出有碰撞风险或故障的车辆

3. 生成告警消息，发送给参与车辆OBU，进行预警语音提醒

4. 语音播报：前方路口有车辆碰撞风险，请谨慎驾驶

扫一扫

视频精讲

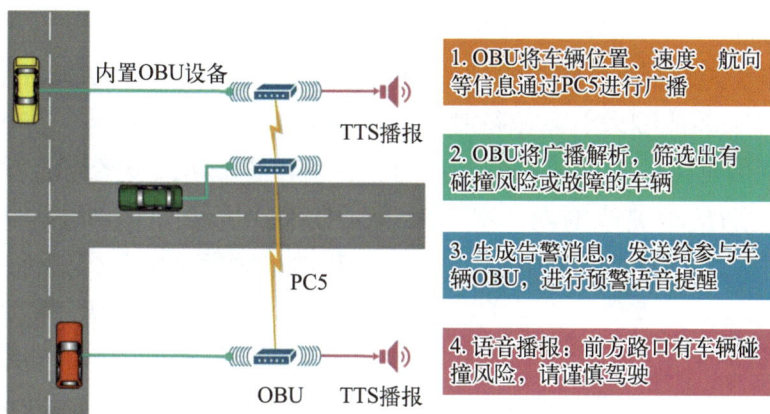

图 6-2-5　V2V 的应用

发布各种实时信息。V2I 通信主要应用于实时信息服务、车辆监控管理、不停车收费等（图 6-2-7）。

❹ V2P 的认识。V2P 是指弱势交通群体（包括行人、骑行者等）使用用户设备（如手机、笔记本电脑等）与车载设备进行通信。V2P 通信主要应用于避免或减少交通事故、信息服务等（图 6-2-8）。

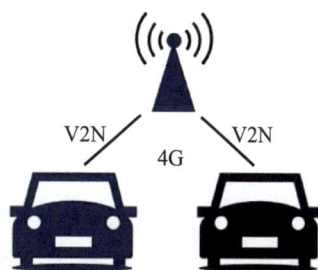

图 6-2-6　V2N 的应用

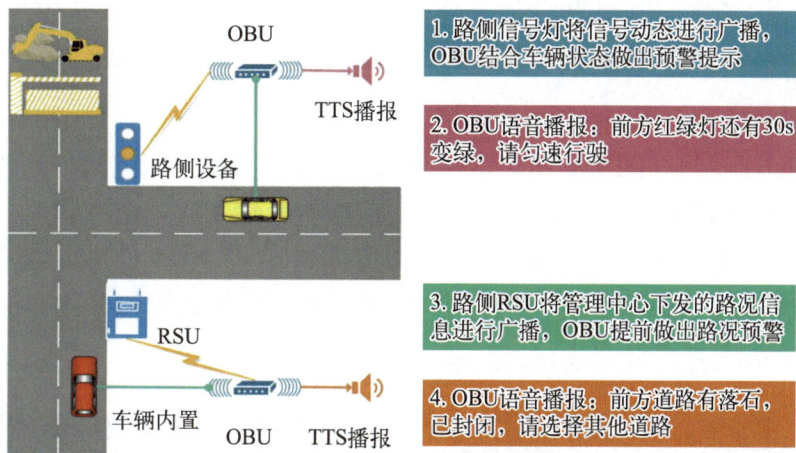

1. 路侧信号灯将信号动态进行广播，OBU结合车辆状态做出预警提示

2. OBU语音播报：前方红绿灯还有30s变绿，请匀速行驶

3. 路侧RSU将管理中心下发的路况信息进行广播，OBU提前做出路况预警

4. OBU语音播报：前方道路有落石，已封闭，请选择其他道路

图 6-2-7　V2I 的应用

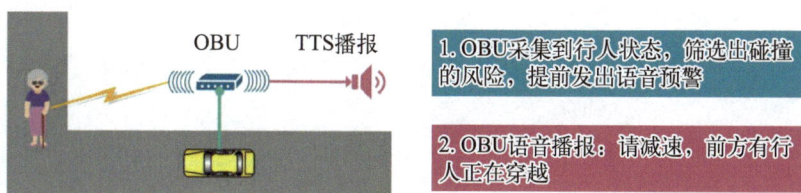

1. OBU采集到行人状态，筛选出碰撞的风险，提前发出语音预警

2. OBU语音播报：请减速，前方有行人正在穿越

图 6-2-8　V2P 的应用

151

6. DSRC 通信

DSRC 通信在 5.9GHz 附近的频段上，专门将车与车、车与道路基础设施有机连接，实现在数百米的范围内对高速行驶的车辆进行识别和双向通信，提供实时图像、语音和数据信息传输，保证通信链路的低时延和低干扰以及系统的可靠性。例如 DSRC 在有效通信距离范围内，本车辆通过 DSRC 以 10Hz 的频率，向路上其他车辆发送位置、车速、方向等信息；同时本车辆还能收到其他车辆所发出的信号，在必要时（例如马路转角有车辆驶出，或前方车辆突然紧急刹车、变换车道的情况发生）车内信号装置会以闪烁、语音提醒或座椅、方向盘振动等方式提醒驾驶员注意，采取必要安全措施（图 6-2-9）。

图 6-2-9　DSRC 通信

7. C-V2X 通信

C-V2X 通信是基于 3G/4G/5G 等蜂窝网通信技术演进形成的车用无线通信技术，包含基于 4G 网络的 LTE-V2X 系统以及 5G 网络的 5G-V2X 系统，借助已存在的 LTE 网络设施实现 V2V、V2I、V2P、V2N 的信息交互，适用于更复杂的安全应用场景，满足低时延、高可靠性和带宽要求（图 6-2-10）。

（二）智能急救系统的认识

1. 智能急救系统概述

智能急救系统（图 6-2-11）是一套针对交通事故、日常养车用车场景的"终端+平台+服务"完整解决方案，基于移动互联网，由车内呼叫系统 / 智能设备 +GPS/ 北斗 + 云端应答平台 + 市级调度中心 +24h 座席 + 覆盖全国 120 急救及道路救援多层级组成，形成完整的闭环人、车急救服务体系。目前国内的智能急救系统有两种实现形式。

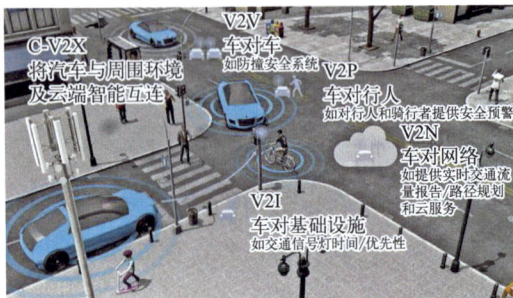

图 6-2-10　C-V2X 通信

图 6-2-11　智能急救系统

智能急救系统最核心的优势在于它通过移动互联网、物联网、车联网技术手段可以侦测到事故信息，比如车辆碰撞信息，气囊状态信息，车辆翻转、跌落等信息。

智能急救系统能自动将有效救援数据进行传输，其技术关键在于车载终端感知能力、定位模块、报警数据传输和救援平台接入响应能力这几个方面。特别是目前国内北斗定位技术已经非常成熟，是联合国有关机构认定的全球卫星导航四大核心供应商之一。

在信号无法覆盖或较差的地区，为了确保报警数据的传输，智能急救系统在报警数据传输技术中还可增加北斗特有的短报文通信技术。北斗卫星的短报文通信功能是美国 GPS、俄罗斯 GLONASS 都不具备的特殊功能，支持卫星通信用户之间的双向数字报文通信服务。车主可以在无信号覆盖的区域，出现事故情况下通过卫星发出求救信息。

2.智能急救系统工作原理与应用

（1）智能急救系统工作原理 智能急救系统是集移动互联网、物联网、车联网于一体，通过车载智能终端实现自动感知车辆碰撞、翻车、坠车等状态，一旦车辆突破了终端设定的临界点，如车辆安全气囊爆开、速度骤减、车主按下求救按钮等，系统将会自动连接云端应答中心并接通调度中心，负责响应的调度人员将会获得车辆定位信息、车主相关信息以及车辆信息，使得调度人员与车主之间的沟通更快捷、更有针对性（图 6-2-12）。

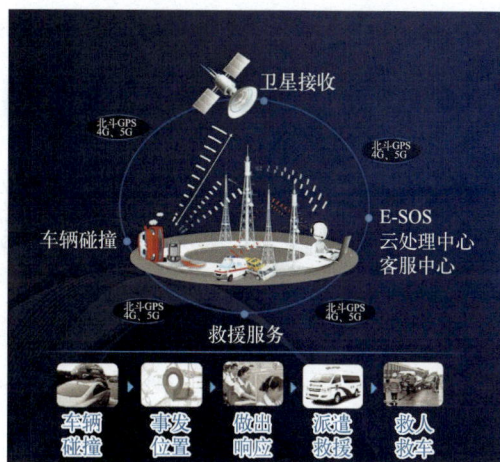

图 6-2-12 智能急救系统工作原理

❶ 自动感知碰撞，自动启动救援。当车辆发生碰撞时，系统将第一时间自动向调度中心报警，并在此过程中定位车辆位置，通过移动互联网实时将人员信息、车辆信息、位置信息等同步至调度中心，调度人员第一时间联系车主并通过 GPS/北斗锁定车辆位置，派遣就近的 120 急救与道路救援服务点，调度人员通过系统可准确将所有信息传递给救助人员，协助救援人员快速实施救人救车，抢占黄金救援时间。

一旦出现紧急情况，如事发后驾驶员昏迷，无法与调度人员取得联系，系统将判定为严重交通事故，立即根据系统回传事故信息采取行动，联系警务人员以及医护人员直接赶往事故发生地（图 6-2-13）。

❷ 手动一键求助，紧急救援援助。当驾乘人员突发疾病或车辆故障时，车主可通过终端 SOS 紧急按钮或车机大屏"紧急救援"一键触发救援服务，

调度中心座席人员将同步接收到求助信号，座席人员立即针对紧急情况做出响应，根据系统提供的信息做出判断，并通过 GPS/ 北斗锁定车辆位置，联系当地 120 急救以及救援人员，迅速抵达车主事发地（图 6-2-14）。

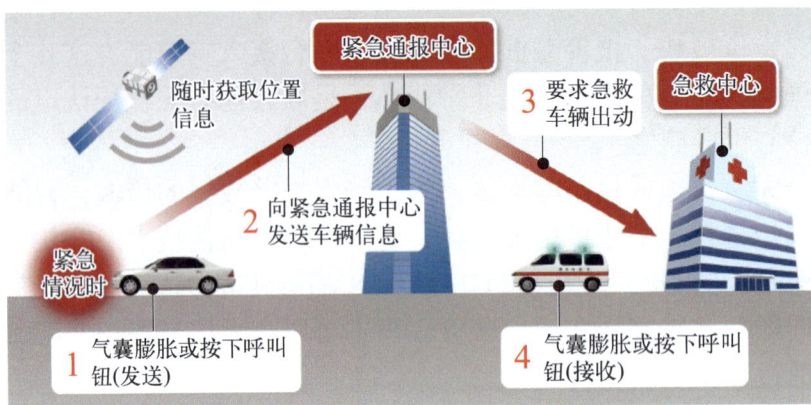

图 6-2-13　自动发送求救信号

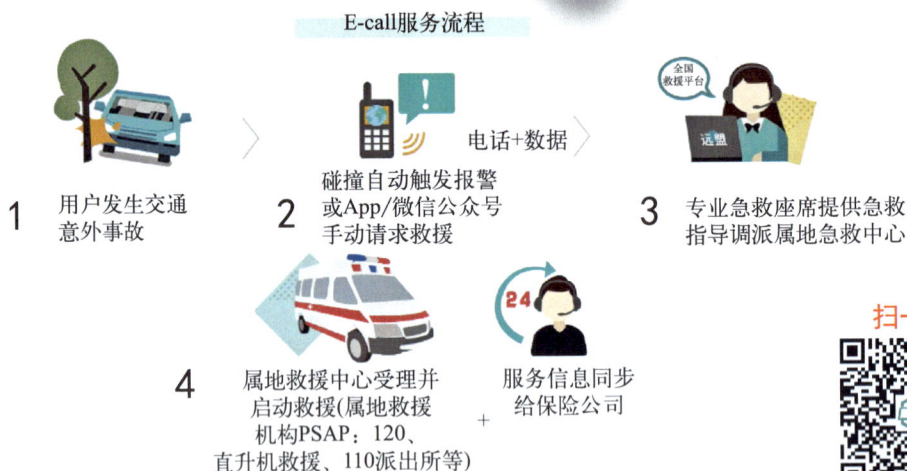

图 6-2-14　手动一键求助

扫一扫

视频精讲

图 6-2-15　比亚迪汉 E-call/ 云-call 开关

（2）智能急救系统应用　比亚迪汉 E-call/ 云-call 开关如图 6-2-15 所示。

❶ E-call。E-call 是指紧急救援。

例如比亚迪汉纯电动汽车，当用户车辆出现严重碰撞或遭遇紧急情况，用户可按下 E-call 键以最高优先级接通呼叫中心，人工客服将同时获取客户和车辆的重要数据并协助驾驶员脱离危险，如有需要，立即派出救护车赶往现场以保证用户的安全。

注意：为保证用户安全，只要用户按下 E-call 按钮超过 2s，即使挂断，比亚迪紧急救援中心也会有专员回拨用户电话。当出现严重安全事故时，车机系统会自动拨打紧急救援中心电话。为防紧急情况发生，E-call 自动拨打功能默认为接听状态。

❷ 云-cal。云-call 指道路救援。

当用户车辆发生故障时，按下该键向比亚迪智慧服务中心发送"道路救援"信号，在服务中心的帮助下获得道路救援、信息提供、人文关怀等一系列帮助。

远程导航：当用户不知道具体地点或者不方便操作时，可要求云-call 助进行远程导航。云-call 会将目的地进行定位，并下发到车机。车机自动启动地图，并导航到目的地。

四、课后习题

（一）判断题

1. 车载移动互联网是以车内网、车际网和车载移动互联网为基础。（　　）

2. 车联网通过无线通信技术、GPS 技术及传感技术的相互配合实现解决智能交通的管理和信息服务。（　　）

3. 车联网中的人是实现车联网服务能力的业务载体、数据载体。（　　）

4. 车联网基于电子识别、定位和无线通信技术。（　　）

5. V2X 中 V 代表的是车辆，X 代表的是道路、人、车、设备等一切可以连接的设备。（　　）

（二）单选题

1. V2X 系统一般由车载单元、路侧单元以及（　　）三部分组成。

A. 专用短程通信协议　　　　　　　B. 数据存储器

C. 通信网关　　　　　　　　　　　D. 专用数据链路

2. 车载单元是汽车通信的车载终端。主要由通信处理器、（　　）、GPS 接收器 / 处理器、车辆 CAN 总线、数据存储器、显示器等组成。

A. 通信网关　　　B. 专用数据链路　　　C. 射频收发器　　　D. GPS

3. （　　）是指车载设备与路侧基础设施（如红绿灯、交通摄像头、路侧单元等）进行通信。

A. V2V　　　　　　B. V2N　　　　　　C. V2I　　　　　　D. V2P

4. DSRC 通信专门将车与车、车与道路基础设施有机连接，实现在数百米的范围内对高速行驶的车辆进行识别和（　　）。

A. 发送位置　　　　B. 发送车速　　　　C. 发送方向　　　　D. 双向通信

5. 智能急救系统最核心的优势在于它通过移动互联网、物联网、车联网技术手段可以侦测到（　　）。

A. 事故信息　　　B. 有效救援数据　　　C. 救援信号　　　D. 报警数据

参 考 文 献

[1] 曹晶.新能源汽车整车故障诊断教程［M］.北京：化学工业出版社，2023.
[2] 周晓飞.新能源汽车维修工入门全程图解［M］.北京：化学工业出版社，2025.
[3] 武志斐.纯电动汽车原理与结构［M］.北京：北京理工大学出版社，2021.
[4] 何章文.纯电动汽车动力及控制技术基础［M］.北京：化学工业出版社，2024.
[5] 顾惠烽.图解汽车线束技术［M］.北京：化学工业出版社，2025.

《新能源汽车整车检测与维修》配套视频资源

序号		二维码视频资源名称	资源属性	页码
1		低压与高压的区分方法	动画视频	002
2		比亚迪秦纯电动汽车高压部件介绍	技能视频	002
3		比亚迪秦混合动力汽车高压部件介绍	技能视频	004
4		新能源汽车安全防护操作	技能视频	007
5		纯电动汽车动力电池总成的结构	技能视频	011
6		纯电动汽车动力电池系统的组成及工作原理	动画视频	013
7		纯电动汽车动力电池系统检测与维修	技能视频	018
8.交流充电	8.1	充电方式与分类	动画视频	025
	8.2	交流慢充方式与充电口		
	8.3	交流充电控制原理		
9.直流充电	9.1	直流快充方式与充电口	动画视频	026
	9.2	直流充电控制原理		
10		纯电动汽车充电系统检测与维修	技能视频	029
11		电机旋变传感器的构造与原理	动画视频	038
12		纯电动汽车电机及变速驱动系统检测与维修	技能视频	040
13		纯电动汽车整车动力控制系统的组成及工作原理	动画视频	044
14		纯电动汽车整车动力控制系统检测与维修	技能视频	048
15		混合动力汽车动力电池系统的组成及工作原理	动画视频	054
16		混合动力汽车动力电池系统检测与维修	技能视频	060
17		混合动力汽车驱动电机系统的组成及工作原理	动画视频	064
18		混合动力汽车电机及变速驱动系统检测与维修	技能视频	069
19		混合动力汽车整车动力控制系统的组成及工作原理	动画视频	075
20		混合动力汽车整车动力控制系统检测与维修	技能视频	078
21		电控制动系统的组成与工作原理	动画视频	085
22		新能源汽车电控制动系统检测与维修	技能视频	094
23		新能源汽车电动助力转向系统的组成及工作原理	动画视频	100
24		新能源汽车电动助力转向系统检测与维修	技能视频	109
25		汽车照明及信号系统的认知	动画视频	114
26		新能源汽车照明及信号系统检测与维修	技能视频	118
27		新能源汽车警告灯与指示灯	动画视频	122
28		新能源汽车仪表检测与维修	技能视频	123
29		汽车防盗及报警装置的结构组成及工作原理	动画视频	127
30		新能源汽车防盗及报警装置检测与维修	技能视频	130
31.暖风和空调	31.1	纯电动汽车暖风和空调系统组成及工作原理	动画视频	134
	31.2	混合动力汽车暖风和空调系统组成及工作原理		
32		新能源汽车暖风和空调系统检测与维修	技能视频	136
33. 总线	33.1	CAN总线的特点及传输原理	动画视频	141
	33.2	Lin总线的特点及传输原理		
34		新能源汽车车载网络系统检测与维修	技能视频	143
35		智能座舱系统	动画视频	149
36		V2X通信技术	动画视频	151
37		智能急救系统的组成与工作原理	动画视频	154

新能源汽车
整车检测与维修

» 配套工单手册 «

化学工业出版社

新能源汽车整车检测与维修配套工单手册

化学工业出版社

·北京·

目 录

实训一
纯电动汽车动力电池系统检测与维修

一、任务描述

根据车辆故障现象，按照检修流程，规范完成故障检测与排除。

二、制订计划

1.根据实训任务要求，查阅资料，绘制故障检测与维修流程图。

2.制定任务实施方案。

任务实施方案

序号	作业项目	操作要点
1		
2		
3		
4		
5		
计划审核	审核意见：	年　月　日 签字：

3.根据任务计划，完成小组分工，并填写任务所需的仪器设备、工具、材料清单。

主要操作人员		记录人员	
协助操作人员		审核人员	

仪器设备、工具、材料			
序号	名称	数量	用途
1			
2			
3			
4			
5			

4.检查并优化实施方案。

各小组派代表展示交流，讨论学习后，重新调整自己的实施流程并说明原因。

_____

_____

_____

三、任务实施

1.记录车辆信息

品牌		整车型号		生产日期		行驶里程	
动力电池系统额定电压				动力电池系统额定容量			
车辆识别代号							

2.记录实施过程

作业项目	作业内容	备注
故障现象确认		※ 确认故障症状并记录症状现象

作业项目	作业内容				备注
模块通信状态及故障码检查					
正确读取数据	项目	数值	单位	判断	※ 如果无相关数据则无需填写
清除故障码并再次读取	确认故障码是否再次出现，并填写结果 □ 无 DTC □ 有 DTC: _____				
确定故障范围	结合仪表现象、诊断数据和电路图分析，最有可能的故障范围： _____ _____				
部件/电路测试	部件/线路范围	检查或测试后的判断结果			※ 注明测试条件、插件代码和编号，控制单元针脚代号以及测量结果
		□ 正常	□ 不正常		
		□ 正常	□ 不正常		
		□ 正常	□ 不正常		
		□ 正常	□ 不正常		
		□ 正常	□ 不正常		
	波形采集（不用者不填）				
		□ 正常	□ 不正常		
故障部位确认和排除	故障类型	确认的故障位置	排除处理说明		
	线路故障		□更换 □维修 □调整		
	元件故障		□更换 □维修 □调整		

实训二

纯电动汽车充电系统检测与维修

一、任务描述

根据车辆故障现象，按照检修流程，规范完成故障检测与排除。

二、制订计划

1.根据实训任务要求，查阅资料，绘制故障检测与维修流程图。

2.制定任务实施方案。

任务实施方案

序号	作业项目	操作要点
1		
2		
3		
4		
5		
计划审核	审核意见： 年　月　日 签字：	

3.根据任务计划，完成小组分工，并填写任务所需的仪器设备、工具、材料清单。

主要操作人员		记录人员	
协助操作人员		审核人员	

仪器设备、工具、材料			
序号	名称	数量	用途
1			
2			
3			
4			
5			

4.检查并优化实施方案。

各小组派代表展示交流，讨论学习后，重新调整自己的实施流程并说明原因。

_____

_____

_____

三、任务实施

1.记录车辆信息

品牌		整车型号		生产日期		行驶里程	
动力电池系统额定电压				动力电池系统额定容量			
车辆识别代号							

2.记录实施过程

作业项目	作业内容	备注
故障现象确认		※确认故障症状并记录症状现象

作业项目	作业内容				备注
模块通信状态及故障码检查					
正确读取数据	项目	数值	单位	判断	※ 如果无相关数据则无需填写
清除故障码并再次读取	确认故障码是否再次出现，并填写结果 □ 无 DTC □ 有 DTC：_____				
确定故障范围	结合仪表现象、诊断数据和电路图分析，最有可能的故障范围： _____ _____				
部件 / 电路测试	部件 / 线路范围		检查或测试后的判断结果		※ 注明测试条件、插件代码和编号，控制单元针脚代号以及测量结果
			□ 正常	□ 不正常	
			□ 正常	□ 不正常	
			□ 正常	□ 不正常	
			□ 正常	□ 不正常	
			□ 正常	□ 不正常	
	波形采集（不用者不填）		□ 正常	□ 不正常	
故障部位确认和排除	故障类型	确认的故障位置	排除处理说明		
	线路故障		□更换 □维修 □调整		
	元件故障		□更换 □维修 □调整		

实训三
纯电动汽车电机及变速驱动系统检测与维修

一、任务描述

根据车辆故障现象，按照检修流程，规范完成故障检测与排除。

二、制订计划

1.根据实训任务要求，查阅资料，绘制故障检测与维修流程图。

2.制定任务实施方案。

任务实施方案		
序号	作业项目	操作要点
1		
2		
3		
4		
5		
计划审核	审核意见： 年　月　日 签字：	

3. 根据任务计划，完成小组分工，并填写任务所需的仪器设备、工具、材料清单。

主要操作人员		记录人员	
协助操作人员		审核人员	

仪器设备、工具、材料			
序号	名称	数量	用途
1			
2			
3			
4			
5			

4. 检查并优化实施方案。

各小组派代表展示交流，讨论学习后，重新调整自己的实施流程并说明原因。

_____

_____

_____

三、任务实施

1. 记录车辆信息

品牌		整车型号		生产日期		行驶里程	
动力电池系统额定电压				动力电池系统额定容量			
驱动电机型号				驱动电机峰值功率			
车辆识别代号							

2. 记录实施过程

作业项目	作业内容	备注
故障现象确认		※ 确认故障症状并记录症状现象

作业项目	作业内容				备注
模块通信状态及故障码检查					
正确读取数据	项目	数值	单位	判断	※ 如果无相关数据则无需填写
清除故障码并再次读取	确认故障码是否再次出现，并填写结果 □ 无 DTC □ 有 DTC: _____				
确定故障范围	结合仪表现象、诊断数据和电路图分析，最有可能的故障范围： _____ _____				
部件/电路测试	部件/线路范围		检查或测试后的判断结果		※ 注明测试条件、插件代码和编号，控制单元针脚代号以及测量结果
			□ 正常	□ 不正常	
			□ 正常	□ 不正常	
			□ 正常	□ 不正常	
			□ 正常	□ 不正常	
			□ 正常	□ 不正常	
	波形采集（不用者不填）				
			□ 正常	□ 不正常	
故障部位确认和排除	故障类型	确认的故障位置	排除处理说明		
	线路故障		□更换 □维修 □调整		
	元件故障		□更换 □维修 □调整		

实训四

纯电动汽车整车控制系统检测与维修

一、任务描述

根据车辆故障现象，按照检修流程，规范完成故障检测与排除。

二、制订计划

1. 根据实训任务要求，查阅资料，绘制故障检测与维修流程图。

2. 制定任务实施方案。

任务实施方案

序号	作业项目	操作要点
1		
2		
3		
4		
5		
计划审核	审核意见： 年 月 日 签字：	

3. 根据任务计划，完成小组分工，并填写任务所需的仪器设备、工具、材料清单。

主要操作人员		记录人员	
协助操作人员		审核人员	

仪器设备、工具、材料			
序号	名称	数量	用途
1			
2			
3			
4			
5			

4. 检查并优化实施方案。

各小组派代表展示交流，讨论学习后，重新调整自己的实施流程并说明原因。

_____

_____

_____

三、任务实施

1. 记录车辆信息

品牌		整车型号		生产日期		行驶里程	
动力电池系统额定电压				动力电池系统额定容量			
车辆识别代号							

2. 记录实施过程

作业项目	作业内容	备注
故障现象确认		※ 确认故障症状并记录症状现象

作业项目	作业内容				备注
模块通信状态及故障码检查					
正确读取数据	项目	数值	单位	判断	※ 如果无相关数据则无需填写
清除故障码并再次读取	确认故障码是否再次出现，并填写结果 □ 无 DTC □ 有 DTC：＿＿＿＿＿＿＿＿＿＿＿＿＿＿				
确定故障范围	结合仪表现象、诊断数据和电路图分析，最有可能的故障范围： ＿＿＿＿＿＿＿＿＿＿＿＿＿＿＿＿＿＿＿ ＿＿＿＿＿＿＿＿＿＿＿＿＿＿＿＿＿＿＿				
部件／电路测试	部件／线路范围		检查或测试后的判断结果		※ 注明测试条件、插件代码和编号，控制单元针脚代号以及测量结果
			□ 正常	□ 不正常	
			□ 正常	□ 不正常	
			□ 正常	□ 不正常	
			□ 正常	□ 不正常	
			□ 正常	□ 不正常	
	波形采集（不用者不填）		□ 正常	□ 不正常	
故障部位确认和排除	故障类型	确认的故障位置	排除处理说明		
	线路故障		□更换 □维修 □调整		
	元件故障		□更换 □维修 □调整		

实训五

混合动力汽车动力电池系统检测与维修

一、任务描述

根据车辆故障现象，按照检修流程，规范完成故障检测与排除。

二、制订计划

1. 根据实训任务要求，查阅资料，绘制故障检测与维修流程图。

2. 制定任务实施方案。

任务实施方案

序号	作业项目	操作要点
1		
2		
3		
4		
5		
计划审核	审核意见： 年　月　日 签字：	

3.根据任务计划，完成小组分工，并填写任务所需的仪器设备、工具、材料清单。

主要操作人员		记录人员	
协助操作人员		审核人员	

仪器设备、工具、材料			
序号	名称	数量	用途
1			
2			
3			
4			
5			

4.检查并优化实施方案。

各小组派代表展示交流，讨论学习后，重新调整自己的实施流程并说明原因。

_____

_____

三、任务实施

1.记录车辆信息

品牌		整车型号		生产日期		行驶里程	
动力电池系统 额定电压				动力电池系统 额定容量			
驱动电机型号				驱动电机峰值功率			
车辆识别代号							

2.记录实施过程

作业项目	作业内容	备注
故障现象 确认		※ 确认故障症状 并记录症状现象

作业项目	作业内容				备注
模块通信状态及故障码检查					
正确读取数据	项目	数值	单位	判断	※ 如果无相关数据则无需填写
清除故障码并再次读取	确认故障码是否再次出现，并填写结果 □ 无 DTC □ 有 DTC: _____				
确定故障范围	结合仪表现象、诊断数据和电路图分析，最有可能的故障范围： _____ _____				
部件/电路测试	部件/线路范围	检查或测试后的判断结果			※ 注明测试条件、插件代码和编号，控制单元针脚代号以及测量结果
		□ 正常	□ 不正常		
		□ 正常	□ 不正常		
		□ 正常	□ 不正常		
		□ 正常	□ 不正常		
		□ 正常	□ 不正常		
	波形采集（不用者不填）				
		□ 正常	□ 不正常		
故障部位确认和排除	故障类型	确认的故障位置	排除处理说明		
	线路故障		□更换 □维修 □调整		
	元件故障		□更换 □维修 □调整		

实训六

混合动力汽车电机及变速驱动系统检测与维修

一、任务描述

根据车辆故障现象，按照检修流程，规范完成故障检测与排除。

二、制订计划

1. 根据实训任务要求，查阅资料，绘制故障检测与维修流程图。

2. 制定任务实施方案。

<table>
<tr><th colspan="3">任务实施方案</th></tr>
<tr><th>序号</th><th>作业项目</th><th>操作要点</th></tr>
<tr><td>1</td><td></td><td></td></tr>
<tr><td>2</td><td></td><td></td></tr>
<tr><td>3</td><td></td><td></td></tr>
<tr><td>4</td><td></td><td></td></tr>
<tr><td>5</td><td></td><td></td></tr>
<tr><td>计划审核</td><td colspan="2">审核意见：

年 月 日
签字：</td></tr>
</table>

3.根据任务计划，完成小组分工，并填写任务所需的仪器设备、工具、材料清单。

主要操作人员		记录人员	
协助操作人员		审核人员	
仪器设备、工具、材料			
序号	名称	数量	用途
1			
2			
3			
4			
5			

4.检查并优化实施方案。

各小组派代表展示交流，讨论学习后，重新调整自己的实施流程并说明原因。

_____

_____

_____

三、任务实施

1.记录车辆信息

品牌		整车型号		生产日期		行驶里程	
动力电池系统 额定电压				动力电池系统 额定容量			
驱动电机型号				驱动电机峰值功率			
车辆识别代号							

2.记录实施过程

作业项目	作业内容	备注
故障现象 确认		※ 确认故障症状 并记录症状现象

作业项目	作业内容				备注
模块通信状态及故障码检查					
正确读取数据	项目	数值	单位	判断	※ 如果无相关数据则无需填写
清除故障码并再次读取	确认故障码是否再次出现，并填写结果 □ 无 DTC □ 有 DTC：_____				
确定故障范围	结合仪表现象、诊断数据和电路图分析，最有可能的故障范围： _____ _____				
部件 / 电路测试	部件 / 线路范围		检查或测试后的判断结果		※ 注明测试条件、插件代码和编号，控制单元针脚代号以及测量结果
			□ 正常	□ 不正常	
			□ 正常	□ 不正常	
			□ 正常	□ 不正常	
			□ 正常	□ 不正常	
			□ 正常	□ 不正常	
	波形采集（不用者不填）		□ 正常	□ 不正常	
故障部位确认和排除	故障类型	确认的故障位置	排除处理说明		
	线路故障		□更换 □维修 □调整		
	元件故障		□更换 □维修 □调整		

实训七

混合动力汽车整车动力控制系统检测与维修

一、任务描述

根据车辆故障现象，按照检修流程，规范完成故障检测与排除。

二、制订计划

1. 根据实训任务要求，查阅资料，绘制故障检测与维修流程图。

2. 制定任务实施方案。

任务实施方案

序号	作业项目	操作要点
1		
2		
3		
4		
5		
计划审核	审核意见：	年 月 日 签字：

3. 根据任务计划，完成小组分工，并填写任务所需的仪器设备、工具、材料清单。

主要操作人员		记录人员	
协助操作人员		审核人员	
仪器设备、工具、材料			
序号	名称	数量	用途
1			
2			
3			
4			
5			

4. 检查并优化实施方案。

各小组派代表展示交流，讨论学习后，重新调整自己的实施流程并说明原因。

_____

_____

_____

三、任务实施

1. 记录车辆信息

品牌		整车型号		生产日期		行驶里程	
动力电池系统额定电压				动力电池系统额定容量			
驱动电机型号				驱动电机峰值功率			
车辆识别代号							

2. 记录实施过程

作业项目	作业内容	备注
故障现象确认		※ 确认故障症状并记录症状现象

作业项目	作业内容				备注
模块通信状态及故障码检查					
正确读取数据	项目	数值	单位	判断	※ 如果无相关数据则无需填写
清除故障码并再次读取	确认故障码是否再次出现，并填写结果 □ 无 DTC □ 有 DTC：＿＿＿＿＿＿＿＿＿＿＿＿＿＿				
确定故障范围	结合仪表现象、诊断数据和电路图分析，最有可能的故障范围： ＿＿＿＿＿＿＿＿＿＿＿＿＿＿＿＿＿＿＿＿ ＿＿＿＿＿＿＿＿＿＿＿＿＿＿＿＿＿＿＿＿				
部件 / 电路测试	部件 / 线路范围	检查或测试后的判断结果			※ 注明测试条件、插件代码和编号，控制单元针脚代号以及测量结果
		□ 正常	□ 不正常		
		□ 正常	□ 不正常		
		□ 正常	□ 不正常		
		□ 正常	□ 不正常		
		□ 正常	□ 不正常		
	波形采集（不用者不填）				
		□ 正常	□ 不正常		
故障部位确认和排除	故障类型	确认的故障位置	排除处理说明		
	线路故障		□更换 □维修 □调整		
	元件故障		□更换 □维修 □调整		

实训八

新能源汽车电控制动系统检测与维修

一、任务描述

根据车辆故障现象，按照检修流程，规范完成故障检测与排除。

二、制订计划

1.根据实训任务要求，查阅资料，绘制故障检测与维修流程图。

2.制定任务实施方案。

任务实施方案

序号	作业项目	操作要点
1		
2		
3		
4		
5		
计划审核	审核意见： 年 月 日 签字：	

3. 根据任务计划，完成小组分工，并填写任务所需的仪器设备、工具、材料清单。

主要操作人员		记录人员	
协助操作人员		审核人员	

仪器设备、工具、材料			
序号	名称	数量	用途
1			
2			
3			
4			
5			

4. 检查并优化实施方案。

各小组派代表展示交流，讨论学习后，重新调整自己的实施流程并说明原因。

_____

_____

_____

三、任务实施

1. 记录车辆信息

品牌		整车型号		生产日期		行驶里程	
动力电池系统 额定电压				动力电池系统 额定容量			
驱动电机型号				驱动电机峰值功率			
车辆识别代号							

2. 记录实施过程

作业项目	作业内容	备注
故障现象 确认		※ 确认故障症状 并记录症状现象

续表

作业项目	作业内容				备注
模块通信状态及故障码检查					
正确读取数据	项目	数值	单位	判断	※ 如果无相关数据则无需填写
清除故障码并再次读取	确认故障码是否再次出现，并填写结果 □ 无 DTC □ 有 DTC：_____				
确定故障范围	结合仪表现象、诊断数据和电路图分析，最有可能的故障范围： _____ _____				

部件 / 电路测试	部件 / 线路范围	检查或测试后的判断结果		※ 注明测试条件、插件代码和编号，控制单元针脚代号以及测量结果
		□ 正常	□ 不正常	
		□ 正常	□ 不正常	
		□ 正常	□ 不正常	
		□ 正常	□ 不正常	
		□ 正常	□ 不正常	
	波形采集（不用者不填）	□ 正常	□ 不正常	

故障部位确认和排除	故障类型	确认的故障位置	排除处理说明	
	线路故障		□更换 □维修 □调整	
	元件故障		□更换 □维修 □调整	

实训九

新能源汽车电动助力转向系统检测与维修

一、任务描述

根据车辆故障现象，按照检修流程，规范完成故障检测与排除。

二、制订计划

1. 根据实训任务要求，查阅资料，绘制故障检测与维修流程图。

2. 制定任务实施方案。

任务实施方案

序号	作业项目	操作要点
1		
2		
3		
4		
5		
计划审核	审核意见： 年 月 日 签字：	

3.根据任务计划，完成小组分工，并填写任务所需的仪器设备、工具、材料清单。

主要操作人员		记录人员	
协助操作人员		审核人员	

仪器设备、工具、材料			
序号	名称	数量	用途
1			
2			
3			
4			
5			

4.检查并优化实施方案。

各小组派代表展示交流，讨论学习后，重新调整自己的实施流程并说明原因。

_____

_____

_____

三、任务实施

1.记录车辆信息

品牌		整车型号		生产日期		行驶里程	
动力电池系统额定电压				动力电池系统额定容量			
驱动电机型号				驱动电机峰值功率			
车辆识别代号							

2.记录实施过程

作业项目	作业内容	备注
故障现象确认		※ 确认故障症状并记录症状现象

作业项目	作业内容				备注
模块通信状态及故障码检查					
正确读取数据	项目	数值	单位	判断	※ 如果无相关数据则无需填写
清除故障码并再次读取	确认故障码是否再次出现，并填写结果 □ 无 DTC □ 有 DTC: _____				
确定故障范围	结合仪表现象、诊断数据和电路图分析，最有可能的故障范围： _____ _____				
部件 / 电路测试	部件 / 线路范围		检查或测试后的判断结果		※ 注明测试条件、插件代码和编号，控制单元针脚代号以及测量结果
			□ 正常	□ 不正常	
			□ 正常	□ 不正常	
			□ 正常	□ 不正常	
			□ 正常	□ 不正常	
			□ 正常	□ 不正常	
	波形采集（不用者不填）				
			□ 正常	□ 不正常	
故障部位确认和排除	故障类型	确认的故障位置	排除处理说明		
	线路故障		□更换 □维修 □调整		
	元件故障		□更换 □维修 □调整		

实训十

新能源汽车照明及信号系统检测与维修

一、任务描述

根据车辆故障现象，按照检修流程，规范完成故障检测与排除。

二、制订计划

1.根据实训任务要求，查阅资料，绘制故障检测与维修流程图。

2.制定任务实施方案。

任务实施方案

序号	作业项目	操作要点
1		
2		
3		
4		
5		
计划审核	审核意见： 年　月　日 签字：	

3.根据任务计划，完成小组分工，并填写任务所需的仪器设备、工具、材料清单。

主要操作人员		记录人员	
协助操作人员		审核人员	

仪器设备、工具、材料			
序号	名称	数量	用途
1			
2			
3			
4			
5			

4.检查并优化实施方案。

各小组派代表展示交流，讨论学习后，重新调整自己的实施流程并说明原因。

_____

_____

_____

三、任务实施

1.记录车辆信息

品牌		整车型号		生产日期		行驶里程	
动力电池系统 额定电压				动力电池系统 额定容量			
驱动电机型号				驱动电机峰值功率			
车辆识别代号							

2.记录实施过程

作业项目	作业内容	备注
故障现象 确认		※ 确认故障症状 并记录症状现象

作业项目	作业内容				备注
模块通信状态及故障码检查					
正确读取数据	项目	数值	单位	判断	※ 如果无相关数据则无需填写
清除故障码并再次读取	确认故障码是否再次出现，并填写结果 □ 无 DTC □ 有 DTC：_____				
确定故障范围	结合仪表现象、诊断数据和电路图分析，最有可能的故障范围： _____ _____				
部件 / 电路测试	部件 / 线路范围		检查或测试后的判断结果		※ 注明测试条件、插件代码和编号，控制单元针脚代号以及测量结果
			□ 正常	□ 不正常	
			□ 正常	□ 不正常	
			□ 正常	□ 不正常	
			□ 正常	□ 不正常	
			□ 正常	□ 不正常	
	波形采集（不用者不填）		□ 正常	□ 不正常	
故障部位确认和排除	故障类型	确认的故障位置	排除处理说明		
	线路故障		□更换 □维修 □调整		
	元件故障		□更换 □维修 □调整		

实训十一

新能源汽车仪表检测与维修

一、任务描述

根据车辆故障现象，按照检修流程，规范完成故障检测与排除。

二、制订计划

1.根据实训任务要求，查阅资料，绘制故障检测与维修流程图。

2.制定任务实施方案。

任务实施方案		
序号	作业项目	操作要点
1		
2		
3		
4		

任务实施方案		
序号	作业项目	操作要点
5		
计划审核	审核意见:	年 月 日 签字:

3. 根据任务计划，完成小组分工，并填写任务所需的仪器设备、工具、材料清单。

主要操作人员		记录人员	
协助操作人员		审核人员	

仪器设备、工具、材料			
序号	名称	数量	用途
1			
2			
3			
4			
5			
6			
7			
8			

4. 检查并优化实施方案。

各小组派代表展示交流，讨论学习后，重新调整自己的实施流程并说明原因。

_____

_____

_____

_____

_____

三、任务实施

1.记录车辆信息

品牌		整车型号		生产日期		行驶里程	
动力电池系统 额定电压				动力电池系统 额定容量			
驱动电机型号				驱动电机峰值功率			
车辆识别代号							

2.记录实施过程

作业项目	作业内容				备注
故障现象 确认					※ 确认故障症状 并记录症状现象
模块通信 状态及故 障码检查					
正确读 取数据	项目	数值	单位	判断	※ 如果无相关数 据则无需填写
清除故障 码并再次 读取	确认故障码是否再次出现，并填写结果 □ 无 DTC □ 有 DTC：_____				

作业项目	作业内容			备注
确定故障范围	结合仪表现象、诊断数据和电路图分析，最有可能的故障范围： _____ _____			
部件/电路测试	部件/线路范围	检查或测试后的判断结果		※注明测试条件、插件代码和编号，控制单元针脚代号以及测量结果
		□正常	□不正常	
		□正常	□不正常	
		□正常	□不正常	
		□正常	□不正常	
		□正常	□不正常	
	波形采集（不用者不填）	□正常	□不正常	
故障部位确认和排除	故障类型	确认的故障位置	排除处理说明	
	线路故障		□更换 □维修 □调整	
	元件故障		□更换 □维修 □调整	

实训十二

新能源汽车防盗及报警装置检测与维修

一、任务描述

根据车辆故障现象，按照检修流程，规范完成故障检测与排除。

二、制订计划

1. 根据实训任务要求，查阅资料，绘制故障检测与维修流程图。

2. 制定任务实施方案。

任务实施方案

序号	作业项目	操作要点
1		
2		
3		
4		

任务实施方案		
序号	作业项目	操作要点
5		
计划审核	审核意见：	年　月　日 签字：

3. 根据任务计划，完成小组分工，并填写任务所需的仪器设备、工具、材料清单。

主要操作人员		记录人员	
协助操作人员		审核人员	

仪器设备、工具、材料			
序号	名称	数量	用途
1			
2			
3			
4			
5			
6			
7			
8			

4. 检查并优化实施方案。

各小组派代表展示交流，讨论学习后，重新调整自己的实施流程并说明原因。

_____

_____

_____

_____

_____

三、任务实施

1. 记录车辆信息

品牌		整车型号		生产日期		行驶里程	
动力电池系统 额定电压				动力电池系统 额定容量			
驱动电机型号				驱动电机峰值功率			
车辆识别代号							

2. 记录实施过程

作业项目	作业内容				备注
故障现象 确认					※ 确认故障症状 并记录症状现象
模块通信 状态及故 障码检查					
正确读 取数据	项目	数值	单位	判断	※ 如果无相关数 据则无需填写
清除故障 码并再次 读取	确认故障码是否再次出现，并填写结果 □ 无 DTC □ 有 DTC：_____				

新能源汽车整车检测与维修配套工单手册

作业项目	作业内容			备注
确定故障范围	结合仪表现象、诊断数据和电路图分析，最有可能的故障范围： _____ _____			
部件／电路测试	部件／线路范围	检查或测试后的判断结果		※ 注明测试条件、插件代码和编号，控制单元针脚代号以及测量结果
		□ 正常	□ 不正常	
		□ 正常	□ 不正常	
		□ 正常	□ 不正常	
		□ 正常	□ 不正常	
		□ 正常	□ 不正常	
	波形采集（不用者不填）			
		□ 正常	□ 不正常	
故障部位确认和排除	故障类型	确认的故障位置	排除处理说明	
	线路故障		□更换 □维修 □调整	
	元件故障		□更换 □维修 □调整	

实训十三

新能源汽车暖风和空调系统检测与维修

一、任务描述

根据车辆故障现象，按照检修流程，规范完成故障检测与排除。

二、制订计划

1. 根据实训任务要求，查阅资料，绘制故障检测与维修流程图。

2. 制定任务实施方案。

任务实施方案

序号	作业项目	操作要点
1		
2		
3		
4		

任务实施方案		
序号	作业项目	操作要点
5		
计划审核	审核意见：	年　月　日 签字：

3. 根据任务计划，完成小组分工，并填写任务所需的仪器设备、工具、材料清单。

主要操作人员		记录人员	
协助操作人员		审核人员	

仪器设备、工具、材料			
序号	名称	数量	用途
1			
2			
3			
4			
5			
6			
7			
8			

4. 检查并优化实施方案。

各小组派代表展示交流，讨论学习后，重新调整自己的实施流程并说明原因。

_____

_____

_____

_____

_____

三、任务实施

1. 记录车辆信息

品牌		整车型号		生产日期		行驶里程	
动力电池系统额定电压				动力电池系统额定容量			
驱动电机型号				驱动电机峰值功率			
车辆识别代号							

2. 记录实施过程

作业项目	作业内容				备注
故障现象确认					※ 确认故障症状并记录症状现象
模块通信状态及故障码检查					
正确读取数据	项目	数值	单位	判断	※ 如果无相关数据则无需填写
清除故障码并再次读取	确认故障码是否再次出现，并填写结果 □ 无 DTC □ 有 DTC：_____				

新能源汽车整车检测与维修配套工单手册

作业项目	作业内容			备注
确定故障范围	结合仪表现象、诊断数据和电路图分析，最有可能的故障范围： _____ _____			
部件/电路测试	部件/线路范围	检查或测试后的判断结果		
		□ 正常	□ 不正常	
		□ 正常	□ 不正常	
		□ 正常	□ 不正常	※ 注明测试条件、插件代码和编号，控制单元针脚代号以及测量结果
		□ 正常	□ 不正常	
		□ 正常	□ 不正常	
	波形采集（不用者不填）			
		□ 正常	□ 不正常	
故障部位确认和排除	故障类型	确认的故障位置	排除处理说明	
	线路故障		□更换 □维修 □调整	
	元件故障		□更换 □维修 □调整	

实训十四
新能源汽车车载网络系统检测与维修

一、任务描述

根据车辆故障现象，按照检修流程，规范完成故障检测与排除。

二、制订计划

1. 根据实训任务要求，查阅资料，绘制故障检测与维修流程图。

2. 制定任务实施方案。

任务实施方案		
序号	作业项目	操作要点
1		
2		
3		
4		

任务实施方案		
序号	作业项目	操作要点
5		
计划审核	审核意见:	年 月 日 签字:

3.根据任务计划，完成小组分工，并填写任务所需的仪器设备、工具、材料清单。

主要操作人员		记录人员	
协助操作人员		审核人员	

仪器设备、工具、材料

序号	名称	数量	用途
1			
2			
3			
4			
5			
6			
7			
8			

4.检查并优化实施方案。

各小组派代表展示交流，讨论学习后，重新调整自己的实施流程并说明原因。

_____

_____

_____

_____

_____

三、任务实施

1.记录车辆信息

品牌		整车型号		生产日期		行驶里程	
动力电池系统额定电压				动力电池系统额定容量			
驱动电机型号				驱动电机峰值功率			
车辆识别代号							

2.记录实施过程

作业项目	作业内容				备注
故障现象确认					※ 确认故障症状并记录症状现象
模块通信状态及故障码检查					
正确读取数据	项目	数值	单位	判断	※ 如果无相关数据则无需填写
清除故障码并再次读取	确认故障码是否再次出现，并填写结果 □ 无 DTC □ 有 DTC：_____				

新能源汽车整车检测与维修配套工单手册

作业项目	作业内容			备注
确定故障范围	结合仪表现象、诊断数据和电路图分析，最有可能的故障范围： _____ _____			
部件/电路测试	部件/线路范围	检查或测试后的判断结果		※注明测试条件、插件代码和编号，控制单元针脚代号以及测量结果
		□正常	□不正常	
		□正常	□不正常	
		□正常	□不正常	
		□正常	□不正常	
		□正常	□不正常	
	波形采集（不用者不填）			
		□正常	□不正常	
故障部位确认和排除	故障类型	确认的故障位置	排除处理说明	
	线路故障		□更换 □维修 □调整	
	元件故障		□更换 □维修 □调整	

销售分类建议：新能源汽车

ISBN 978-7-122-47933-4

定价：48.00元

（含配套工单手册）